The Impact of
Social Capital on

China's Regional Economic Growth

—Theoretical Analysis and Empirical Test based on triple attributes

社会资本对
区域经济增长的影响

——基于三重属性的理论分析与实证检验

赵文景◎著

经济管理出版社

ECONOMY & MANAGEMENT PUBLISHING HOUSE

图书在版编目（CIP）数据

社会资本对区域经济增长的影响：基于三重属性的理论分析与实证检验/赵文景著 . —北京：经济管理出版社，2022. 6

ISBN 978-7-5096-8518-1

Ⅰ.①社…　Ⅱ.①赵…　Ⅲ.①社会资本—影响—区域经济—经济增长—研究—中国　Ⅳ.①F127

中国版本图书馆 CIP 数据核字（2022）第 095889 号

组稿编辑：胡　茜
责任编辑：赵亚荣
责任印制：张莉琼
责任校对：张晓燕

出版发行：经济管理出版社
　　　　　（北京市海淀区北蜂窝 8 号中雅大厦 A 座 11 层　100038）
网　　址：www. E-mp. com. cn
电　　话：（010）51915602
印　　刷：唐山玺诚印务有限公司
经　　销：新华书店
开　　本：720mm×1000mm/16
印　　张：15
字　　数：286 千字
版　　次：2022 年 7 月第 1 版　　2022 年 7 月第 1 次印刷
书　　号：ISBN 978-7-5096-8518-1
定　　价：88. 00 元

前　言

本书所呈现的内容是我在博士学位论文基础上做了一定的修订完善之后成形的。修改过程中，很多次对这些内容"再回首"，字里行间都印刻着那段"一心码字，别无它念"的奋斗时光。2016～2020年，我在中国人民大学攻读区域经济学博士学位，在导师张可云教授的指导下，将"社会资本对区域经济增长的影响研究"作为学位论文选题。从选题的确定、研究框架的定型，到数据的收集、全文的写作，历时长达一年半。本书的出版，可以说是送给自己的一份迟到的毕业礼物。

本书选题的确定与博士期间研读的文献密切相关。我从博士一年级开始，在经典文献研读课堂上涉猎有关创意阶层与区域经济发展的文献；随后持续关注了区域文化、技术创新、区域创新等主题文献，并在导师的指导下陆续发表了数篇与这些主题相关的学术论文；最终将主要的研究对象确定为与区域文化、区域氛围有一定关联，并且对区域创新和经济增长有显著影响且研究热度还在持续上升的社会资本。社会资本是一个跨学科的概念，最初的研究见于政治学和社会学领域，并于20世纪90年代中期开始应用于经济学领域，随后获得学术界的广泛关注。目前，社会资本在多个学科中得到讨论和应用，包括经济社会学、发展经济学、关系经济地理学、演化经济学、制度经济学等。这足以说明针对社会资本的研究具有一定的理论价值和实践价值，在不同学科中的适用性较强。但同时也可以发现，以社会资本为主题的研究各具特色，如概念界定各有侧重、属性归纳暗含学科特征、测度方式存在一定差异、研究尺度宏中微观兼备、研究模型各异、因变量多元等。总体来看，已有的文献研究在一定程度上具有系统性弱、研究零散的弊端，这给本书的研究制造了难点，也创造了空间。

基于社会资本研究的经典文献和20世纪90年代以后经济学领域内的研究文献，本书创新性地从社会资本的投入品、功能性及制度性三大属性出发，构建了社会资本对区域经济增长"有无影响""如何影响""何时影响"三大递进式问题。上述三大属性是对已有研究中社会资本常见属性的归纳和提炼，要回答的三个问题环环相扣、系统性强，同时具备一定的现实意义。测度区域尺度的社会资本同样是一大难点，本书在经典文献的基础上，将社会资本分为结构、关系、认知三大维度，从不同维度的属性出发，构建了包含 24 个二级指标的评测体系，测度了不同省份 2007~2016 年的社会资本，所利用的数据相当庞大。本书在不同的实证研究环节引入了人力资本、技术创新、正式制度等变量，选取了不同的模型方法，回答了相应的三个问题。此外，本书还在相应的部分分析了社会资本的影响因素、社会资本与欠发达地区的关系等目前在学术界关注较少的问题。

我要感谢我的导师张可云教授。张教授在区域经济学专业领域积累深厚、影响广泛，可谓圈内资深"大咖"。攻读博士学位期间，我还认识了诸多优秀的同门同学，正是有了他们的帮助和鼓励，我才能够顺利毕业并找到满意的工作。最后要感谢我的家人。

由于我的水平和精力有限，即使用了一年半的时间完成本书的写作，但仍存在一些遗憾与不足，在书中的第八章提出了研究的不足和未来进一步的研究空间。书中错误和不足之处在所难免，恳请读者批评指正。

赵文景

2021 年 5 月 31 日

目 录

第一章　导言

社会资本主要表现为不同组织、不同个体之间的信任关系。这一概念从提出至今已有百余年历史，但进入学界视野仅有 40 余年。目前，社会资本在不同学科中得到了深入研究和广泛讨论，如政治学、社会学、经济学等。就经济学领域的研究而言，社会资本在理论研究和经验检验两方面均有所积累。理论研究方面，社会资本被应用于多个分支学科，如发展经济学、制度经济学等；经验检验方面，社会资本可以解释的经济现象不断扩展，除了经济增长本身，还包括技术创新、区域创新系统建设、创新绩效、产业集聚、生产效率等多方面。

本书扎根于中国实际，聚焦于社会资本对中国区域经济增长的影响。两方面的原因使中国成为研究这一问题的优良样本：第一，中国处于转型期，这一期间必然涉及不同影响因素对经济增长整体作用强度和方向的变化，而已有研究表明，社会资本对处于不同发展阶段的经济体的影响存在差异；第二，实证分析中，针对欧盟地区的研究占据了很大的比例，但是相比欧盟地区，中国内部的省域具有更加一致的内部政治和文化环境，使其在社会资本影响方面更具可比性。

本章将详细介绍本书研究背景和研究意义，同时界定重要概念的内涵，最后确定本书的整体思路、研究方法以及主要内容。

第一节　研究背景与研究意义

本书的重点包括两个变量，分别是作为自变量的社会资本和作为因变量的区域经济增长。本书将以中国大陆除西藏地区以外的 30 个省份为样本，讨论社会资本对区域经济增长的影响。本书的研究背景为国际和中国宏观、中观的现实环境以及目前的理论研究现状。

一、现实背景

如何在知识经济时代保持竞争力？全国宏观层面的高质量发展有哪些重点？如何更好地改善中观层面存在的区域不协调状态？这些问题与社会资本有着密不可分的关系。

1. 国际环境：产业组织变革、产业集聚形态转变与知识经济时代

对社会资本的研究于 20 世纪 80 年代末期兴起，但这一概念由来已久。最早提出社会资本概念的是 Hanifan（1916），他的解释是"我所使用的社会资本不是指不动产、个人资产或现金，而是指在日常生活中，使这些有形物质有价值的东西，如社会单元中个人和家庭中存在的声誉、友谊、相互间的同情、社会交往"。1920 年，Hanifan 出版了名为"社区中心"的小册子，阐释了社会资本的发展和利用问题。但在随后长达 70 多年的时间里，社会资本并未引起广泛关注。直到 20 世纪 80 年代末期，Bourdieu、Putnam、Colemn 等学者将社会资本概念分别应用于政治学和社会学领域的研究，社会资本逐渐进入研究兴盛期，特别是在经济学领域后来居上。这一情况得益于现实发展环境的变化。Dzialek（2009）认为，在经济水平较高和对智力资本广泛使用的环境下，经济活动受到社会资本的影响更为突出。Felice（2012）通过对意大利超过百年的研究，验证了社会资本重要性增强的事实，具体而言，社会资本大致在 20 世纪 70 年代之后对经济增长开始有显著的影响，这一阶段对应的是后福特时代。正如 Bjørnskov（2006）所说："一旦一个想法捕捉到了时代精神，那么它就不仅仅是一种时尚。"那么，是什么样的时代精神赋予了社会资本研究的活力？

一是产业组织变革。产业组织变革首先表现为企业的垂直分离，市场开始代替企业，生产的组织方式从垂直一体化转向垂直分离，不仅提高了分工水平，还强化了企业之间的纵向联系。这使经济活动和创新行为更多地依赖于企业之间的竞合关系，而竞合过程促进了主体之间社会资本的形成，同时强化了社会资本研究的现实意义。根据杜传忠和王飞（2015）的论述，发生于 20 世纪 70 年代末到 21 世纪初的第三次工业革命以信息通信技术和产业组织的垂直解体为标志，同时，社会分工由传统的产业间分工和产品分工转变为产业内国际分工和产品间国际分工。

二是产业集聚形态。产业集聚形态表现为产业园区组织形态更加多元，既有以大企业为主导的，也有呈现为小企业集聚的。按照 Markusen（1996）的分类，产业集群分为轮轴式、马歇尔式、卫星平台式和政府依赖式。根据张可云和赵文景（2019）的研究，轮轴式产业区呈现出主导企业带动周边企业发展的态势，不同企业的位势、控制力存在差异，区域创新行为主要依赖垄断型大企业的内部资

源。与此相反，马歇尔式产业区内企业之间位势平等、合作密切，但单个企业的人力资本、智力资本等创新资源受限，需要利用企业外部资源提升创新效率。相比轮轴式集群，马歇尔式的产业集群更容易促成企业之间的深度交流合作、广泛的信任以及共同的合作目标。

三是知识经济时代的大环境。知识经济时代的特点表现为经济发展过程中以知识为主要推动力，同时突出脑力劳动、人力资本、技术创新等因素的重要性。在此大环境下，社会资本之所以变得重要，更多地体现在知识的生产和扩散环节。首先，在知识的生产过程中，随着企业组织变革和产业集聚形态转变，知识的生产过程不再只依赖少数垄断型大企业，还需要中小企业通过共享创新、产学研政合作的协同创新行为等促进创新生成，这些过程均需要各方之间的密切联络，从而产生社会资本。其次，在知识的扩散和应用环节，团体和个体之间良好的信任关系有利于知识扩散，特别是隐性知识（tacit knowledge）的传播。

2. 宏观背景：中国整体从高速增长阶段转向高质量发展阶段

改革开放以来，中国取得了举世瞩目的发展成就。从世界经济格局看，1978年，中国 GDP 占比为 1.86%，位列世界第九；2017 年，中国 GDP 占比达 15%，与第一大经济体美国的差距呈现收敛态势①。从中国自身看，1978 年，中国 GDP 仅为 3679 亿元，人均 GDP 为 385 元；2017 年，中国 GDP 达到 82.08 万亿元，人均 GDP 接近 6 万元，按照不变价格计算，比 1978 年分别增长 33.4 倍和 22.4 倍②。同时，三次产业结构优化明显，1978 年的三次产业结构为 27.7：47.7：24.6，2017 年这一比例优化为 7.6：40.5：51.9，步入工业化后期阶段。此外，对外经济贸易和对外投资活动、社会保障和脱贫工作、新型城镇化进程、科教文卫事业等都取得了瞩目的成果。

增长进程中涉及不同阶段发展驱动力的转换。表 1-1 说明了发展的不同阶段及其特征。

表 1-1　改革开放以来发展阶段及特征

时间段	阶段	改革路径	经济增长特征	驱动力	创新发展政策
1978～1991 年	经济体制改革的探索阶段	从"计划经济为主，市场调节为辅"转向"计划与市场内在统一的体制"局面	年均增长率为9.2%，整体经济水平仍然较低	资本投入	1985 年，中共中央发布《中共中央关于科学技术体制改革的决定》，要求科技要面向经济、经济要依靠科技

① 源于世界银行公开数据，详见 https：//data. worldbank. org. cn/。
② 源于国家统计局公开数据，详见 http：//www. stats. gov. cn/。

续表

时间段	阶段	改革路径	经济增长特征	驱动力	创新发展政策
1992~2002年	经济体制改革的目标确立及框架初步建立阶段	2002年，中国基本完成社会主义市场经济体制的基本框架建设[a]。国家创新体系建设拉开序幕	年均增长率突破10%，这一阶段符合罗斯托所定义的经济准备起飞阶段[b]	资本、劳动力投入	1997年，中国科学院向中央提交《迎接知识经济时代，建设国家创新体系》的报告。1998年，国务院批准中国科学院开展知识创新工程试点
2003~2011年	社会主义市场经济体制逐步完善阶段	党的十六大提出了到2020年建成完善的社会主义市场经济体制的改革目标，并明确了期间不断鼓励非公有制经济发展、不断强化创新驱动的重要性	加入世界贸易组织，市场经济体制不断完善，这一阶段经济增长突飞猛进，可谓"十年起飞期"	城镇化建设、技术创新、对外贸易	印发《国家中长期科学和技术发展规划纲要（2006—2020年）》等
2012年至今	全面深化改革阶段	《中共中央关于全面深化改革若干重大问题的决定》中明确"市场在资源配置中起决定性作用"	不仅关注经济总量，还更加关注经济增长的质量，经济由高速增长阶段转向高质量发展阶段	人口红利收缩[c]、贸易依存度走低[d]，创新成为新阶段以及未来重要的经济增长驱动力	党的十八大提出实施创新发展战略，2015年出台了《中共中央 国务院关于深化体制机制改革 加快实施创新驱动发展战略的若干意见》，2016年出台了《国家创新驱动发展战略纲要》

注：a：1992年党的十四大明确要"建立社会主义市场经济体制，要使社会主义在国家的宏观调控下对资源配置起基础性作用"。

b：罗斯托的起飞模型将发展阶段划分为六个阶段，分别是传统社会阶段、准备起飞阶段、起飞阶段、走向成熟阶段、大众消费阶段以及超越大众消费阶段。

c：根据2013年中国社会科学院发布的《社会蓝皮书：2014年中国社会形势分析与预测》，中国迎来了人口转型的拐点，人口红利将进入逐渐收缩时期。

d：根据国家统计局数据计算，从2010年开始，中国对外贸易依存度持续下降，从2010年的49.15%下降到2017年的33.97%。

资料来源：根据崔友平（2018）、余泳泽（2015）、毛新雅和彭希哲（2012）等的研究，以及历史事件划分。

在肯定发展成绩的同时，还应该看到，中国整体存在着质量提升和数量扩张明显不同步的现象（马建新和申世军，2007）。党的十九大报告做出了重大判断，即"中国经济已由高速增长阶段转向高质量发展阶段"。这就要求经济驱动力从资本投资、人口红利转向创新驱动、智力驱动，发展方式从粗放的、外延的转变为密集的、内涵的，发展导向从产业结构的调整转向各个产业发展质量的优化以及产业之间的协同共生。新形势下，需要充分发挥人力资本、无形资产、智力资本的作用，提升中国自主创新水平，提升中国整体的国际竞争力、话语权和影响力。

在新的发展阶段和背景下，社会资本为解释经济增长、促进创新发展提供了全新的视角。根据世界银行的预测，对于大多数发达国家来说，包括人力资本、制度资本、社会资本等在内的无形资产对总财富的贡献率达到 60% ~ 80% 之多。简单来说①，社会资本之所以对经济增长和相关经济变量发挥作用，是由于良好的社会资本标志着个体或组织之间高水平的信任关系，这一关系有助于交易成本的下降、资源配置效率的提升，同时还能作用于人力资本、金融资本等高端要素，最终促进经济增长和运行效率的提升。对于单独的企业来讲，拥有高水平的社会资本意味着获取资源的便宜程度提升，从而更容易获得信息、知识溢出和其他方面的正外部性，从而激发创新行为，实现微观主体创新驱动发展。

社会资本对高质量发展的影响体现在三个方面：第一，良好的社会资本将可能提升经济整体运行效率和资源配置效率，提升经济活力、创新力和发展韧性。第二，社会资本影响企业主体的运行成本和创新水平，中国高质量发展离不开作为微观主体的企业，对于企业来讲，良好的社会资本意味着可以实现交易成本的节约，可以与高校、科研院所、其他企业建立更加密切的合作关系。第三，社会资本影响国民福利水平，高质量发展是能够满足人民日益增长的美好生活需要的发展，是能够增进社会福利的发展，经济合作与发展组织（OECD）设立的"更好生活指数"（better life index）② 中的社会团体和民主参与与社会资本直接相关，教育水平、生活满足感与社会资本间接相关。

3. 中观背景：中国区域经济发展不平衡问题需要新的解释

实施区域协调发展战略是新时代中国的重大战略之一，是贯彻新发展理念、建设现代化经济体系的重要组成部分，是高质量发展的重点工作③。党的十九大报告中提出了七大重要战略，其一即为区域协调发展，具体的任务目标包括大力发展革命老区、民族地区等，推进西部大开发形成新格局，深化改革加快东北等老工业基地振兴，发挥优势推动中部区域崛起，创新引领率先实现东部区域优化

---

① 关于社会资本与经济增长及创新发展之间的关系，后文文献综述以及框架构建部分将进行详细说明。

② 详见 http://www.oecdbetterlifeindex.org/。OECD 设立了 11 项指标对成员国公民生活美好程度进行测算，分别是居住、收入、工作、社区、教育、环境、民主参与、健康、生活满足感、安全感以及工作生活平衡。

③ 详见 2018 年 11 月中共中央、国务院发布的《关于建立更加有效的区域协调发展新机制的意见》。

发展，等等①。2018 年 11 月，中共中央、国务院下发《中共中央　国务院关于建立更加有效的区域协调发展新机制的意见》，提出推动国家重大区域战略融合发展、统筹发达地区和欠发达地区发展等战略机制②。2019 年的中央财经委员会第五次会议强调，要"研究推动形成优势互补高质量发展的区域经济布局问题、提升产业基础能力和产业链水平问题"③。由此可见中国区域协调发展的紧迫性和必要性。

区域能否实现协调发展影响着中国整体发展格局。在全国经济地理格局的塑造过程中，有着巨大发展潜力和回旋余地的中西部区域④能否实现追赶，决定着中国整体的发展水平和可持续性。与这一要求相矛盾的是，中国的区域发展存在较大的差距，区域发展不平衡不充分态势明显。要想缓解甚至解决这一问题，一方面需要从顶层设计高度制定相应的区域政策，另一方面则需要进一步明确影响区域经济增长的因素，以便采取针对性的措施促进欠发达地区发展，促进区域协调。

针对区域差距的影响因素，金丹（2012a）提出，目前中国学术界对中国区域经济发展差异的原因分析可归纳为物质资本差异论、人力资本差异论、地理区位差异论、区域政策差异论四种。与此同时，不能忽视无形因素的影响。中国地域辽阔，社会文化、社会制度等方面同样存在巨大差异，物质方面的因素可以导致差距，区域制度、区域文化等因素同样会导致区域差距扩大。近年来，以社会资本为代表的无形因素在区域经济增长和区域差异方面的影响逐渐获得学者们的关注。

社会资本为研究区域经济差异问题提供了新思路。社会资本作为经济增长的驱动力之一，在解释区域经济增长差异方面做出了重要贡献（Rupasingha et al.，2006；Rutten and Boekema，2007；杨宇和郑垂勇，2008）。Dinda（2012）认为，社会文化可以用来解释为什么拥有同等水平物质资本和人力资本的地区存在贫富差距。经济学家对于利用社会文化来解释区域和国家的贫富状况表现出越来越大的兴趣（Dinda，2008）。社会资本是社会文化的重要组成部分，是社会文化的典型表现形式。经济主体在经济运行过程中形成的社会资本表现为两方面的差异：首先是分布形态的差异。不同的区域，由于经济发展水平、产业组织形态、人力资本、金融资本水平等各方面的差异，必然形成不同水平的社会资本。其次是重要性的差异。不同区域的社会资本在其经济活动过程中的重要性和影响程度存在

① http：//sh. people. com. cn/n2/2018/0313/c134768-31338145. htm。
② http：//www. gov. cn/zhengce/2018-11/29/content_ 5344537. htm。
③ http：//www. xinhuanet. com/politics/2019-08/26/c_ 1124923884. htm。
④ http：//www. gov. cn/guowuyuan/2015-12/15/content_ 5024473. htm。

差异，例如刘长生和简玉峰（2009）的研究结果证实，中国东部区域相比西部落后地区，社会信用对经济增长的促进作用更加明显。

同时还应该注意到，中国还存在相对贫困地区。欠发达地区是中国高质量发展的短板所在，更是潜力所在。对社会资本的研究或将有助于这些地区从地域文化建设、人文环境等方面入手治理相对贫困，提升经济增长的质量，并为返贫提供"免疫屏障"。从目前学术界进行的一些案例分析来看①，一些学者关注到社会资本对贫困地区发展的影响。据此可以判断，从关注贫困地区"硬环境"到"软环境"、从关注个人的心理到关注整个欠发达地区的区域心理，符合未来的发展趋势。

二、理论背景

研究内容的选取基于两方面的理论发展现状：首先，经济增长理论本身存在研究转向问题，即从以物质资本、劳动力投入为代表的有形资本转向以人力资本、社会资本、关系资本等为代表的无形资本。部分实证研究表明，无形资本对经济增长的贡献逐渐增强。其次，从经济地理学学科内部来看，20世纪90年代以来，其分化出不同的分支学科，包括新经济地理学、演化经济地理学、制度经济地理学、关系经济地理学等，这些分支学科各有特色、成果多寡不同，其中关系经济地理学发展相对弱势，存在较大发展空间。

1. 经济增长因素的转向：从有形资本到无形资本

自亚当·斯密奠定了现代经济学的基石以来，土地、劳动力等传统因素成为主要的研究对象。20世纪初期，无形资本开始进入研究视野。首先出现的概念是人力资本，这源于劳动力内部的异质性，即不同知识水平的劳动力的适合岗位、生产效率存在差异。1906年欧文·费雪的《资本和收入的实质》一书将人力资本纳入分析框架，但并未引起广泛关注。"创新之父"熊彼特的《经济发展理论》一书中强调企业家是打破静态体系的动力所在，可以说，这一研究将企业家看作一种独特的人力资本，是人力资本理论研究的突破。20世纪60年代，舒尔茨·西奥多首次系统地提出了人力资本理论，认为人力资本是比自然资源更加重要的生产因素，打破了资本研究局限于实物因素的局面（Inkeles，2000；Piazza-Georgi，2002），由此扩大了资本的范畴，丰富了资本理论。

虽然人力资本的提出打破了经济增长影响因素囿于传统有形因素的状况，但无论是人力资本还是物质资本，都是局限于经济学内部的，人力资本的本质在于

---

① 后文文献综述将对这一研究现状展开论述，实证分析部分将对社会资本对包括贫困地区在内的不同发展水平区域的影响进行讨论。

对劳动力整体平均化的知识水平、技能水平的评价。经济增长受到经济、社会、政治、地理气候环境等多方面因素的影响，单一地使用经济学概念并不能对经济增长做出贴近现实的解释（李东旭，2012）。20 世纪 80 年代末期，社会资本研究的兴起打破了这一局限，成为分析社会环境因素对经济增长影响的有力工具（Chou，2006；Dinda，2008；Dinda，2012）。个人智力、社会知识积累、交流、组织和文化、非正式网络等无形因素对经济增长的重要作用受到关注（Piazza-Georgi，2002；Westlund and Calidoni，2010）。已有研究表明，以社会信用为主要表现形式的社会资本对经济增长的影响略小于实物资本对经济增长的影响，但大于政府支出、进出口对经济增长的影响（刘长生和简玉峰，2009）。

社会资本作为一个发展年限尚短的概念，其是否可以作为一种资本形式这一问题引起广泛讨论。大部分研究通过比较社会资本与其他形式的资本，得到了肯定的结论。Chou（2006）提出，尽管同其他社会学概念一样，社会资本受到了主流经济学的质疑，但越来越多的经济学家认为社会资本同传统资本一样可以使人们获得远期收益。孙力（2007）认为，物质资本、人力资本和社会资本具有三方面的共同点：首先是生产性，即增加这些资本投入可以带来生产效率的提高；其次是积累性和更新性，即三者都需要在长期的历史进程中持续地储蓄和使用，才能不断增加自身供给，提高资本价值；最后是规模经济和外部效应，表现在一个国家或地区的资本积累会对其他国家或地区的经济增长做出贡献。厉以宁（2011）提出，在经济学中，三种不同形式的资本分别是物质资本、人力资本和社会资本，不同的人对这三种资本的掌握和运用是不一样的，而且差别很大，三种资本差别造成收入的差别。

在肯定社会资本与传统要素共性的同时，还需要看到社会资本的独特性。首先，对参与者数量的要求不同。不同于物质资本（机械设备、银行账户等）和人力资本（知识、技能等），社会资本表现为关系或者社会资源，需要通过持续性的集体行为来达到互利互惠的目的（World Bank，2005）。也就是说，社会资本的形成和存在至少需要两个个体或者组织，而其他资本形式对成员数量没有要求（Dinda，2008）。其次，消耗条件不同。物质资本在使用中消耗，而社会资本在不使用时消耗（Ostrom，2000）。Rupasingha（2006）认为，传统的生产要素的特征是，通过中间产品的生产和投入使生产更富有效率，而社会资本则需要通过关系的投资实现交易成本下降，以减少生产活动中的摩擦。

表 1-2 从存在形式、补偿方式、消耗方式、回报形式等方面比较了物质资本、人力资本以及社会资本。

表 1-2　三种主要资本形式比较

	物质资本	人力资本	社会资本
存在形式	人们投资形成的物质性的资产，属于私人产品或公共产品	个人所拥有的知识、经验、技能等，属于私人产品	存在于个人或组织之间，具有部分公共产品属性
补偿方式	再生产	教育、培训、健康投入、"干中学"	个人或组织之间的交流互动，金钱、时间、精力
消耗方式	生产中消耗	不使用便消耗	不使用便消耗
回报形式	社会总产品、经济效益	经济效益、人力资本	社会总产品、经济效益、社会效益
边际收益	递减	递增	不确定
产权转让	可以转让	不可转让	不可转让

资料来源：根据孙力（2007）、厉以宁（2011）、李东旭（2012）等研究总结。

2. 经济地理学的几大转向和关系经济地理学的发展困境

关系经济地理学是经济地理学的分支学科之一，产生于 20 世纪 90 年代。从学科环境来讲，当时区域科学、经济地理学等学科正在发生分化，并且与其他学科出现交叉融合之势。以区域科学为例，根据张可云（2013）的研究，1993 年宾夕法尼亚大学的区域科学系被撤销标志着区域科学在美国的分化，区域科学家开始转向地理学、经济学、社会学、农业经济学等多个学科。同期，经济地理学内部也产生了几个分支学科，出现了新的转向（苗长虹，2004；Bathelt and Glückler，2011），主要体现在：以"经济学回归"（economics turn）为标志，以边际收益递增、不完全竞争为假设前提，将空间因素模型化来研究集聚和空间不平衡的新经济地理学；以"演化转向"（evolution turn）为特征的演化关系经济地理学；以"制度转向"（institutional turn）为特征，将制度这一非经济因素纳入对生产空间的历史性变迁之中的制度经济地理学；以"关系转向"（relational turn）为标志，将地理空间视为透镜来分析经济运行主体之间关系的关系经济地理学；等等。表 1-3 比较了上述经济地理学分支学科①的产生背景、假设前提、研究内容以及主要理论。

---

① 除此之外，还有一些其他转向，包括"文化转向"（cultural turn）、"尺度转向"（scale turn）等。其中，文化转向认为，经济生活不仅是经济的，更是社会和文化的，经济过程本身也是一个社会文化过程，所以经济地理学实质上是文化的经济地理学。尺度转向则强调尺度的过程、演化、动态和社会政治竞争等性质，强调地理尺度是社会建构的，同时也是社会建构的基本力量。

表 1-3　经济地理学分支学科比较

分支学科	产生背景	假设前提	研究内容	主要理论
新经济地理学	对空间问题的忽视导致了传统经济学在分析现代问题时的局限性	收益递增、运输成本、不完全竞争	以空间集聚、运输费用理论为基础，强调规模报酬和运费的相互作用产生的内在集聚力以及由于某些生产要素的不可移动带来的分散力对空间经济活动的影响	新国际贸易理论、产业组织理论、非线性动力学理论等
演化经济地理学	以演化经济学在20世纪90年代的发展为基础	反对完全理性的"经济人"假设；着眼于经济系统的动态过程；演化过程非最优化；企业异质性	利用演化经济学的核心概念解释不均衡的区域经济发展，强调历史过程对经济活动空间不均衡分布的影响	广义达尔文、路径依赖、复杂性理论等
制度经济地理学	从福特制生产到弹性专精；20世纪90年代，受到经济学"嵌入"思潮和制度变迁理论影响	区域锁定	探讨制度因素对产业布局和生产空间重构的影响。其中涉及制度变迁对不同区域经济发展的空间地理影响，制度空间对地方化、全球弹性地理的影响等	制度厚度、制度空间、制度变迁等
关系经济地理学	从福特制生产到弹性专精；各学科和流派对经济行为中的非经济因素考虑增多	将区域看作透镜，而不是一个主体	研究区域内各主体以及它们在空间活动中形成的"社会—经济"关系与区域经济增长、地理布局之间的联系	新产业空间、学习型区域、社会资本等

资料来源：根据相关文献总结。

　　这些分支学科特征突出、各有长短，出现之后得到了或快或慢、或厚实或薄弱的发展。具体而言，新经济地理学展示出主流经济学特色，不断放宽假设条件，利用和发展经济学模型，实现了理论模型的不断延伸以及实证研究的广泛应用（顾朝林等，2002；Behrens and Thisse，2007），近年还衍生出"新"新经济地理学（杨开忠等，2016）①。演化经济地理学将"学习"（learning）、"路径依赖"（path-dependence）等关键词引入经济地理学的研究，被颜银根和安虎森（2013）称为经济学与地理学之间的第二座桥梁②，具有假设更加贴近现实、解

---

　　① 相比新经济地理学，"新"新经济地理学以企业异质性假设为基本特征，将空间异质性、技术外部性、不完全竞争纳入统一架构。

　　② 颜银根和安虎森（2013）认为，历史地看，经济学和地理学的互动并不明显，如果说新经济地理学是经济学与地理学的第一座桥梁，那么演化经济地理学则建构了经济学和地理学的第二座桥梁。

释力更强的特点。制度经济地理学既强调区域历史、文化及制度背景的作用，又强调区域内多个主体的作用以及与制度紧密相关的制度网络、制度形式和制度过程（吕拉昌和魏也华，2005）。关系经济地理学则是将社会学的一些因素纳入考虑范围，关注微观主体，并且将这些主体之间的关系作为切入点来分析区域发展、企业绩效和政策评估的影响（Amin，1998；Dicken and Malmberg，2001；Winterton et al.，2014），以及不同区域之间的发展差异（Yeung，2005；Boggs and Rantisi，2003）。

与其他三大分支相比，关系经济地理学的研究显得薄弱。中国学者虽然关注到了经济地理学中的关系转向，但缺乏深入研究和讨论，更多地体现为综述性研究①。李小建和罗庆（2007）强调了关系转向的重要性，提出关系转向已经成为西方经济地理学研究中的一个热点，研究内容涉及企业、区域、网络和全球地方联系等多个方面。从2007年之后的文献来看，这一情况未得到改观，除了受到新经济地理学和演化经济地理学等经济地理学分支学科的挤压，还存在两方面的原因：首先，这一分支的发展可能是非显性的，即存在一些相关或有交叉关系理论的发展、概念的出现，体现出关系经济地理学的研究思路，但是并未纳入关系经济地理学研究的大框架之下。其次，关系经济地理学的提出在一定程度上实现了社会学与经济地理学的融合发展，但在社会学学科体系内对关系的界定、描述特别是衡量都存在争议，这进一步限制了关系经济地理学的发展。

通过以上的理论研究分析可以做出判断，关系经济地理学的发展确实薄弱，不仅体现在概念发展方面存在不足、理论积累薄弱上，也体现在实证研究的欠缺上。要破解这一局面，就需要寻找合适的概念工具对关系经济地理学中的"关系"一词进行描述，来体现"关系转向"以及区域内部"社会—经济"关系。社会资本不失为用以描述特定尺度内的不同主体之间关系的一个很好的概念工具。可见，本书同样可以作为关系经济地理学发展的有益尝试。

三、研究意义

本书坚持问题导向，希望通过对社会资本对经济增长的影响的研究回答两个具体的问题：社会资本对经济增长和创新驱动的影响以及社会资本与欠发达地区的关系。需要说明的是，社会资本并不能作为单独的政策实施，但是其理念和内涵中的成分可以成为相应的政策工具。

第一，为中国整体经济增长、创新驱动提供政策抓手。中国当下需要的是高质量的经济增长，高质量意味着资源要素的配置效率更高、创新的驱动力更强，

---

① 如后所述，关系经济地理学很少引起中国学者的关注更多地体现在这一概念本身没有引起关注，而不是说与其相关的研究内容没有引起关注。

而这些都离不开高水平的社会资本。高水平的社会资本既可以理解为经济运行的"润滑剂"，也可以理解为各个经济行为主体在经济活动中形成的无形桥梁，还可以理解为一定的地理空间内的整体氛围。随着中国高质量发展战略的推进，以及创新驱动力的强化，社会资本在特定的发展阶段或许可以发挥重要作用。从后面章节的分析中可以发现，社会资本与经济发展、技术创新、人力资本等对高质量发展有所影响的因素均有关联。

第二，通过讨论社会资本对欠发达地区的影响，推动区域协调发展。区域协调发展的关键点在于欠发达地区是否可以实现追赶。部分研究将社会资本与贫困地区发展联系了起来，提出通过关注这些地区的社会资本塑造来推动地区发展，摆脱贫困局面。Pisana 等（2017）就曾提出，社会资本是新内生经济增长理论的组成成分，是一种以自下而上（bottom-up）的方式促进贫困地区发展的新兴策略，预示着政策导向从部门政策（sector-based policy）转向地本政策（place-based policy），前者属于自上而下（top-down）的政策模式，主要由政府推动，后者的参与方加入了本地的组织和利益相关者，共同推动地方可持续性的发展。本书主要通过揭示社会资本对发达地区和欠发达地区的作用方向、影响程度的差异，对照现实，分析社会资本整体以及哪些维度的社会资本对欠发达区域经济增长起到关键作用，以此推动区域协调发展。

理论方面，本书除了对社会资本及区域社会资本做出合理界定和评价指标构建之外，还尝试从两方面提高了理论与现实的贴合程度。

第一，对社会资本的研究使对经济增长影响因素的分析与现实更加贴近。经济增长需要不同类别资本的投入和组合来实现。从研究脉络来看，资本类型呈现出不断扩展的趋势。古典经济学时期，主要的资本形式是物质资本、货币资本和劳动力投入，这些资本类型具有形式具体，测度方式单一，参与生产过程中存在损耗、边际报酬递减等特征。人力资本理论的系统化研究打破了这一局面，而社会资本的提出进一步扩充了资本范畴。此外，还有文化资本、符号资本、组织资本等，这些资本均属于无形资本，和传统资本要素相比，具有边际效用递增、测度方式多元等特征。

另外，社会资本实现了社会学和经济学的交叉研究。社会学和经济学是社会科学中的两大重要学科，两者确立之初都面临着尽可能解释社会整体存在的要求，之后经历了从亲近到疏远，再到近年重新靠拢的演进路径（张立达，2008）。经济学和社会学从不同的角度描述和解释社会行为，基础假设、研究范式各异。社会学假定行为人是社会化的，被社会规则、规范和义务等所支配，这就造成社会环境成为影响和塑造、限制和约束行为人行为的重要因素，这在一定程度上忽视了行为人的主观意愿对自身行为的影响。经济学则做出"理性人"假设，意味着行为人以效用最大化为目标，而效用以经济指标来衡量，很少考虑其他因素，例如人际关系、荣誉、亲社会行为等，而在现实生活中，这些因素同样影响行为人的效用水平。引用新经济社会学奠基人 Granovetter（1985）的观点，前者存在"过度社会化"（over-socialized）的问题，而后者存在"低度社会化"（under-socialized）的问题。社会资本的提出为联系两个学科提供了可能性（Tura and Harmaakorpi，2005）。

第二，尽可能全面捕捉社会资本对经济增长的影响路径，这也是对社会资本理论本身的贡献。"社会资本"这一概念虽然出现了百余年，但正式进入研究视野仅有 40 余年，是一个发展中的概念，在概念界定、属性特征、分类方式等方面均存在争议。当前，社会资本的理论研究处于不断深化的过程中，这使未来研究存在很大的潜力和不确定性。社会资本与经济增长最为本质的关系在于影响机制，只有从理论上明确社会资本如何影响不同空间尺度的经济增长，才能使以此为基础的实证研究更加合理，对现实更具启示。本书充分参考已有的理论研究，并且结合区域尺度特色，在已有的研究基础上进行了深化拓展。

第二节 研究概念与研究对象

社会资本的主要表现形式是社会信任，但社会资本的内涵绝不仅限于此。不同的学者结合自己的学科领域和研究侧重点对社会资本做出了不同释义。此外，社会资本是一个尺度敏感的概念，最初 Hanifan（1916）提到这一概念时是基于社区，而后期社会资本被应用于国家、区域、城市等空间尺度的研究。社区的社会资本形成是基于个人和家庭，更高尺度的社会资本形成则应该建立于有所差异的组织之间。本节回顾了已有研究中社会资本的内涵界定，并以此为基础分别界定了社会资本和区域社会资本。

一、社会资本的概念界定

界定重要概念是研究的起点，也为研究划定了范围。依据三个原则界定社会资本的内涵：第一，以历史的和发展的眼光看待社会资本，综合考虑概念起源与概念演进。第二，考虑已有的研究中对社会资本的界定和属性分析，特别是经典研究、开拓性研究。第三，需要结合学科特色和研究对象的特征。将社会资本置于政治学、社会学、经济学等不同领域时，定义重点不同。社会资本的概念界定既不能过于狭隘，也不能太过泛泛。

社会资本用以反映和描述个人或者组织者之间的社会关系，是一个跨学科的概念，涉及社会学、政治学、经济学等。Hanifan（1916）进行社区研究时是将社会资本的形成基于社区内部的家庭和个人。Loury（1977）对种族间收入不平等进行因素分析时，应用了社会资本概念，并给出"促进或帮助获得市场中有价值的技能或特点的人之间自然产生的社会关系"的概念（陆迁和王昕，2012）。但 Loury 并没有对社会资本进行系统化的研究，也未对其加以重视。随后，法国社会学家 Bourdieu（1986）的研究成为社会资本理论发展的标志性、开拓性事件，他给出的定义是"个人或者组织通过对一种持久网络的拥有而得到的总的真实的或者虚拟的资源，这种网络或多或少存在制度化的相互了解和认可"。美国社会学家 Coleman 和法国社会学家 Bourdieu 几乎在同一时期提出并应用了社会资本。Coleman（1988）尝试利用社会资本建立社会分析和经济分析的联系，以弥补两者的不足①，同时分析了社会资本对人力资本产生的促进作用。按照他的描述，社会资本表现为两个方面：一是社会结构（social structure）的某些方面，二是社会结构的存在使行为者的特定行为变得容易。Bourdieu（1986）给出的定义是"与群体成员相联系的实际的或潜在的资源的总和，它们可以为群体的每一个成员提供集体共有资本支持"。美国政治学家 Putnam 于 1993 年主编的《使民主运转起来》首次将社会资本应用于政治学领域，通过分析意大利南北差异肯定了社会资本与制度绩效之间的相关性。具有特色的是，Putnam 将民主元素加入社会资本的内涵中，将其定义为"社会组织所具有的信任、规范和网络特征，这些特征的协调作用可以提高社会效率"。

  随着研究的不断深化，学术界出现多种界定方式。表 1-4 列举了一些具有代表性的界定方式及其特征。

表 1-4　社会资本的内涵界定

学者/机构	定义	特征
Boxman 等（1991）	可以期望提供支持和资源的人员数量，这些支持和资源可以由这些人自己支配	微观视角，经济学视角，基于个人，强调资源获取便利性
Burt（1992）	通过与朋友、同事之间的联系以及其他更加一般性的接触，你可以获得利用金融和人力资本的机会	微观视角，经济学视角，突出个人对资源的利用和能动性

---

  ① 在 Coleman 看来，社会学的分析倾向于把个体看作其所处环境的产物，而没有考虑到"内作用"，同时，纯粹理性选择方法忽视了塑造人们行为的社会背景。

续表

学者/机构	定义	特征
Knoke (1999)	创造和动员组织内部和组织之间的联系的过程，通过这一过程参与者获得其他参与者拥有的资源	微观视角，经济学视角，基于个人，强调成本节约
Baker (1990)	行为者从特定的结构中获取的一种资源，利用这种资源可以获得自身的利益，并且需要通过行为者之间的交换来获得	强调社会结构和主体互动，经济学视角
Portes (1998)	参与者利用社会网络中的成员或者其他社会结构中的成员保证利益的能力	微观视角，经济学视角，基于组织或个人，强调社会资本的利用需要参与者的能动性
Nahapiet 和 Ghoshal (1998)	是一些实际或者潜在存在的资源，这些资源植根于、有效于、来自于个人或者社会单元拥有的关系网络	经济学视角，基于组织或个人
Brehm 和 Rahn (1997)	市民之间的团结关系网络，这一网络促进了集体行为问题的解决	强调公共品属性，社会学视角，基于网络
Inglehart (1997)	是一种信任和包容的文化，在这种文化中出现了大量的志愿者协会	强调文化属性，政治学、社会学视角
Fukuyama (1997)	在组织成员中共享的特定非正式价值和规范的存在，它促进他们之间的合作	经济学视角，基于个人
Thomas (1996)	在民主社会中孕育出来的那些自愿的手段和流程，这可以促进整个集体的发展	政治学视角，基于组织或个人
Paldam 和 Svendsen (2000)	在群体或者社会整体中的信任水平	社会学视角，用信任指代社会资本
OECD (2001)	拥有共享的规范、价值观和理解的网络，它可以促进组织内和组织间的合作	经济学视角，基于组织
Groot 等 (2006)	促进社会关系，提升社会凝聚力的所有因素	社会学视角，基于社会整体
World Bank (2011)	塑造社会中社会交流数量和质量的制度、关系和规范	经济学视角，基于个人或组织
李东旭 (2012)	在一定的社会关系中，行为主体为了实现自身的权益所能调动的社会资源的总和	经济学视角，基于个人或组织

学者/机构	定义	特征
陈乘风和许培源（2015）	社会资本是社会组织的某种特点，包括人际网络、规范和社会信任感等方面的内容，有效的社会资本可以促进协同合作、降低交易成本	社会学、经济学视角
Álvarez 和 Romaní（2017）	个人或者组织通过社会网络中的成员资格所获得的可用的资源	经济学视角，基于个人或者组织

资料来源：根据 Motkuri（2018）、Scrivens 和 Smith（2013）、BjØrnskov（2006）的研究，并且结合相关文献整理。

从以上定义中可以发现，学术界主要关注三个重点问题来界定社会资本：第一，主体是什么。社会资本的形成有赖于个体之间的互动，这些个体可以是个人、家庭，也可以是企业或者其他组织，前者适用于微观层面的分析，后者更多适用于中观和宏观层面的分析。第二，拥有者和受益者是谁。当拥有者是个人或者组织时，受益者同样以个人和组织为主，体现在通过社会资本来实现利益获取；当拥有者是社会整体时，受益者可以是社会整体和其内部成员，表现在社会资本对经济运行效率提升的促进作用。第三，分析领域，涉及政治学、经济学，还是社会学。政治学强调民主环境，经济学强调利益获取和经济效率，社会学则强调社会资本的公共品属性。

综合以上分析，本书将社会资本界定为"存在于特定的地域空间之中，由活动主体交互所形成的网络和信任关系，这一关系在经济活动中可以作为一种资源被使用"。这一界定突出了社会资本的空间属性、社会属性以及资本属性。

二、区域社会资本的概念界定

随着研究的深入，被研究的对象从社区、特定团体、企业集群上升到城市、区域、国家层面。比较有代表性的社区层面的研究包括 Hanifan（1916）、Coleman（1988）。特定群体如大学生（陈成文和谭日辉，2004）、农民工（徐定德等，2019）等。还有针对企业和企业集群的研究，主要体现在对中小企业行为的研究（Iturrioz et al.，2015；Urzelai and Puig，2018）。这三类研究对象具有行为主体明确的特征，例如社区的行为主体为家庭和个人，并且更多地体现为家庭，企业的行为主体需要根据企业规模进行分类继而确定企业类别。城市、区域、国家层面的研究体现为比较研究，这三种研究对象的特征表现为地域空间的确定性，但是行为主体则存在多种选择方案。

部分学者关注到了社会资本的尺度敏感性，即针对不同的空间尺度，研究的侧重点不同，具体表现为差异化的界定衡量方式、有区别的行为主体、不同的作用机制等。陆迁和王昕（2012）认为，微观层次的社会资本体现为个人形成的价值观念和规范等，中观层次的社会资本是集团间所形成的信任、互惠、义务和期望等，宏观层次的社会资本体现为国家制度、法律框架、公民权利和社会凝聚力。Álvarez 和 Romaní（2017）认为，宏观、中观、微观可以分别围绕国家和州际、邻居和社区以及个人进行研究。刘伟（2018）的划分方式是作为个体的企业家、作为组织的公司或者企业以及作为区域的宏观系统。研究认为，这三个尺度的研究对象可以设定于国家、省级和州级以及包括企业团体在内的个体层面。研究的对象——区域社会资本属于中观尺度。

对区域层面的社会资本进行描述时，针对行为主体，学者们发表了不同看法。当研究从微观层面上升到中观层面时，行为主体也相应从个人上升到组织。Rutten 和 Boekema（2007）提出，尽管区域本身存在尺度差异，但都可以作为一个社会或者国家内部的子社会来看待。Bizzi（2015）认为，组织之间的社会资本的影响分析和针对个体的分析存在重要的相似之处，同时提出了三种用来说明组织之间社会资本的方法：一是描述不同组织之间、个体之间的人际关系；二是描述个人与多个组织之间的联系；三是考察组织之间的关系。

部分研究明确界定了区域社会资本。Rutten 和 Boekema（2007）将区域社会资本定义为"通过区域创新网络将技术转化为区域经济增长动力"。Lanrsen 等（2012）给出的定义是"使人们在一个区域内采取集体行动的地区性的规范和网络"。Malecki（2012）区分了不同层面的社会资本，其中区域社会资本表现为区域文化和区域心理。丁焕峰和陈庆秋（2006）认为，区域社会资本是整个共同体的社会资本的一种，反映了一个区域共同体所拥有的社会资本。周立军（2009）将区域社会资本定义为"区域系统拥有的无形的生产性资源，是区域成员间，如企业、大专院校、科研院所、行业协会、地方政府等机构长期交互过程中形成的能够促进合作和创新的各种关系及能力的总和，它包括成员间横向和纵向联系、社会联系以及获取外部信息和其他资源的能力"。金丹（2012b）将区域社会资本定义为"内生于区域发展过程之中的，对区域经济增长具有重要积极影响的区域社会信任体系、区域社会规范、区域社会关系网络、区域社会文化、区域历史沉淀和区域身份认同的总和"。

以上的定义可以分为三类：第一，突出社会资本作为一种资源对经济活动的影响，属于偏重经济学的界定，如周立军（2009）提到"生产性资源"，Rutten 和 Boekema（2007）提到区域经济增长动力。第二，强调社会资本的文化属性，将社会资本看作一种区域层级的文化、心理现象，属于偏重社会学的界定，包括 Malecki（2012）、金丹（2012b）。第三，仅从社会资本的本质属性出发，而不将其偏属于任何学科，如 Lanrsen 等（2012）的定义。同时，从这些概念界定中可见，当把社会资本置于区域尺度时，并未突出社会资本的政治学科属性，这一特点同样体现在近年对社会资本的界定中。

本书认为，对区域社会资本进行定义时，需要遵守三个原则：第一，不能偏离社会资本的本质属性，即经济属性和社会属性，这就要求需要基于社会资本的概念对区域社会资本进行界定。第二，不能泛化概念，将区域社会资本等同于区域心理和区域文化，出现逻辑错误，具体体现在社会资本主要的表现形式是信任，但社会资本的内涵不只是信任。信任可以看作一种区域文化，但社会文化的内涵大于信任。由此可见，社会文化与社会资本存在一定的交叉关系，而不是包含与被包含、谁大（小）于谁的关系。第三，要体现尺度差异，即在概念界定时，要认识到区域尺度的社会资本属于特定地域而不是基于特定群体。

基于以上分析，本书将区域社会资本界定为"存在于特定区域空间，基于不同经济行为主体的关系网络，表现为区域信任、区域凝聚力等无形环境，并且可以作为一种资源投入到区域内部的经济运行过程中"。这一概念强调了区域社会资本的空间属性、网络结构特征、无形性以及经济属性，并且拥有者和受益人均为特定区域。

还需要说明的是，考虑到被解释变量为区域经济增长，即暗含了实证的研究对象限于区域尺度，后文中的实证章节将不再使用"区域社会资本"一词来说明研究的因变量，而直接用"社会资本"代替"区域社会资本"。

三、区域经济增长的指标选取

作为本书的主要被解释变量，需要先明确用何指标说明。从广义来看，区域经济增长包含增长的数量和质量，这两者相当于硬币的两面（任保平，2013）。图 1-1 说明了两者的关系。

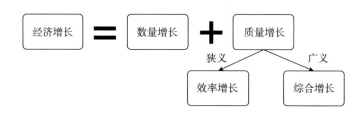

图 1-1　经济增长的两个方面

具体而言，经济增长的数量是狭义的增长，经济增长的质量是广义的增长，前者追求的是经济增长的速度，后者追求的是经济增长的质量，两者是相辅相成、相互影响的关系。质量的提升需要有一定的数量作为支撑，数量增长的可持续性和稳定性则受到质量影响。在一个国家不同的发展时期，会有不同的发展重点，对于一个处于发展初期，如从农业化向工业化迈进的经济体，显然应该追求数量的增长，而在获得一定的资本和技术积累后，则应更加关注发展的质量。同时，经济增长的质量有狭义和广义之分，前者强调经济增长效率，常以全要素生产率衡量，后者体现为经济体全方位的优化，常以综合的指标体系测度。

本书选取区域经济增长的数量作为研究对象，这基于两方面的考虑：第一，目前针对社会资本与经济增长的关系的研究更多地体现在经济增长数量方面，虽然有少量文献关注到社会资本对经济增长质量的影响（Sabatini，2008；周瑾等，2018），但理论研究仍然不足，探索性研究居多。第二，社会资本本身是一个多维度、综合性、跨学科的指标，而经济增长，特别是广义的经济增长质量同样是需要利用综合指标进行测度的变量，用一个综合指标测度的变量去衡量另外一个同类型变量，难以避免主观性过强的问题。

第三节　研究思路、方法与内容

本节依次说明本书的研究思路、方法与主要内容。研究思路回答了以什么样的路线进行研究，是对研究的概括描述；研究方法为研究提供了技术支撑，方法的选取需要兼顾科学性和可行性；研究内容则说明了通过研究想要解决哪些问题。

一、研究思路

本书的目的在于揭示社会资本对区域经济增长的影响。研究坚持问题导向，依照"提出问题、分析问题、解决问题"的整体逻辑尝试回答社会资本对中国省域经济增长的影响问题。图1-2为研究的技术路线。

"提出问题"以三大内容为依托，分别是当下的国内外环境和理论发展情况、研究的对象以及概念之间的关系。这几个问题在本章的前述部分已经做了说明。总而言之，以三大现实环境和两大理论发展情况为背景，研究区域尺度的社会资本对区域经济增长的影响问题。

"分析问题"涉及理论分析和实证检验，是本书的核心部分。前者通过理论和影响机制的分析打开社会资本对区域经济增长的影响的"黑箱"，以现有文献为基础，综合不同学科中社会资本的发展，从社会资本的本质属性出发，系统性

社会资本对区域经济增长的影响

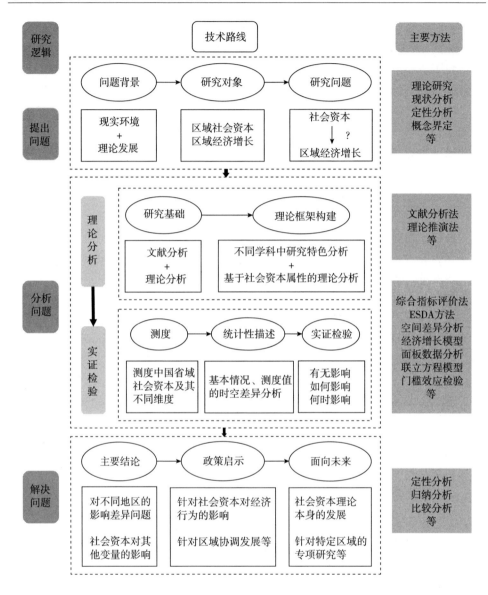

图 1-2　研究的技术路线

地分析其对经济增长的影响机制，这是展开实证检验的基础。后者以社会资本及其不同维度的测度为基础，在进行统计性描述之后，进一步瞄准社会资本对经济增长"有无影响""如何影响""何时影响"三个递进式问题，并且在相关的环节引入人力资本、技术创新等变量，展开经验检验。

"解决问题"环节为中国未来发展提供科学合理的政策建议，面向未来，提出具有启示性的政策思路。在揭示了社会资本对不同类型区域影响差异及社会资本不同维度对经济增长影响差异的基础上，围绕中国区域经济增长、创新驱动、人力资本培育、区域协调等现实问题提出合理的政策建议。

二、研究方法

本书主要涉及的研究方法如下：

第一，文献研究法。文献综述便于掌握与研究主题相关研究的进展和重点。围绕研究重点，分门别类地就社会资本概念本身以及社会资本对经济增长影响的机制的有关研究进行综述和评价。

第二，理论推演法。社会资本理论本身是一个处于发展运动中的理论，这既增加了研究的难度，也提高了研究的灵活性。具体的推演分为三个步骤：首先，分析不同学科中的社会资本的特征，并对其进行比较，从而有助于了解社会资本的本质属性。其次，需要从社会资本的属性出发，分析社会资本对经济活动的影响机制，这一步骤须同时结合文献研究。最后，形成研究的理论框架。

第三，指标评价法。社会资本是一个多维度的概念，需要综合的指标评价方法来测度。相比单一指标的评价方法，综合指标评价法更加全面，但也存在指标选取主观性的问题。本书在评价方法的选取上将尽量克服主观性。

第四，空间统计法。本书对 2007~2016 年中国大陆除西藏地区外的 30 个省份社会资本的分布格局、分布特征、时间序列特征进行分析。主要涉及两种方法：一是针对时空分异特征的时序变化分析和空间分析，方法例如反映时序变化特征的变异系数、泰尔指数，反映空间分布特征的可视化处理等。二是 ESDA 方法（探索性空间统计分析），用于分析特定年份空间数据的空间属性和关联特征。

第五，定量分析法。实证研究环节采用多种计量分析方法。空间计量分析主要采用空间杜宾模型来分析相关变量的空间溢出特征。计量分析则更为多元，涉及面板数据分析、联立方程模型、门槛效应检验等。计量分析之后的数据处理还将采用经典做法，例如不同资本对经济增长贡献率的分析、贡献份额的计算等。

三、研究内容

本书的核心内容在于"社会资本对区域经济增长的影响"，主要目的在于探究以社会资本为代表的无形因素对区域经济增长及其他相关变量的影响以及对不同地域影响的差异性。由此问题展开，本书分为六大部分、八章内容。

第一部分为导言，对应第一章。该部分主要说明本书选题的理由。本书不仅考虑学术热点与前沿方向，而且结合中国实际，希望能通过研究为中国高质量发展、创新驱动建言献策。研究现实背景主要考虑了全球整体的知识经济时代发展环境、中国高质量发展的要求以及中国区域经济发展不协调需要新的解释三方面。理论发展考虑到经济增长因素从有形的传统物质因素转变为包括地域文化、人文环境在内的无形因素以及关系经济地理学的发展。此外，该部分俯瞰全书，从研究的概念和对象出发，介绍了本书的研究思路和方法，并且总结了本书可能遇到的难点和可能的创新。

第二部分对国内外已有研究进行综述，对应第二章。自20世纪80年代后期开始，"社会资本"这一概念被应用于社会学、政治学、经济学等多个学科的研究之中，特别是从20世纪90年代末期开始，涌现出大量针对社会资本影响经济增长以及经济活动、经济行为的研究。本部分分门别类，从四个方面进行了综述性研究，分别是社会资本的属性、分类和测度，社会资本与经济增长的关系，社会资本对经济增长的作用机制，以及社会资本与地区政策。

第三部分通过理论分析构建了研究的理论框架，对应第三章。该部分从社会资本的属性出发进行分析。首先，提供并比较了社会资本在几个代表性学科中的研究状况和侧重点，包括马克思主义政治经济学、经济社会学等。其次，借鉴已有研究的分类将社会资本分为结构、关系和认知三个维度，在明确三个维度的特征基础上，说明了不同维度与经济活动之间的关系。再次，从社会资本的属性特征出发，分析投入品属性、功能性属性以及制度性属性对经济增长的影响。最后，构建本书的理论框架。

第四部分对社会资本的时空差异特征进行描述，对应第四章。在考虑社会资本概念、属性的基础上，结合本书的空间尺度，将社会资本分为三个维度，建立测度指标。在此基础上，对社会资本以及不同维度的时空差异特征进行分析。时空差异分为时序差异和空间差异两个方面。前者说明了不同变量的时序变化特征，回答时间层面上相关变量是发散还是收敛、相对差距是变大还是变小等问题；后者从空间层面说明了相关变量的分布特征，回答了空间上是集聚、发散还是随机，是正向还是负向关联的问题。

第五部分为经验检验，对应第五、第六、第七章，按照"有无影响，如何影响，何时影响"的逻辑顺序展开。本书认为，相比现有研究中直接对某一个问题进行研究，这一三阶段递进式的分析方式系统性更强。"有无影响"检验环节将社会资本作为经济活动的直接投入变量，参与经济活动，若该环节的结论是社会资本对经济增长可以产生影响，则后续的研究才有意义；如果答案是否定的，则进行后一阶段的研究将没有现实意义。"如何影响"目的在于验证理论上的影响机制，这部分研究将社会资本看作功能性属性，结合本书的综述性分析和理论分析，引入人力资本和技术创新两个变量，是对影响机制相关理论的验证。"何时影响"体现了社会资本的制度性属性，该部分将社会资本看作一种非正式制度，将正式制度看作环境因素和门槛变量，揭示在什么样的正式制度水平下，社会资本对经济增长以及其他经济活动发挥什么样的作用。

　　第六部分是对本书的总结，对应第八章。该部分对本书的主要结论进行归纳总结，说明政策启示，并且提出未来的研究方向。作为本书最后一章，该部分可以使研究最终落脚于现实。

第二章　国内外研究综述

对已有研究的有效把握和充分了解是研究展开的基础环节，是构建科学的研究框架、实现研究创新以及进行合理经验检验的基础。笔者通过阅读分析大量中外经典文献和最新文献，就五大问题进行了综述性研究：第一，关系经济地理学的研究进展；第二，社会资本的属性特征问题，该部分就已有文献中社会资本的属性、测度和分类问题进行综述；第三，社会资本与经济增长的关系问题，涉及正向、负向、无关三种关系；第四，社会资本对经济增长的影响机制；第五，社会资本与地区政策的关系。

第一节　关系经济地理：特色、流派和应用

如第一章研究背景部分所述，相比新经济地理学、演化经济地理学等经济地理学分支学科，关系经济地理学进展缓慢，但也出现了一些代表性的学者和有价值的理论，这些成果主要集中于国外的研究。

20 世纪 80 年代以来，经济全球化进程加速，产业组织形式从福特式向后福特主义转变，新技术革命迅猛发展，这些现实环境要求经济地理学家为经济活动的空间组织与空间差异提供新的解释（李小建和罗庆，2007）。关系经济地理学正是在这种背景下萌生的。表 2-1 比较了关系经济地理与区域地理学、区域科学的差异。

关系经济地理通过研究视角的转变，解决了传统的经济地理学所忽视的问题。Bathelt 和 Glückler（2003）认为，就经济地理学学科来说，传统的研究方法①存在两大问题：第一，倾向于聚焦区域或其他空间的表征（spatial representa-

---

① 如区域科学。

表 2-1　关系经济地理与区域地理学、区域科学的比较

	区域地理学	区域科学	关系经济地理
空间作用	作为研究对象和因果因素	作为研究对象和因果因素	作为透镜
认识客体	自然景观中特定的经济空间形态	表现在空间上的行为后果	作为经济关系的背景
行动概念	环境决定	原子式：个人方法论	关系：网络理论，演化视角
认识论视角	现实主义/自然主义	新实证主义/批判理性主义	批判现实/演化视角
研究目的	对自然景观的表意理解	揭示经济行为空间规则	空间视角下社会经济交换规则

资料来源：Bathelt 和 Glückler（2003）。

tions）以及它们的经济属性，这容易造成区域便是经济活动行为者的假象，而忽略了区域内实实在在的活动主体。第二，传统的分析方法往往用空间距离来解释区位选择和经济活动空间布局，这一做法忽略了区域内经济主体通过联合当地企业生产、员工培训、影响政策实施以及获取区域外支持等行为来塑造本地环境的主观能动性。吴加伟等（2015）认为，区域逐渐被西方主流社会科学界视为后福特主义时代经济和社会生活的基本单元。Ettlinger（2001）提出，虽然少数研究考虑了企业、员工行为对生产过程和地域文化的影响，但是这些影响更多地集中于短期，而没有考虑长期的社会变化。Yeung（2005）认为，关系经济地理学关注的是在不同的空间尺度下，主体之间的社会空间关系、结构以及经济变化进程的交织关系。Sanchez（2012）提出，区域经济增长不仅取决于通过纯理性决策实现的经济利益最大化，而且与特定的路径、行为者关系网络以及由本地的社会、政治进程所驱动的机构行为有关。可见，关系经济地理学的特色在于深入区域内部，选取分析对象时，既考虑特定的空间区域，又考虑区域内的行为主体，同时还考虑了社会文化与经济的关联。

关系经济地理学以地域为透镜（lens），把企业作为主要的行为主体。Dicken（2001）将企业描述为经济运行、知识产生和创新的主体，通过逻辑推演来说明企业与地域之间的共构关系（mutually constitutive relationship），这一关系框架包含了企业、产业体系以及地域三个维度，共同镶嵌在宏观治理系统中，同时产业体系承担了知识和创新生成的角色。Yeung（2005）总结了经济地理学科内涉及"关系转向"的三种类型的分析框架[①]后，提出关系（relationality）、势力（power）以及主体（actors）三个概念工具，认为在区域实际经济运行过程中，作为主体的企业拥有不同的市场势力和竞争优势，并且倾向于建立合作关系。Ettlinger（2003）从微观的角度构建框架来解释企业主体在协作过程中，社会联

———————
① 这三种关系框架分别是区域发展的关系资产、网络中关系的根植性以及关系的尺度。

系如何影响决策、行为以及表现。2011年由 Bathelt 和 Glückler 完成的《关系经济——知识和学习的地理视角》一书可以认为是关系经济地理学发展的重要成果。Bathelt 和 Glückler（2011）将经济行为概念化为关系行为并建立分析框架，以此突破了个体主要受到利益最大化驱动的原子视角的局限，这一研究视角的转变为产业集聚的成功、地区发展差距提供了新的解释。

关系经济地理学的特点之一在于将特定空间范围的经济与社会文化联系了起来，特定空间范围一般被划定为区域。Ettlinger（2001）强调了经济和社会文化的双向联系，认为关系经济地理学的重点和特点在于把文化的和经济的因素结合起来，建立两者间的双向联系，同时说明关系转向不仅发生在经济地理学科，也出现在其他学科中，如自然学科和社会学科。Yeung（2005）认为，关系经济地理学的特点在于基于包括全球、本地等不同的空间尺度，讨论不同主体之间的社会空间关系和经济变化过程如何交织影响。Boggs 和 Rantisi（2003）提到，经济主体之间的社会联系塑造了经济表现的地理布局，已有的研究包括识别决定地域社会关系的文化规范和传统以及不同的社会——经济进程如何形成相似的重组景观（the landscapes of restructuring）。此外，为了将社会因素运用于经济学分析，也有学者跳出了经济地理学的范畴来扩展关系经济地理学，例如研究中引入 Granovetter（1985）提到的根植性以及社会资本概念。

在关系经济地理学内部，分为不同的学术流派。有学者将关系经济地理内部的流派分为三类，如表2-2所示。这三个学术流派在研究焦点、要素以及涉及的主要概念方面有所差异，研究的空间层次也有不同，但存在一些共同的特征。按照 Bathelt（2006）的总结，共同特征包括六个：第一，以空间中的经济主体及其之间的关系为研究对象，而不是空间表现或者空间整体；第二，微观层面的推理结论常常需要得到广泛的经验研究支持；第三，制度在经济行为的稳定性分析中处于核心位置；第四，对社会和经济过程进行更深层次的理解，有显而易见的超越空间描述的趋势；第五，关注到了全球化对经济组织的影响；第六，基于行动者网络视角的区域政策分析。

表2-2　关系经济地理学的不同流派

流派	代表人物	研究焦点	要素
加利福尼亚学派	Scott、Storpe、Walker 等	经济主体创建空间的力量以及区位机会作为其研究的焦点	技术、组织和地域
英国曼彻斯特学派	Dicken、Coe、Hess、Yeung 等	提出全球生产分析网络的空间视角，强调全球连接	国际相互作用中社会制度和文化的嵌入性

续表

流派	代表人物	研究焦点	要素
德国关系学派	Bathelt、Glückler 等	交互式学习、组织、演化和创新问题	空间视角下对行动的关系概念体系

资料来源：李小建和罗庆（2007）。

关系经济地理学的思路同样体现在 20 世纪 90 年代以后出现的概念以及案例研究中。"集群""新产业空间""学习型区域""创新环境"以及"区域创新系统"等概念体现了关系经济地理学的思想，认为区域的经济增长不仅与市场环境有关，而且与经济主体之间重复性的联系、知识交换、消费者和生产者的长期关系、互动过程中形成的社会资本以及制度厚度有关。Barrutia 等（2013）注意到，在 21 世纪地方议程①执行中，具有多层次治理安排的地域在理念传播上更具优势，但这些网络的运行机制尚不明确，继而从关系经济地理的视角关注网络中行为主体之间的相互作用和关系，解释了为什么一些区域能够吸引其他主体参与到当地网络的互动中。Winterton 等（2014）利用关系经济地理学的研究思路，以空间的关系视角为切入点讨论了如何利用空间的、本地化的路径来提升乡村社区的福利水平，此外，还提供了一种评价农村地区本地化政策的手段。

第二节　社会资本：属性、分类和测度

本节将从经典文献中抽丝剥茧，围绕社会资本的属性特征、维度分类以及水平测度三个问题进行讨论。

一、属性特征

尽管社会资本的定义各有侧重，但是可以肯定的是，社会资本具有一些可以获得共识的基本特征（张可云和赵文景，2019），具体表现在四个方面：第一，生产性。这是社会资本之所以可以称为资本的本质属性，体现在一些经济活动中社会资本的缺失可能导致特定结果的失败。同有形资本和人力资本一样，社会资

---

①　即 Local Agenda 21，简称 LA21，是一种实现地方可持续发展的治理工具。LA21 于 1992 年地球峰会上确立，由北欧国家和英国，逐渐向世界其他国家和地区扩散，逐渐形成一个包含妇女、儿童、当地居民、NGO、地方政府、工人和贸易协会、商业和产业部门、科技共同体和农民等在内的地方治理网络（王连伟，2014）。

本并非可以被完全替代，对于某些活动来说是特定的、不可或缺的（Coleman，1988）。第二，网络化。不论社会资本是基于个体还是组织，其形成都基于个体或者组织之间正式或者非正式的交流和互动，这些交流和互动是网络化的、非线性的、传导性的。第三，增殖性。Lin（1999）将社会资本的产出分为两大类，即工具型行为（instrumental action）和表现型行为（expressive action）。前者包括经济、政治和社会三种形式的回报，后者则表现为对已有资源的巩固和对风险的规避。第四，植根性。社会资本具有明显的地域差异，受到当地特定文化、传统、习俗的影响，这也是研究区域层面社会资本对经济增长影响的逻辑起点。此外，少数学者注意到社会资本具有空间尺度敏感性，即针对不同的区域尺度，社会资本具有不同的行为主体和表现形式（Álvarez and Romaní，2017）。

按照社会资本作用于经济行为的方式，社会资本具有三种属性：第一，社会资本可以是投入品[①]。这是指社会资本同人力资本和物质资本一样，可以直接投入到生产过程中，这意味着可以将社会资本与传统的有形资本、人力资本同等同时投入到生产过程中，影响经济总产出。第二，社会资本是功能性的。功能性表现为作为一种外力直接或者间接影响经济行为。陶金（2008）列举了三个功能，包括关注社会规则的实施保证正常社会运转、关注家庭内部成员的互相帮助和关注个体社会经济成就以及由此带来的收益。在这种属性下，需要把社会资本看作一种外力作用于经济增长，这时还存在一些中介或传导变量。第三，社会资本是制度性的。社会资本是一种非正式制度（陆铭和李爽，2008；戴亦一等，2009），可以作为正式制度的补充或替代，对个体或者组织的行为起到约束作用。

按对经济增长的作用方式分类，社会资本可以分为正向和负向。正向关系得到了大多数研究的肯定，后面相关部分将会详细论述。少数研究从理论上关注和分析了社会资本可能给经济增长带来的负向影响。Portes（1998）揭示了微观层面社会资本的负向影响，体现在排外、对机体内成员的过分要求、对个人自由的限制以及向下的测量水准规范。Narayan（1999）提到了社会排斥、腐败以及国家对冲突和暴力的共同选择。Nahapiet 和 Ghoshal（1998）提出，组织内较强的社会资本可能导致一些不利于组织发展的后果，例如降低信息的开放性、限制其他选择，甚至面对灾难性后果时产生集体失明。王廷惠（2002）提出，强大的、长期存在的公民团体可以阻碍宏观经济增长，途径是维护国内资源的不均衡分配，通过向成员个人施加沉重的义务，阻碍他们参与到更广的社会网络中，从而阻碍经济发展，最终制约整个社会和经济的发展。

[①] 已有的文献中将这一属性称为"结构性"，并且与功能性形成对比。但在本书中，为了与维度分类中的结构型进行区分，而直接使用"投入品"或"投入品属性"。

二、维度分类

社会资本是一个综合性的、多个维度的概念，已有的研究中，常见的有一维、二维、三维的分类方式。

一维分类方法利用信任来描述社会资本，这也是社会资本最主要的表现形式（Paldam and Svendsen，2000）。实证研究中，协会数量、犯罪率、志愿者组织、社会捐赠、相对劳动争议率、选举投票等常常被用来描述信任水平，从而成为社会资本的代理变量。Putnam（1993）最早的研究用到的代理变量是志愿组织的数量。这是由于志愿组织的数量越多，个体接触到其他个体的机会也越多，在这一过程中促进了社会资本的形成。有研究证明了两者的正相关性（Siegler，2014）。Rupasingha 等（2006）将协会组织分为存在寻租行为的奥尔森型（olson-type）和不存在寻租行为的普特南型（putnam-type），前者如工会组织、商业协会，后者如体育协会、宗教组织等。也有研究利用参与各种组织的人数与总人数的比例来衡量社会资本（Siegler，2014）。从针对中国的研究来看，大量学者利用了张维迎和柯荣柱（2002）通过对中国跨省份的 15000 家企业进行调查研究获得的省际信任数据，如杨宇和郑垂勇（2008）、杨宇和沈坤荣（2010）、彭晖等（2017）等。刘长生和简玉峰（2009）利用相对劳动争议受理率[①]衡量社会资本。严成樑（2012）利用信息共享和相互沟通[②]衡量社会资本。这些衡量方法的使用虽然广泛，但是利用单一的指标去衡量一个复杂和多维的概念，缺少合理性（Rupasingha et al.，2006）。

二维分类方法应用最为广泛。Krishna 和 Uphoff（1999）将社会资本分为结构形式（structural forms）和认知形式（cognitive forms）。前者指通过降低交易成本、协调努力、创造预期、提高获利可能性、为他人行为提供担保等方式来促进形成互利集体行为的规则、社会网络、角色、程序，后者指通过强化主体效用函数之间的正向依赖来促进形成互利集体行为的规范、价值、态度和信念。杨宇和沈坤荣（2010）认为，结构维度主要表现为客观的和具体的组织、网络，例如社区的自发性组织、机构以及各种各样的俱乐部等。相比而言，结构维度的社会资本相对客观，易于观察；认知维度较为主观，难以触摸。杨宇和郑垂勇（2008）、杨宇和沈坤荣（2010）、金丹（2012a）、宋德勇和钱盛民（2017）利用信用水平

[①]　劳动争议案件受理数与 GDP 比值。

[②]　严成樑（2012）认为，信息共享和相互沟通是社会资本的重要特征，在已有研究利用人均邮件数量以及人均收音机数量来衡量社会资本水平的基础上，严成樑利用互联网使用频率和电话使用频率反映社会资本水平。具体地，他利用互联网上网人数与总人口的比值表示互联网使用频率，用经济中总的电话数与总人口的比值表示电话使用频率。

衡量了认知维度，利用民间组织数量衡量了结构维度。此外，还有一种分类方式基于主体联系形式的不同。Narayan（1999）在讨论社会资本与贫困问题时，将社会资本分为黏合型（bonding）和桥接型（bridging），两者均属于横向联系。前者发生在组内成员之间，例如同一行业的企业之间、同一协会的成员之间；后者发生在不同群体或者组织之间，联系的双方拥有不同的背景，这种形式的社会资本有助于提高社会凝聚力。

三维分类方法大多建立在二维分类的基础之上。Coleman（1988）在分析社会资本对人力资本的影响时，将社会资本分为义务和预期、信息渠道及社会规范三种表现形式。Knack 和 Keefer（1997）将社会资本分为信任、公民合作以及协会活动三个方面。Bjørnskov 和 Sønderskov（2013）提出，社会资本包括社会信任、社会规范和协会活动三个正交变量，显然，这一分类方式是基于 Putnam 的定义，Forte 等（2015）沿用了这一分类方式。罗能生和曾克强（2018）在对中国的数据进行检验时将社会资本分为社会信任、社会网络以及社会规范，并按照这一分类构建了社会资本的评价指标体系。Woolcock（2004）按照行为人之间不同的联系方式和结构，将社会资本分为黏合型、桥接型和链合型（linking）。链合型的社会资本指联系双方存在位势差异，涉及权力位势、资源占有、地位差距等多方面。这种分类方式即在 Narayan（1999）的研究基础上添加了垂直联系，Sabatini（2008）、Lang 和 Fink（2018）的实证研究同样应用了这一分类方式。Nahapiet 和 Ghoshal（1998）在分析社会资本与智力资本（intellectual capital）之间的相互作用时，将社会资本分为结构（structual）、关系（relational）以及认知（cognitive）三种类型。结构维度对社会资本的联系类型、联系密度、层级等方面进行描述；关系维度指行为人通过历史交流形成的关系，主要表现为信任；认知维度指行为人共同的表现、理解和意图。这一分类方式较为全面，也是本书主要借鉴的分类方式，后文将进行详细分析。Bronisz 和 Heijman（2010）将社会资本分为知识、协会活动和地方选举投票三种类型。

三、水平测度

目前研究中常见的社会资本测度方法有三种，分别是问卷调查法、非介入性研究的二手问卷调查数据分析法以及现成统计资料分析法[①]。

首先是问卷调查法。这种方法具有结构化、数量化的特征，调查结果容易被量化和统计处理分析，但存在问卷质量和问卷回收率影响分析质量的问题。有学者通过对社会资本内涵和特征的分析，并且根据研究对象来设置问卷，实现微观

---

① 具体的社会调查分类法见张克云等（2011）。

层面、小空间范围内社会资本的测量。这体现了研究中对一手调查数据的利用。但是当把社会资本的研究置于范围更大的空间时，问卷调查法容易出现成本过大、问卷质量不好把控的问题。

其次是二手问卷调查数据分析法。这种方法具有方便使用、便于反复利用以及便于从总样本中截取部分样本进行研究的优势。目前国际研究中利用率较高的调研平台有世界价值观调查（world values survey，WVS）、盖洛普世界民意测试（gallup world poll）、国际社会调查项目（international social survey program）、欧洲社会调查（European social survey）等。此外，还有部分国家级别的官方调研机构数据可以利用，例如澳大利亚、加拿大、芬兰、法国等国家的官方数据。研究中常利用这些数据库中个人参与协会情况、对待信任的态度以及政治参与等问题来描述社会资本。较早对社会资本进行国家之间比较研究的 Knack 和 Keefer（1997）便是用 WVS 的调查数据来衡量信用和民主程度，关注的问题例如"一般而言，你是否认为大部分人可以被信任，或者你和别人打交道不用特别小心"等。BjØrnskov 和 SØnderskov（2013）利用 WVS 数据和主成分分析方法识别了社会资本中的信任、规范和网络。Dinda（2008）、李晓梅（2014）、Tovar 和 Tavares（2014）等研究中均使用了 WVS 数据库。中国同样有官方的调查数据平台，例如中国家庭追踪调查、中国国家调查数据以及中国综合社会调查等，但目前在以社会资本为主题的研究中使用有限。

最后是现成统计资料分析法。该方法通过一些官方数据对社会资本进行测量，具有时间跨度大、形式比较固定、数据较为全面的优势。相比问卷调查法，具有成本低、数据可得性强、时间跨度长、适用于中宏观层面分析、便于进行跨区域研究和区际比较的优势。大部分研究采用一个或几个指标来衡量社会资本，例如前文提到的犯罪率、选举参与、志愿活动、慈善事业发展、无偿献血率等。少量研究设计了综合的评价体系。Rupasingha 等（2006）利用协会密度、投票选举、普查速度和免税非营利组织四个指标的主成分来测量社会资本。Dzialek（2009）提取了 12 个指标的主成分来衡量波兰不同区域的社会结构和信任。Bronisz 和 Heijman（2010）以知识、协会活动和地方选举投票为二级指标，设计了 10 个三级指标评价了波兰 16 个省的社会资本。曾克强和罗能生（2017）设定了信任、网络和规范 3 个二级指标以及社会信任、信息网络、经济网络、法律规范等 7 个三级指标测度了中国省际的社会资本。

第三节　社会资本与经济增长：正向、负向和无关

世界银行的一项研究中曾把社会资本比作经济增长理论中"缺失的一环"（missing link）。Torsvik（2000）、Akçomak 和 Weel（2009）认为，一些特定的"社会变量"（social variables）能够解释不同区域在生产能力和收入方面的差距，其中，可以捕捉到社会结构不同方面特征的社会资本是一个重要"社会变量"。社会资本与经济增长的关系可以分为正向、负向、无关三种类型。

大量的研究肯定了社会资本整体或某些维度对经济增长的积极意义。Knack 和 Keefer（1997）用信任水平、公民合作和协会活动来衡量社会资本，通过对 29 个国家的分析，肯定了前两者对经济增长的正向作用，否定了协会活动与经济增长的关联。Dinda（2008）拓展了 AK 模型，证明了社会资本是解释经济增长的重要因素，并以哥斯达黎加、澳大利亚、加拿大、中国、美国等 63 个国家为样本，以 1990~2000 年为研究期间进行检验，结果表明，一个单位的社会资本增量可以带来 137~302 美元①的 GDP 增长。Woodhouse（2006）比较研究了澳大利亚两个城镇，得出的结论是，在处于传统的采掘业和生产性行业重要性下降、服务业和知识密集型产业快速兴起的阶段时，社会资本对经济增长具有显著正向影响。Forte 等（2015）分析了欧盟 85 个区域 1995~2008 年的数据，肯定了信任和协会活动对经济增长的推动作用。金丹（2012a）的研究肯定了社会资本的结构和认知两个维度对中国不同省份经济增长的促进作用，同时结构维度的促进作用大于认知维度。潘峰华和贺灿飞（2010）认为，社会资本是影响中国各个省份长期经济增长的重要因素，在控制了区域增长的收敛效应、政策和区位等因素之后，社会资本与经济增长之间的关系依然显著。

部分研究显示，社会资本对经济增长的影响为负向。Schneider 等（2000）检验了欧洲 58 个区域 1980~1996 年的数据，研究得出信任对经济增长存在负向影响，并且相比文化因素，经济因素对经济增长更为重要。这一结果质疑了 Putnam 早期的研究结论，提出文化因素对经济增长的影响是模糊的，甚至有可能不利于生产力和社会经济发展。Ishise 和 Sawada（2009）利用扩展的索洛模型估计了社会资本的产出弹性，认为虽然社会资本对经济增长有积极的影响，但其影响程度远远小于其他生产投入，并且社会资本的总回报似乎与发展水平呈负相关。

---

① 以 1996 年固定价格的国际美元计算。

还有研究否定了社会资本或其某一维度与经济增长两者的关联。Beugelsdijk（2004）的研究显示，信任与经济增长没有明显的关系，而社团活动有利于经济增长。Dzialek（2009）否定了社会资本在促进波兰地区经济增长方面的作用，同时认为金钱和知识相比网络更加重要。Westlund 和 Caldoni（2010）以日本为研究对象，未能发现以规范、价值观、信任为表征的社会资本对区域经济的明显影响，可能的原因包括研究期短、区域间民主水平异质性弱、社会资本重要性弱于其他因素等。Forte 等（2015）的研究没有发现社会规范与经济增长的显著联系。

考察社会资本与贫困区域关系为研究提供了新的角度，同时也揭示了社会资本培育对于欠发达地区发展的重要性。Crandall 和 Weber（2004）分析了社会资本变动对美国低、中、高三种程度贫困地区的影响，结果表明，贫困程度越高，社会资本的缓解作用越显著，而在中度贫困的地区，社会资本对于增加就业有积极作用。Zhang 等（2017）从微观层面切入，研究了中国西部区域家庭社会资本与贫困的关系，证明了社会资本的结构和关系维度，嵌入网络中的商业联系、政治联系以及适宜的社会组织均对减缓贫困有正向的作用。Lang 和 Fink（2018）的研究着眼于黏合型、桥接型和链合型三种社会资本对农村地区的创业行为的影响作用。Harrison 等（2018）发现，社会资本高的地区倾向于拥有低的贫困率，而贫困本身可能对社会资本的形成造成阻碍。Holtkamp 和 Weaver（2018）从空间关系的角度分析了阿巴拉契亚经济不景气（economic distress）区域与以协会数量衡量的社会资本之间的关系，结果显示两者双变量全局莫兰指数为 0.393。

第四节　社会资本对经济增长三大影响路径

按照目前的研究方式，社会资本影响经济行为以及经济增长存在三种途径，分别是直接投入作用、存在传导变量的间接影响和不存在传导变量的间接影响。陆铭和李爽（2008）的研究肯定了直接投入和作为非正式制度的、不存在传导变量的影响两种作用方式，本书在此基础上同时考察存在传导变量的间接影响机制。所参考的文献均基于区域或者国家层面。

一、直接投入作用的文献回顾

从概念本身出发，社会资本作为一种资本，是可以投入生产过程中的，是一个与物质资本和人力资本相平行的概念（陆铭和李爽，2008），这也是社会资本能够被称为资本的本质原因。金丹（2012b）在对区域社会资本进行研究时，提出尽管区域社会资本以网络为基础，从主观上表现为信任、互惠、合作等文化道德规范，但从结果来看，这是一种新的资本形式，具有资本的性质，能为社会成员或组织带来价值增值。陆迁和王昕（2012）的看法是，社会资本和物质资本、人力资本一样，都是一种资本，都具有生产性和增殖性，网络资源是社会资本的运行基础，信任、声望和参与是社会资本的核心要素。尽管有学者提出了相反的看法，如刘璐琳（2008）认为社会资本并不能作为生产函数的独立投入要素，而应该通过作用于物质资本投入、技术创新、人力资本及正式制度等因素进一步对经济增长产生影响。本书认为，这种观点没有认识到社会资本所具有的多重特征，同时脱离了社会资本作为资本的本质属性，不尽合理。图2-1展示了社会资本作为投入品直接参与到生产过程的流程。

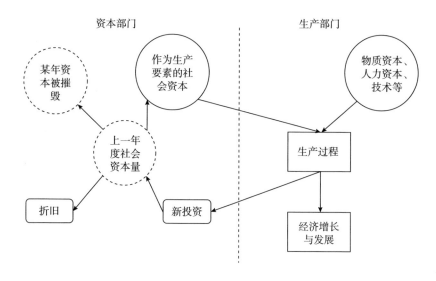

图2-1 社会资本作为投入品的逻辑

资料来源：根据 Paldam 和 Svendsen（2000）的研究改进。

投入品属性同样体现在对社会资本概念的内涵界定和实证模型设定中。从前文对社会资本内涵界定的总结中可以看到，相当比例学者将社会资本界定为一种资源，如"行为者从特定的结构中获取的一种资源……""是一些实际或者潜在存在的资源，这些资源植根于……关系网络""行为主体为了实现自身的权益，所能调动的社会资源的综合"，而对这种资源的利用存在一定的预期收益，这符合资本品的特性[1]。经验检验所设置的模型同样说明了社会资本可以作为投入品

---

[1] 详见第一章概念界定部分。

直接参与到经济活动中①。Ishise 和 Sawada（2009）扩展了索洛模型，计算了物质资本、人力资本和社会资本的产出弹性。金丹（2012a）的研究中设定的投入变量包括物质资本、劳动力、社会资本以及政策因素。

二、以技术创新作为传导变量的文献回顾

技术创新是区域和企业发展的根本源泉和核心竞争力，创新并不是"单打独斗"的行为，而是越来越需要多个主体进行正式或非正式的合作互动来促成知识的生成和扩散。同时，从发明到创新成果的转化同样需要知识生产主体与知识应用主体之间的有效沟通与协作，这一特点决定了社会资本影响创新行为和创新绩效的合理性。从现有的文献来看，针对社会资本对创新行为影响的研究始于 21 世纪初，并且最早聚焦于企业和企业家的创新，近年研究视角才逐渐转变到区域层面，这与创新的形式变化不无关系。

社会资本可以用来解释区域层面的技术创新，与创新的组织形态变化有极大关系，即从以个体为主到以集群式创新为主的历史变化过程。张宗和和彭昌奇（2009）从技术创新史的角度研究发现，早期的技术创新以个体为主，而在现代社会，技术创新的个人行为被组织行为所替代，同时，非组织的爱迪生个人式创新成为补充。知识经济时代，知识扩散需要通过正式的转让或非正式的主体交流完成，这一过程中，不同主体之间背后的社会联系、规范和价值标准起到重要作用。可以说，社会资本允许区域呈现"动态螺旋发展"（dynamic spiral of development），社会或网络关系联合社会背景一起塑造了区域性的集体学习和创新（Malecki，2012）。

大量研究肯定了"社会资本→技术创新→经济增长"的链式关系。Akçomak 和 Weel（2009）将创新作为传导变量，分析了从社会资本到区域经济增长的影响机制，并且利用 3SLS 方法检验了欧洲 102 个区域，结果表明，高水平的社会资本有助于技术创新，同时进一步促进经济增长。Laursen 等（2012）以意大利 21 个区域为研究对象，利用 2413 家制造业企业数据衡量了区域社会资本和创新水平，得出高水平社会资本的区域更加倾向于创新，同时，拥有高水平本地社会资本的企业可以作为企业内部 R&D 投入的补充，因为这种情况更加有利于企业吸收外部的创新成果。Pérez-Luño 等（2011）考察了西班牙 143 家技术密集型制造业和服务业企业，结果表明，尽管知识本身就可以对激进式创新产生确定性的影响，但只有与社会资本结合时，知识的默会性才能显示出来。Thompson（2018）通过建立包含社会资本的创新型增长模型实现了社会资本的内生化，模

---

① 详见第五章的模型设定部分。

型的构建机理是社会资本刺激创新行为，创新行为带来更高的垄断利润，垄断利润反过来提升社会资本，最终实现内生增长。

中国数据的经验检验同样支持了上述链式机制。严成樑（2012）的研究显示，社会资本对中国自主创新有明显的正向影响，并且相比低水平创新而言，社会资本对高水平创新的促进作用更加显著。陈乘风和许培源（2015）发现，社会网络、信息共享和信任均可以显著影响技术创新与经济增长绩效。马茹（2017）基于知识生产函数和空间知识溢出效应，发现社会资本积累是地区有效利用空间知识溢出促进自身创新发展的重要路径之一，并且相较于东部区域，经济相对落后的中、西部省份更加依赖于当地社会资本积累来吸收和利用空间知识溢出效益。梁双陆等（2018）得出了相似的结论，认为社会资本能够通过促进创新而提高经济产出，增加中、西部区域的社会资本投资与积累可以作为缩小中、西部与东部区域差距的重要途径。

三、以人力资本作为传导变量的文献回顾

同社会资本一样，人力资本也是一种无形资本，体现为劳动力所拥有的一种生产性资源，涵盖了技能、能力①等。人力资本是经济增长的主要推动力，是保持经济持续增长的重要基础。就两者之间的关系而言，学界对影响路径存在不同的看法，主要表现在社会资本对人力资本的单向影响、人力资本对社会资本培育的单向影响以及两者的双向推动作用。

首先是单向因果关系。最早的研究关注社会资本对人力资本的单向影响。代表性的如 Coleman，他在 1988 年发表的《社会资本在人力资本创造中的作用》一文中，将社会资本界定为个人资源，通过微观案例分析说明了存在于家庭内部和学校周边成人社区的社会资本有助于降低辍学率，从而提高人力资本的产出。Burt（1992）研究发现，受到网络外部性的影响，部分回报被投资了社会联结的行为人获得，以此判断，网络外部性可能起到提升人力资本水平的作用。这一关系得到了部分实证检验的验证。杨宇和郑垂勇（2008）以中国省际层面为研究对象，肯定了结构和认知两个维度的社会资本可以通过影响人力资本积累进一步影响经济增长。

部分研究采取了相反的思路，将人力资本看作增进社会资本的工具。Denny（2003）将社会资本作为人力资本投入的产出结果之一分析影响机制，跨国数据检验结果表明，每增加一年的教育投入，社团或者公益组织参与率将提高 3%。Dinda（2008）认为，人力资本为社会资本提供了基础，如学校为同行和同事之

---

① 此处的人力资本不考虑健康因素。

间非正式交流和信任产生提供了制度环境，拥有高水平社会资本的组织更倾向于从高等教育成就和良好经济表现中获益。Dinda（2008）还改进了 AK 模型，建立了从生产性消费到人力资本，再到社会资本产生和累积以及经济增长的传递关系，相应的实证检验证明了这一链式关系。刘长生和简玉峰（2009）构建包含人力资本、社会资本等要素的内生增长模型，通过实证分析发现，私人生产型的教育消费支出与公共教育支出共同促进了人力资本的积累，人力资本积累、政府培育社会资本的公共支出能够促进社会资本的积累，社会资本积累对经济增长绩效产生显著的积极影响。

双向因果可能是最接近现实的关系描述。Schuller（2001）针对人力资本与社会资本的互动关系进行了理论分析，提出了几个问题，例如低水平的社会资本是否抑制人力资本的产生、人力资本是否促进或者抑制社会资本等。Piazza-Georgi（2002）深入人力资本和社会资本的子类来讨论两者之间的关系，前者被划分为人力技术资本、知识存量和企业家，后者被划分为低合理性和高合理性（low-and high-rationalisation）。李晓梅（2014）以 41 个国家为样本，在肯定了人力资本和社会资本对经济增长有正向影响的基础上，发现了两者的交替作用机制，表现为：在发展中国家，创业和人力资本是影响经济发展水平的重要因素；而在高收入国家，社会资本转而成为影响 GDP 的主要因素。Bengoa 和 Román（2017）同时考察人力资本和社会资本对生产力水平和总产出的影响，肯定了两者对区域生产力水平的正向影响，但是未考虑两者之间的关系。

四、作为非正式制度的文献回顾

当社会资本作为非正式制度作用于经济增长时，社会资本与经济增长之间不存在传导变量。有学者将这种方式归类为直接作用（Deng et al.，2012），但本书认为，相比直接作为投入要素的社会资本，这一影响机制仍然具有一定的间接属性，即通过影响经济主体的预期来影响经济行为，但是与主要考虑"带来了什么"的存在传导变量的间接影响机制相比，不存在传导变量的间接影响机制则主要考虑"节约了什么"。

部分研究关注了信任对经济增长的影响机理。Torsvik（2000）分析了信任的两个作用：一是减少交易成本，这是由于信任来自基于自利心理的重复性交易以及亲社会动机（prosocial motivation），在存在行为风险和交易成本的情况下，信任能够减少机会主义和投机行为；二是作为自我监督（self-monitoring）工具，降低经济行为过程中可能产生的监督成本（monitoring costs），如减少"搭便车"行为、机会主义行为。Paldam 和 Svendsen（2000）利用囚徒困境博弈模型做出解释，具体表现为参与者之间更多的信任将减少第三方的惩罚或者监管，从而导致监督成本下降。Bartolini 和 Bonatti（2008）从相反的角度分析，提出社会资本的恶化意味着社会凝聚力和一般信任水平的下降，这会使经济行为人增加在自我保护方面的支出，而这一自我保护是为了减少由于社会资本水平下降导致的机会主义行为增多所造成的损失。

已有的实证研究结果表明，社会资本发挥多大作用、发挥何种作用受到正式制度环境的影响。Ahlerup 等（2009）利用委托与代理投资模型进行了跨国数据的检验，肯定了以个体信任为代理变量的社会资本对经济增长的边际效应随着制度强化而下降。他们以制度水平较低的尼日利亚和制度水平较高的加拿大作为研究对象，得出一个标准差社会资本的提升将分别带来 1.8 个和 0.3 个百分点的经济增长。宋德勇和钱盛民（2017）实证检验了中国省际数据，得出两个结论：一是不同类型的社会资本对经济增长具有不同的作用。二是社会资本对经济增长的作用存在显著的门槛效应：制度环境较差时，信任对经济增长产生积极影响，社会组织不能促进经济增长；反之亦然。杨宇和沈坤荣（2010）对中国省际数据的研究结果表明，社会资本对中国经济增长的影响随着制度水平的递增而逐渐增强，在制度水平较高的东部区域、中等的中部区域以及较弱的西部区域，制度对社会资本起到的作用分别是替代、互补以及替代效应。彭晖等（2017）针对社会资本、正式制度、地区技术创新三者的研究得出了类似的结论，即在法律意识和产权保护水平薄弱的地区，社会资本对正式制度起到了替代作用。

第五节　社会资本与地区政策

现实环境是本书研究的起点，也是终点，社会资本与经济增长关系的研究终点即是它能带来的政策启示。就目前的研究来看，社会资本与区域政策的关系问题尚存争议。图 2-2 说明了已有研究中社会资本与地区政策之间的逻辑关系。

逻辑关系的起点依然是社会资本的性质问题，即可塑或不可塑。一些学者研究之前就假定社会资本是短期不变的（杨宇和沈坤荣，2010；杨宇和郑垂勇，2008），还有大量的学者在将中国作为研究对象时，利用张维迎和柯荣住（2002）的数据——这份数据通过调查研究得出了中国不同省份的信任水平，来

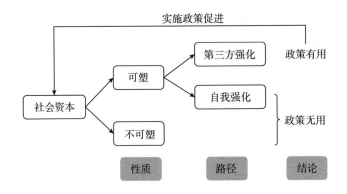

图 2-2 社会资本与地区政策的逻辑关系

资料来源：基于对社会资本属性特征的分析以及 Paldam 和 Svendsen（2000）的研究。

衡量社会资本。避开这一调研数据本身的问题[①]，用这组数据来表示省份的信任程度暗含了社会资本是短期不可变量的假设。在社会资本不可塑的假设下，即使研究得出其与社会资本存在显著的正向关联，充其量也仅是理论贡献。更多的研究是基于社会资本可塑的前提，并且在现实中，需要发挥强有力的第三方的作用。Falk 和 Kilpatrick（2010）认为社会资本是可塑的，同时这也是社会资本存在的前提。Nanetti 和 Holguin（2016）认为，Putnam 最早的研究导致学者们错误地认为社会资本是存在路径依赖和自组织特征的，这就忽略了政府等机构培育社会资本的主观能动性。

社会资本的相关研究指明了相应的政策方向。Evans（1996）较早关注了社会资本与政府行为的协同作用，提出政府组织的创造性行为能够有效地发挥社会资本的作用，将具有能动性的居民和公共机构联系起来，最终实现政府治理效率的提升。Woolcock 和 Narayan（2000）提出几条建议，如利用社会制度分析方法识别利益相关者的范围和他们之间的联系，又如对贫困人口的组织能力进行投资，帮助建立社区和社会组织之间的联系，在政策评估环节，还要考虑相关的政策对社会资本的影响。Paldam 和 Svendsen（2000）提供了理论上可行的三种社会资本培育的方法，分别是合作化运动（cooperative movements）、提升企业管理者之间的信任程度以优化企业内部社会资本、展开相关的制度建设。Glaeser 和 Redlick（2008）的研究涉及人口流动和社会资本投资的关系，提出通过激励手

---

① 张维迎和柯荣住（2002）在对中国省际信用进行调查时，利用"中国企业家调查系统"2000 年主要针对全国的企业和企业领导人进行的问卷调查，得到有效问卷 5000 多份。信任度的测试根据总样本中有多少比例的人认为该地区最值得信任来定，这一信任度的测试主要用到的是其他省份对目标省份的评价，而根据大多数研究的经验，信任度的测试主要是基于本区域内被调查人的感受或者本区域的中宏观数据。

段保证地理稳定性（geographic stability）可以作为促进社会资本投资的直接手段。Dinda（2008）认为，社会资本可以作为理想的政策工具，并提出政策制定者可以通过发展人力资本来促进社会规范、信任和合作。

新近的研究表明，培育本地社会资本还涉及政策转向的问题。Papadaskalopoulos 等（2018）将内生增长理论作为联系社会资本和经济增长的工具，提出区域的内生增长模式的实现需要充分利用人力资本、技术设施、技术、劳动力投入以及社会资本，社会资本涉及知识扩散、信任、网络、合作等多个维度，区域政策中有利于内生增长模式形成的主要工具有工业园区、科技园区、产业集聚、创意城市等，这些手段和工具围绕区域内部的资源，具有地本政策（place-based policy）属性。Pisana 等（2017）认为，社会资本是新内生经济增长理论的组成成分，是一种以自下而上（bottom-up）的方式来促进贫困地区发展的新兴策略，预示着政策导向从部门政策（sector-based policy）转向地本政策。前者属于自上而下（top-down）的政策模式，主要由政府推动；后者在参与方中加入了本地的组织和利益相关者来推动地方可持续性的发展。Holtkamp 和 Weaver（2018）提到，传统的经济增长倾向于依赖外部的干预提升目标地区的状况，如通过基础设施建设和招商引资，这种外部干预最大的缺陷是与内部的动态联系不够紧密，最终可能导致地区收益达不到预期，这一问题倒逼人们去思考外部干预政策的替代政策，将施策对象转向目标地区内的本地化组织。

第六节　文献述评

对上述文献进行综述评价，主要结论有五个方面：

第一，社会资本可以成为关系经济地理学发展的合理概念工具。Boggs 和 Rantisi（2003）认为，关系经济地理学要从关系视角切入，则需要实践和方法的转变，社会资本概念的引入顺应了这一需求。基于文献分析，关系经济地理学的研究特色在于将区域看作一个透镜，来分析特定区域内部社会、经济两者之间的互动关系。大多数分析将行为主体确定为区域内的企业，具体的"关系"可以表现为企业间关系、社会氛围和经济活动之间的关系等。这些特点与社会资本的理念不谋而合。就社会资本来说，其也是基于一定地域的，通过该地域内不同主体之间的联系、交流、互动形成了特殊的地域氛围，并且这种氛围的主要表现形式是信任。可以说，关系经济地理学的发展受阻与没有合适的概念框架和分析工具有关，社会资本这一概念或能成为关系经济地理学分析的合理概念工具。

第二，社会资本是一个发展中的概念，针对其属性、分类以及测度方式尚无统一的看法。不同的学者结合自己的学科、研究的特色等，在研究过程中关注到了社会资本的某个侧面，突出了某些重点。例如从属性来看，一些研究把社会资本默认为是功能性的，一些研究默认为社会资本是投入品。以经典文献为主，对社会资本现有的属性、分类以及测度方式进行全面了解，也有利于对社会资本内涵的精准把握，避免研究出现过宽或过窄的弊端。如前文总结，社会资本作用于经济活动时，有投入品、功能性、制度性三种属性，分类涉及一维、二维、三维三种方式，测度有问卷调查法、非介入性研究的二手问卷调查数据分析法以及现成统计资料分析法三种方法。

　　第三，大部分研究肯定了社会资本对经济增长存在正向的影响，但针对影响机制，学者有不同的看法。研究认为，可以将这些机制分为三个大类，分别是直接投入作用、存在传导变量的间接影响和不存在传导变量的间接影响，机制的分类可以对应到社会资本的三种属性上，分别是投入品属性、功能性属性以及制度性属性。具体而言，呈现投入品属性时，社会资本可以直接投入到经济生产过程中；呈现功能性属性时，社会资本需要作用于相关的变量，常见的变量例如人力资本、技术创新等；呈现制度性属性时，社会资本可以看作非正式制度，在不同的正式制度水平下发挥不同的作用。具体到详细的作用机制问题，还需要通过进一步的理论研究来说明。

　　第四，就社会资本与地区政策的关系，可以肯定社会资本是可以通过地区政策进行培育的。一些文献之所以否定了这一观点，可能的原因在于只考虑了理想的纯市场经济，而没有考虑政府在社会资本塑造中可以发挥的作用。特别是在当前中国经济的转轨阶段，面临着市场化不断加深的发展环境，政府在多方面可以起到引导决策作用，如地方环境的塑造、对重点发展产业的引导、对国家政策的执行等。文献中否认社会资本可塑性，还有一个可能的原因是没有找到合适的分析工具和政策抓手，例如实证研究中若得出以社会组织为表征的信用水平与经济增长的正相关关系，那么顺理成章的政策方向即是增加社会组织数量、提高信任水平，类似这种政策启示是很难落脚于现实的。这一问题可以通过对社会资本概念和属性等基本问题的讨论去解决。

　　第五，就实证研究环节来看，现有研究存在两方面的问题：一是大部分研究忽略了社会资本的尺度敏感性。不可否认的是，近年来，一些理论研究关注到了社会资本可以存在于不同的空间尺度之下，将社会资本分为宏观、中观、微观三个尺度，如陆迁和王昕（2012）、Álvarez 和 Romaní（2017）、刘伟（2018）等，但是在实证分析中，对相应的空间尺度进行分析时，在测度方式的选择上很少体现出尺度差异，大部分针对区域的研究依然选取以社会组织数量、信息共享、无偿献血率为表征的信任水平，这一做法完全体现不出社区研究与区域研究的差异。二是方法的选取单一，极少考虑变量的空间属性和空间关联。部分研究探索了社会资本的空间布局问题，例如 Dzialek（2009）从地理视角解释了波兰 66 个三级统计单位（NUTS3）区域社会资本的分布特征，Holtkamp 和 Weaver（2018）分析了美国阿巴拉契亚的社会资本和经济不景气的空间布局特征以及两者的空间关系，但是这些分析大多止步于描述性分析，没有深入两者的空间关系。

第三章　社会资本影响机制分析及
理论框架构建

在对研究的背景意义、思路方法和已有研究等内容有所把握的基础上，本章将从社会资本的属性特征出发，分析社会资本对经济增长的影响机制，并在此基础上构建研究整体的理论框架。本书通过四部分内容最终实现理论框架的构建。首先，对比分析社会资本在不同学科中的研究，这一环节的意义在于对社会资本的属性和发展现状有更深层次的把握。其次，进一步明确区域尺度社会资本的属性特征和分类方式。再次，分别讨论三大属性特征和三个维度的社会资本对经济活动的影响机理。其中，属性特征分为投入品、功能性和制度性，维度分类为结构型、关系型和认知型。最后，构建研究整体的理论框架。

第一节　社会资本在不同学科中的研究比较

正如 Ettlinger（2001）所言，关系转向不仅发生在经济地理学科，也出现在其他学科或者分支学科中。本节简要说明马克思主义政治经济学、经济社会学、演化经济学、发展经济学以及制度经济学等学科中，关于社会与经济两者关系的论述以及对社会资本在这些学科中的发展特色进行比较分析。这些理论分析有利于对社会资本进行更深入的把握，为研究的展开提供了必要的支撑。

一、马克思主义政治经济学

马克思主义政治经济学以生产关系作为人与人①之间的首位关系，并同时形成了社会的经济、政治和意识结构，衍生出了政治的、思想的、道德的、家庭

---

① 有观点认为，"现实的个人"不仅指作为个体的人，也可以指参与经济活动的不同组织。

的、民族的、阶级的复杂社会关系（周蓉辉，2011）。马克思对物质生活中的生产和再生产的分析中始终保持了二元特色，即一方面分析生产过程中人与自然的关系，另一方面分析人们之间的社会关系以及生产交换关系（瞿铁鹏，2014）。社会关系的形成基于"现实的个人"，马克思以科学的实践观为研究起点，克服了个人主义和整体主义的缺陷，辩证地分析了"现实的个人""现实的社会"以及两者之间的关系。首先，"现实的个人"必然存在于一定的社会文化环境中（盛新娣，2003），人总是在不同条件下和各种关系中的个人，而不是纯粹实体性的逻辑的人。其次，"现实的社会"建立在"现实的个人"基础之上，马克思认为"社会——不管其形式如何——是什么呢？是人们交互活动"，正是通过人与人之间的交往，形成了不同形式的关系。此外，对于形成社会关系的"个人"的界定，蒋海曦和蒋瑛（2014）认为"个人"既可以指单个内在生命物质本体与特定的大脑意识本体构成整体的自然人，也可以指单一的进行各种社会活动的主体，如企业、政府、组织、机构以及党派等。

社会关系与物质生产表现为相互影响。周志山（2007）分析认为，社会关系是在物质生产的基础上通过交往而产生的。其作为马克思全面生产理论中的一种基本形式，对于物质生产、精神生产、人类自身生产起着重要的组织作用和保障作用。就物质生产与社会关系生产的关系而言，物质生产是社会有机体存续的基础，社会关系的生产为社会的发展与协调提供组织保障与制度保障，像一只"看不见的手"，渗透和贯穿于全部生产过程之中，制约着其他各种生产的社会状况，决定着整个生产系统的社会性质。

近年，有学者关注到马克思主义政治经济学与社会资本理论之间的联系，这类研究可以分为两种：第一，从马克思理论中分离出具有社会资本内涵的部分，如白梅花（2017）将马克思的社会资本分为两个维度去讨论，表现为显性意义时指单个资本的总和，表现为隐性意义时指作为社会关系的社会资本，体现在资本的社会化和社会的资本化的双向互动上。第二，对比分析马克思的社会关系理论与后期出现的社会资本理论，申森（2011）通过比较分析提出，马克思的社会关系理论是社会资本理论的客观和理论基础，而社会资本理论是马克思主义社会关系理论的传承。基于此，可以认为，社会资本与马克思主义政治经济学中的社会关系理论有共同点，表现为对单个个人或组织在物质生产或者经济活动中所形成社会关系的侧重。

二、经济社会学

经济社会学是以社会学的视角对经济现象和经济制度做出解释的学科，主要研究经济和社会的相互关系以及经济运行中经济因素与非经济因素的相互作用。

按照经济社会学的发展脉络，可以分为三个阶段，分别是 19 世纪 90 年代到 20 世纪 20 年代的古典经济社会学、20 世纪 20~80 年代的旧经济社会学以及 80 年代后的新经济社会学（周松平和罗爱华，2014；高崇，2016）。古典经济社会学的代表人物如托克维尔、马克思、韦伯等，特点在于研究经济问题时并没有完全舍弃经济学的理论和分析框架。旧经济社会学的代表人物如熊彼特、波兰尼等，这一阶段依然无法找到有效的研究方法去对抗数理经济学（高崇，2016）。新经济社会学的出现打破了这一局面，构建出具有社会学属性的概念框架和研究范式。Granovetter 于 1985 年发表的题为"经济行动与社会结构——嵌入性问题"的文章标志着新经济社会学的确立。Granovetter 尝试以社会学的理论范式来研究和解释经济问题，通过"网络结构""嵌入性""社会建构"等概念来建立个人与社会、宏观与微观层面的研究。根据前文的分析，这些概念被部分学者应用到关系经济地理学的研究中。

从经济社会学的分析范式和基础假设来看，其反对主流经济学把经济行动者和经济行为从社会中分离，继而高度抽象为不受非经济因素影响的追求效用最大化的"理性人"和"理性行为"的做法。相反，经济社会学力图使研究更加贴近现实生活，综合考虑经济因素和非经济因素对经济活动的影响。美国社会学家 Granovetter（1985）指出，在现代工业社会，经济行为植根于社会关系结构中，传统的做法是将社会关系看作市场行为的附属现象，而不是将经济生活置于社会关系之下。在 Granovetter 看来，社会关系是先于经济生活的，经济生活是植根于社会关系之中的，并且呈现出网络化的结构。进一步地，网络是新经济社会学的重要分析工具，蒋海曦和蒋瑛（2014）曾对新经济社会学的社会网络理论进行了较为全面的总结分析。另外，新经济社会学的理论核心包括三个命题，分别是经济行动是社会行动的一种、经济行动是被社会定位的以及经济制度是一种社会性的建构（林竞君，2004）。

通过个体和组织之间互动形成的社会资本可以纳入新经济社会学的分析框架中。一方面，社会资本的提出本身就是基于 Granovetter 提出的植根性、嵌入、强关系、弱关系等概念。另一方面，经济社会学的初衷在于建立经济学和社会学之间的联系，而社会资本这一概念适用于跨学科的研究。社会资本理论对于经济社会学的发展也有裨益。Bourdieu（1986）论述的三个影响经济社会学发展的重要概念之一便是资本，其中包含社会资本、经济资本、文化资本和符号资本。周松平和罗爱华（2014）提出的发展经济社会学的任务之一便是对社会资本理论进行综合，将其与经济资本一并整合到经济社会学的分析框架之中，确认社会资本的合理性、调查和研究方法、社会资本与雇佣和劳动的关系等。

三、演化经济学

演化经济学是西方经济学的一个非主流分支，以生物学中的进化论和遗传基因理论为思想基础，以自然界的演化规律为借鉴，研究和模拟人类经济社会系统的动态演化规律和发展趋势（靳涛，2002）。中国演化经济学领域知名学者贾根良（2011）把演化经济学看作独立于西方主流经济学和马克思主义政治经济学的第三种经济学理论体系。和主流经济学相比，演化经济学主张用具有历史概念的演化分析替代均衡分析，将制度、文化、习惯等非经济因素纳入经济学的分析中。"演化"体现了事物发展的路径依赖和动态性发展。早期在经济学研究中体现了演化思想的学者，包括凡勃伦、熊彼特等，均强调了路径依赖和动态发展视角①。此外，演化经济学强调非均衡过程。按照演化思想，经济系统呈现出不规则的特征，并不存在简单的规律，经济问题的解是多重的，一个微小的变化就会引起均衡解极大的变动（马涛，2009）。

"共生演化"（coevolutionary）是近年演化经济学领域的一个重要概念。Norgaard（1984）认为，诸如土地、水资源在以往分析框架中占据了较大的权重，而同时，一系列的研究关注到技术和制度因素在一定程度上抵消了传统因素对经济增长的影响，在这种背景下，需要利用共同演化的视角来建立资源和技术制度的联系。黄凯南（2008）认为，共同演化理论是现代演化经济学的理论前沿，是在达尔文选择理论的基础框架下融合复杂系统理论，从单一层次的演化理论扩展到多个层次的共同演化理论，共生演化思想可以用于分析组织—环境、生态—经济、生物—经济、技术—制度等多个方面。当代马克思主义研究的代表人物哈维罗列了与资本积累关系密切、包括社会关系在内的七大活动领域②（张佳，2017）。可见，在共同演化的分析框架下，可以把那些在主流经济学中归为外生变量，但与经济行为存在双向因果的因素内生化。

通过以上的分析可以判断，社会资本作为一种文化类、制度类因素，其内涵体现了演化经济学的思想，如社会资本具有路径依赖特征。社会资本可以作为文化、制度的代理变量来进行研究。蒋德鹏和盛昭瀚（2000）关注到产业与"选择环境"以及产业与其他社会组织的互相影响：前者表现为产业进化对"选择环境"的塑造以及"选择环境"对主导技术的影响，后者体现在产业行为和技

---

① 凡勃伦提出的"累积性因果"，意为人们当前的行为是由以往积累的经历和所处的物质、文化环境所决定的，而当下的行为又对下一步行为产生影响。熊彼特认为，推动经济增长的重要因素是企业家创新行为，企业家创新植根于传统社会和历史基础，并且需要用动态的眼光看待经济增长。

② 七大活动领域分别是技术与组织形式、社会关系、制度与行政框架、生产与劳动过程、人与自然的关系、日常生活和人类的再生产以及人类对世界的感知。

术演化与高等学校、科研机构和其他社会组织之间的互相影响。

四、发展经济学

发展经济学是研究贫困落后的农业国家或发展中国家如何实现工业化、摆脱贫困、走向富裕的经济学学科。20 世纪 40 年代，发展经济学先驱张培刚的博士论文《农业与工业化》的完成标志着发展经济学的确立。自学科形成到 20 世纪 90 年代，发展经济学经历了三个阶段（马颖，2001；王燕燕，2005；郭熙保，2006）：第一阶段，从 20 世纪 40 年代到 60 年代，代表性的理论包括罗森斯坦-罗丹提出的大推动理论、刘易斯的"二元结构模型"、赫尔希曼用以解释不平衡增长的"联系效应"等。这一阶段更多关注的是消费、资本积累、投资等对欠发达地区发展的促进作用，具有"唯工业化""唯资本论""唯计划化"的特征。第二阶段，从 20 世纪 60 年代到 70 年代，这一阶段确定了新古典理论在发展经济学中的主导性地位，发展经济学家开始关注人力资本、制度安排、技术进步等因素，并且期望通过"矫正价格""矫正市场"来塑造欠发达地区的市场环境，具有"唯市场化"的特点。第三阶段，20 世纪 80 年代开始，市场环境、政府干预、制度变迁等成为当时的关键词，倡导"矫正政策""矫正产权""矫正制度"，具有"唯制度化"的特征。

20 世纪 90 年代以后，发展经济学出现一些新的转向，主要表现在维度多元化和发展影响因素的扩展。前者表现在从单纯的经济增长导向发展到经济增长、社会转向、人的权利和自由等目标；后者表现在影响经济增长和发展的因素不仅局限于纯经济因素，制度、知识、社会资本、政府、民主等非经济因素也有着举足轻重的作用（王燕燕，2005）。郭熙保（2006）提出，1990 年以来，发展经济学家越来越关注到社会资本在经济发展中的重要性，并且自从发展经济学产生之后，其演进经历了"计划至关重要""市场至关重要""制度至关重要"三个阶段，而当前迎来了"社会资本至关重要"的发展阶段。可见，社会资本理论拓宽了发展经济学的研究思路，打破了发展经济学对政府和市场两分法的传统，对于中国构建和谐社会和促进经济增长具有重要意义。

社会资本对发展经济学的贡献也表现在学者对欠发达地区、农村地区进行研究分析时，从社会资本的角度切入来探讨其与发达地区、城市地区的差距，并且提出了塑造良好的社会资本来促进地区发展。目前，大多数发展经济学教材阐述了制度、技术等因素的重要性，少数教材①对以人力资本为代表的无形资产进行

---

① 如托达罗和史密斯的《发展经济学》（第 11 版）将人力资本划作单独的一个章节，波金斯、拉德勒等的《发展经济学》（第七版）设置了以"人力资源"为主题的一个章节，武汉大学李桂娥主编的《发展经济学》讨论了人力资源与经济发展的关系，其中涉及人力资本小节。

了重点论述。考虑到发展经济学的转向以及已有的研究，可以畅想，随着社会资本在发展经济学领域的研究愈加成熟、理论愈加完善，社会资本将为发展经济学提供新的血液，成为发展经济学理论的重要部分。

五、制度经济学

制度经济学是研究制度的产生、演变及其与经济活动关系的经济学分支学科，研究对象涉及制度本身的产生、演变以及制度及其变化与经济主体行为、经济增长、收入分配的相关性（黄少安，2017）。按照主流的分类方式，制度经济学可以分为旧制度经济学和新制度经济学。旧制度经济学的代表人物有凡勃伦、康芒斯、米契尔、加尔布雷思等。旧制度经济学强调制度对经济行为的影响，并对新古典经济学做出批判，认为其忽略了现实而强调完美演绎，违背了经济学的目的。新制度经济学的代表人物有科斯、诺思、威廉姆森、张五常等，以科斯提出交易成本学说为起点，基本假设与新古典经济学具有一致性，沿用了新古典主义学派的传统分析工具的同时，还创新了制度分析法，将制度因素内生化。就两种制度经济学的关系和特征而言，欧阳日晖和徐光东（2004）认为，旧制度经济学在对问题的认定上比新制度学派更接近现实，而新制度学派在方法上更胜一筹，最好的办法是将旧制度学派的研究思路与新制度学派的研究方法结合起来。

制度的作用在于通过降低交易费用来提高资源配置效率。不同的制度环境对行为人构成不同的约束，影响行为人的预期收益，从而使追求效用最大化的个人行为发生变化（杨瑞龙，2002）。按照形成方式和约束力的不同，制度可以分为正式制度和非正式制度：前者指人们在非正式制度的基础上，有意识地设计和供给的一系列规则，包括政治规则、经济规则和契约，具有强制力；后者是人们在长期交往中无意识形成的，由价值信念、伦理规范、道德观念、风俗习惯和意识形态等因素组成（王廷惠，2002）。合适、有效的制度安排应该是正式制度和非正式制度的有机统一。崔万田和周晔馨（2006）阐述了正式制度和非正式制度的关系体现在三方面，分别是对立关系、互补关系和替代关系，在一定的条件下，两者的关系可以相互转化。

显然，社会资本可以作为一种非正式制度，与正式制度呈现互补或替代关系，以此对行为人形成约束和规范，通过影响交易费用提高资源配置效率。杨德才（2016）总结了普特南的早期研究，认为一项好的制度变迁并不一定产生好的制度绩效，而制度绩效的大小在很大程度上取决于社会资本的大小。克里希娜（2005）将社会资本分为制度资本和关系资本两种形式，只有当制度资本与关系资本相互支持时，才能发挥最佳作用。黄少安（2007）将分析边界问题纳入为制度经济学研究的基本问题之一，这一问题是应该集中于对正式制度的研究，还是适当地关注较为强烈却间接地影响资源配置和财富演变的政治制度、习俗和惯例。还需要说明的是，正式制度对社会资本的培育具有引导作用。大卫·奥布莱恩和郭烁（2012）在肯定了社会资本的积极作用之后，提出应重视正式制度的调节方式对不同群体获取或维持其社会资本的能力所具有的重要影响。

六、比较研究

总结而言，社会资本在上述五个学科中的发展呈现出两种态势。

第一，社会资本与一些学科存在研究思路方面的共性，包括马克思主义政治经济学和演化经济学。首先是马克思主义政治经济学。有学者认为，马克思的社会关系理论是社会资本理论的基础，而社会资本理论是马克思主义社会关系理论的传承。其次是演化经济学。社会资本的研究体现了演化经济学的一些思想，例如社会资本的路径依赖特征、根植性特征等。

第二，社会资本在一些学科中可以作为概念工具直接被利用，包括经济社会学、发展经济学和制度经济学。经济社会学中，社会资本可以同时彰显经济学和社会学特征，作为一个跨学科的分析工具被引入分析过程中。发展经济学中，社会资本可以作为政策工具来促进欠发达地区的发展。制度经济学中，社会资本被看作非正式制度，与正式制度共同作用于经济活动过程。

以上的分析进一步肯定了社会资本内涵的丰富性，同时说明了社会资本研究的难度。作为一个在各个学科中都有所体现并且跨学科的概念，研究的系统性必然弱化，而作为一个深入研究时间还较短的概念，其研究还有很大的深化空间。

第二节　属性特征与分类方式

本节在文献综述的基础上，进一步说明了社会资本的属性特征和分类方式，具体需要参考社会资本的内涵，经典文献中的属性特征、分类方式，以及本书所基于的区域尺度。

一、属性特征

结合文献综述部分的分析，本书将社会资本分为三种属性。考虑到在文献综述部分已经进行了详细的分析，在此仅作简要说明。

第一，投入品属性。当社会资本为投入品时，表现为可以与人力资本、物质资本等其他资本形式共同投入经济活动过程中，影响经济的产出和效率。同时，社会资本在生产活动中是不可缺少的，并且不能被完全替代。

第二，功能性属性。其表现为社会资本作用于经济活动，而不是投入到经济活动中，具体表现为存在传导变量的作用机制。这意味着社会资本首先作用于一个或多个影响经济增长的变量，继而最终影响经济增长。已有的研究中常见的变量有人力资本、技术创新、金融发展等。

第三，制度性属性。其影响机制体现为不存在传导变量的作用机制，这种情况下社会资本是一种非正式制度。社会资本对经济增长的作用力度、方向在不同的正式制度水平下可能存在差异。

二、分类方式

考虑到研究的区域尺度以及已有不同分类的特征、政策制定的可行性，本书沿用 Nahapiet 和 Ghoshal（1998）的分类思路，将社会资本分为关系维度（relational dimension）、结构维度（structural dimension）以及认知维度（cognitive dimension）三个维度。Nahapiet 和 Ghoshal（1998）将社会资本分为上述三个维度，从理论上分析了这三个维度的社会资本如何通过促进知识的创造和交换影响新的智力资本生成，从而形成表现为创造和知识分享能力的企业组织优势。

图 3-1 以闭环的形式说明了社会资本的三个维度对智力资本生成的影响机制。该图首先回答了三个维度分别是什么。结构维度的社会资本包括网络联结（network ties）、网络结构（network congifuration）以及可利用的组织（appropriable organization）三个因素。认知维度包括共享的规则和语言（shared codes and language）以及共享的故事（shared narratives）两个因素。关系维度包括信任、规范、义务和认同四个因素。这些因素分别影响知识结合或交换的四个条件，包括有机会接触进行智力资本结合或交换的组织、实现预期价值、动机以及结合和交换能力。知识的结合和交换产生的新知识，最终形成新的智力资本，而智力资本存量的增加又会促进社会资本的产生。

以这一维度分类方式为基础，学术界不断进行应用和拓展。Liao 和 Welscb（2005）不仅利用这一框架分析了初创企业和企业家行为，还分析了三个维度之间的关系，提出初创企业应该利用结构维度去影响和塑造认知维度，同时进一步提升以信任水平表征的关系维度，从而获得不同行为者的支持。柯江林等（2007）将这一分类方式应用于团队社会资本的研究，从结构维度中衍生出互动强度与网络密度两个子维度，从关系维度中衍生出了同事信任与主管信任两个子

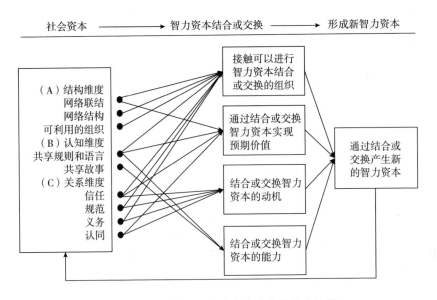

图3-1　社会资本对智力资本生成的影响机制

资料来源：Nahapiet 和 Ghoshal（1998）。

维度，从认知维度衍生出了共同语言与共同愿景两个子维度。张可云和赵文景（2019）结合区域尺度对三个维度进行了描述，其中结构维度指区域创新主体之间的联系强度和紧密程度，关系维度涉及主体在联络过程中是否具有充分的信任，能够实现双边或者多边的互惠，认知维度衡量了合作主体之间在文化背景、意愿目标方面的一致性，同时分析了三个维度促进区域创新的作用机理。

从目前的文献搜索结果来看，结构、认知、关系的三维分类方式更多地被应用于针对企业经济活动的研究中，近年才应用于区域层面。本书认为，当把这一分类方式应用于区域尺度时，各个维度的含义与 Nahapiet 和 Ghoshal（1998）最初提出时是一致的，只是需要根据研究对象的变化建立不同的指标体系。针对企业的研究上升到针对区域的研究需要考虑到两个变化：一是地域的限定。这意味着不再考虑特定区域内企业同其他地区企业的联系紧密程度。目前除了少数研究关注到不同城市在全球化过程中的节点功能，大部分围绕企业的研究针对的依然是特定的地域。二是主体的变化。作为区域来说，经济活动主体应该以企业为主，但是不限于企业，政府、研究机构、高等院校等同样是区域社会资本塑造的主体。

第三节 不同属性特征社会资本对经济增长的 影响机理

本节按照投入品属性、功能性属性以及制度性属性的顺序，依次讨论了社会资本对经济活动的影响机理。这三个属性对应到社会资本与经济增长关系的分析中，分别是前者对后者"有无影响""如何影响""何时影响"三个问题。

一、投入品属性

投入品属性意味着社会资本可以同物质资本、劳动力投入、人力资本等同时直接投入到生产过程中。以柯布-道格拉斯生产函数（C-D 生产函数）为例，以 Y 代表生产总量，K、L、H 和 S 分别代表物质资本、劳动力投入、人力资本以及社会资本。不考虑社会资本投入时，全社会生产函数如式（3-1）所示：

$$Y = K^{\alpha} L^{\beta} H^{\gamma} \mu \tag{3-1}$$

其中，α、β、γ 分别为各投入要素产出的弹性系数，μ 为随机扰动项。考虑社会资本投入时，全社会生产函数为式（3-2）：

$$Y = K^{\alpha} L^{\beta} H^{\gamma} S^{\delta} \mu \tag{3-2}$$

其中，δ 为社会资本要素产出的弹性系数。进一步地，在考虑技术因素时，全社会生产函数表示为式（3-3）：

$$Y = A(t) K^{\alpha} L^{\beta} H^{\gamma} S^{\delta} \mu \tag{3-3}$$

社会资本概念深化了经济增长理论。具体而言，新古典增长理论以 C-D 函数为基础，通过外生化技术进步考察不同经济要素对经济增长本身以及经济增长均衡路径的影响，该理论中考察的主要对象是劳动力投入和物质资本，仅仅将影响生产效率的因素作为调节系数引入方程。对新古典增长模型的改进表现为引入包括人力资本、社会资本在内的新的生产要素以及放宽假设条件，例如从固定系数到变弹性的超越对数生产函数。新内生增长理论（neo-endogenous）考虑了外部经济和规模报酬递增，将技术进步内生化，投入要素则加入了社会因素、制度因素等。新内生增长理论是新近提出的一种经济增长理论（Papadaskalopoulos and Nikolopouslos，2018），尚停留在理论研究层面，还没有相应的数理模型对其进行说明。相比内生增长理论，新内生增长理论加大了对地域文化、政治制度等非经济要素的考察（Pisana，2017）。

当将社会资本置于这三种框架下进行分析时，其将以不同的形式出现。在新古典框架下可以作为投入要素，在内生经济增长理论框架下可以作为影响技术进步的因素，而在新内生经济增长理论框架下可以作为投入要素。图 3-2 比较了新古典增长理论、内生增长理论以及新内生增长理论。

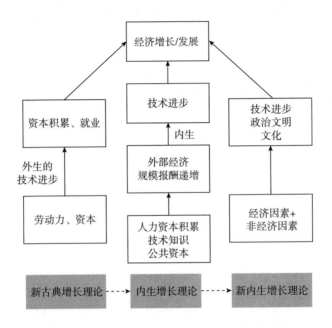

图 3-2　新古典增长理论、内生增长理论以及新内生增长理论主要特征

资料来源：根据 Papadaskalopoulos 和 Nikolopouslos（2018）、Pisana 等（2017）绘制。

二、功能性属性

社会资本的功能性属性体现在经济活动中，通过作用于传导变量，最终起到促进经济增长的作用。本节针对社会资本、人力资本、技术创新和经济增长之间的关系进行理论分析。

1. 社会资本与人力资本

在现有研究中，社会资本与人力资本的关系有单向联系和双向联系两种。有研究把人力资本作为社会资本作用于经济增长的传导变量，在这种情况下是将人力资本看作社会资本影响经济增长的传导变量。也有研究在讨论社会资本的积累问题时，将人力资本作为促进社会资本积累的工具，在这种情况下因变量变为社会资本，自变量为人力资本。更符合现实的是，这两者在现实中呈现出双向影响关系。接下来讨论两者的双向互动关系。

社会资本有助于人力资本的形成和培育。Coleman（1988）是最早关注到社会资本对人力资本影响的学者，他证明了存在于家庭内部和家庭所处社区的社会资本均可以带来下一代人力资本的提升。杨宇和郑垂勇（2008）总结到：社会资本使人们有机会获得公共教育，并且高水平的教育带来稠密的社会网络，网络中的社会互动使社会资本产生正的外部性，增加人力资本积累，信任同样可以通过供给效应和需求效应两种机制促进人力资本积累。项保华和刘丽珍（2007）提出，社会资本为人力资本的产生和提升创造了必需的场域，在这一场域中实现信息的传递和情感的交流、获得各种可能的社会支持和发展资源、限制机会主义行为；最终，个体的知识和技能得到优化提升，使人力资本成为社会资本应用的后续形态即总人力资本。

社会资本对人力资本的影响还体现在"干中学"的过程中。从组织内部来看，高水平的社会资本为个人之间的有效交流和知识溢出提供了渠道，这使个体在实际的工作过程中，不仅可以通过自身经验的积累提高人力资本水平，还能通过部门内或者部门间的成员之间正式的或者非正式的沟通互动，获得他人经验，接受他人的隐性知识，促进组织内部的信息分享，形成模仿和相互学习的机制。在实现人力资本提升的同时，还可以系统地把握自身工作内容的节奏和速度，以此提高整体的工作效率。从组织之间来看，项目合作、人员借调、岗位互换等形式实现了组织之间的思想碰撞，组织之间的互动形式包括水平型和垂直型，水平型联系可能带来个体技能型人力资本的提升，垂直型联系可能带来管理型人力资本的提升。另外，组织之间的互动还起到了活跃劳动力市场、降低摩擦性失业发生的概率的作用，以此实现对人力资本的充分利用。

人力资本对于社会资本培育有一定的促进作用。Denny（2003）提出，高等教育能够显著地促进志愿活动和民主参与水平，这些活动促进了社会资本的形成。Dinda（2012）提到了教育对社会资本两方面的作用：一是教育过程本身促进了信任的建立，教育本身为个人之间的互动创造了平台；二是拥有高质量社会资本存量的组织更可能从高等教育、预期寿命的健康状态中获益。刘长生和简玉峰（2009）表达了类似的看法，提出教育为不同层次的人群创造非正式的接触平台，创立合作与互信机制，教育水平的提升能够提升人们之间的信任程度、容忍度和互惠能力，教育投资不仅可以通过人力资本的积累来促进经济增长，而且能够逐步改善社会准则、增强社会凝聚力、提高社会诚信水平，最终促进经济增长。

2. 社会资本与技术创新

从文献搜索的结果看，社会资本与创新关系的研究最早出现在 21 世纪初期。大量研究肯定了社会资本与技术创新、经济增长之间所存在的链式关系，表现为"社会资本→技术创新→经济增长"。对于社会资本与技术创新之间影响机理的分析，大多按照两个方向进行：一是分析信任对技术创新的影响机理，二是基于其他理论分析两者之间的关系。

信任是社会资本的主要表现形式，多个研究表明，信任对创新具有促进作用。Akçomak 和 Weel（2009）认为，对于区域整体来说，得益于历史因素形成的高水平的社会资本提升了创新的发生率，这是因为创新活动投资是高风险的，而资本供给者需要尽可能地保证他们的投资是低风险的，这导致在高水平的信任环境下更有利于对创新的投资。同时，Akçomak 和 Weel（2009）提供了三种微观层面的解释：一是非正式规范的作用减少自私自利行为，例如本来拥有坏项目的资本需求者可能把他们的项目包装成好的，从而骗取资金，但是在社会资本良好的环境下，这一行为可能导致资本需求方的名誉受损，从而减少欺骗行为；二是资本供给者对那些可以对创新的真实价值进行描述的资本需求方更感兴趣，即拥有良好信用水平的资本需求方；三是双方关系建立在信用基础上时，监管成本将会降低。Pérez-Luño 等（2011）比较了结构维度和关系维度，提出社会资本对创新行为促进作用的发生不仅需要网络结构中一定数量的参与者，还需要嵌于组织关系的承诺、凝聚力以及信任，但关系维度或许给予了创新行为更好的解释，特别是对于涉及隐性知识和复杂知识的创新来说，信任更加重要。

除了信任角度的影响机制分析，学者还利用其他理论解释了社会资本对技术创新的影响。Tura 和 Harmaakorpi（2005）从资源基础理论[①]出发肯定了社会资本在区域创造、再创造和创新能力利用等方面的关键作用，当区域创新过程被看作组织利用网络资源来促进和支持创新行为时，社会资本便是使用和发展这种能力的"通行证"。在一个网络中，必然存在一些成员的创新能力高于其他成员，而社会资本的存在提供了联合、组织和利用个体资源的可能性。Rutten 和 Boekema（2007）的分析基于区域创新网络，认为技术对于区域的发展来说是必要但非充分的，若缺少区域创新网络，则无法将技术转变为企业和区域的竞争力，所以，社会资本等无形资产影响着区域创新网络的运行效率。Lanrsen 等（2012）从知识溢出和交换的角度解释两者的关系，提出社会资本存在地区联通效应、地区信任效应，存在地理限制的社会资本可以促进以创新为目标的联合学习，降低区域内经济主体之间所进行的契约或者非契约交流的搜寻和交易成本。

以上两种分析方法均基于对社会资本和技术创新的单维度假设。部分学者突破了这一局限。Camps 和 Marques（2013）认为，大多数研究都忽视了社会资本的多维属性和创新的不同类型，以此为背景，讨论了结构、关系和认知三个维度对产品、市场、策略、行为、流程等不同类型创新能力的影响，并且揭示了一系

---

① 资源基础理论（resource-based view）是以"资源"为企业战略决策的思考逻辑中心和出发点，以"资源"联结企业的成长优势和竞争决策（黄旭和程林林，2005）。

列可以作为传导变量提升创新能力的"创新使能器"（innovation enablers），例如目标认同、集体行动、控制机制、信息流动、风险承担等。按照 Camps 和 Marques（2013）的观点，结构维度通过组织之间的信息流动促进获取更广泛的信息，提高信息质量、相关度和时效性，认知维度促进了不同组织之间的联合和信息交换，关系维度表现为信任、规范、义务和认同，这些维度以不同的方式影响组织创新。此外，该研究还讨论了不同维度的社会资本的组合对创新行为的影响，例如在信息的交换过程中，结构维度是获取和扩散信息的工具，认知维度起到了交流和解释信息的作用，而关系维度提供了合作和分享的基础。

中国学者同样关注到不同维度社会资本对创新行为的影响。陈乘风和许培源（2015）将社会资本分为信任、社会网络、信息共享三个方面，从理论角度讨论了三个维度如何促进技术创新，但这一分类方式并非从社会资本的属性出发，而是利用了针对两者关系的研究中所常用到的维度，并且信息共享只是社会资本某个维度的代理变量①。张可云和赵文景（2019）将社会资本分为结构、关系和认知三个维度，将创新发展分为自主创新能力、知识传播扩散、科技成果转化效率三个方面，以此建立了从区域社会资本到区域创新发展的影响渠道。图 3-3 说明了这一理论影响机制②。

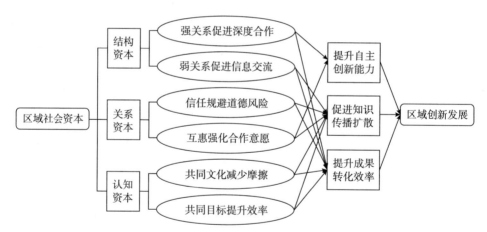

图 3-3　不同维度社会资本对技术创新影响机制

资料来源：张可云和赵文景（2019）。

---

① 如部分研究利用信息共享来衡量区域的信任水平，那么该研究将信任和信息共享分别进行讨论的逻辑就存在问题。

② 需要说明的是，该研究主要围绕理论，但是部分指标对应到现实中是不好测度的，例如什么是弱关系、什么是强关系、如何衡量互惠等。因此，在第四章社会资本的测度环节，将依然按照这一分类方式，但是具体的指标设计和该研究对各个指标的分类有所差异。

3. 社会资本、人力资本、技术创新与经济增长

图 3-4 说明了功能性属性下，已有的研究中常见的社会资本对经济增长的影响路径。这些研究更多地表现为线性，例如人力资本与技术创新的关系、经济增长对社会资本的影响等，而未能充分考虑不同变量之间的关系。

图 3-4　功能性属性的社会资本对经济增长影响机制

资料来源：根据相关理论研究绘制。

在这些关系中，有些关系是不证自明的，有些是需要进一步深入研究的，本书第六章的实证分析环节将提出相应的假设，并检验不同变量之间的关系。

三、制度性属性

制度是多人世界的行为规则，是社会中个人遵循的一套行为规则，用于支配特定的行为模式和相互关系（王廷惠，2002）。在制度经济学的框架下，社会资本属于重要的非正式制度（王廷惠，2002；彭晖等，2017），具有节约交易成本、约束经济主体行为、影响经济主体预期的功能。Forte 等（2015）认为，社会资本可以被理解为非正式的法律框架，这体现了社会资本所具有的非正式制度属性。有学者提出了不同的看法，如陆铭和李爽（2008）认为，社会资本不仅包括政治、法律等正式制度和社会习俗等非正式制度，同时涵盖了组织形态和成员的偏好表达等内容，内涵大于非正式制度。本书认为，这一矛盾的解释需要从以下两个方面来分析：首先，从社会资本对经济增长的作用机制看，最初的分析集中于两个方面，分别是降低交易成本和降低监管费用，这凸显了社会资本的制度属性；其次，就社会资本的维度分类来说，结构维度是社会资本的维度之一，这一维度通常利用协会数量、民间组织密度等来进行衡量，看似并不能作为一种非正式制度，但不能忽略的是，该维度之所以可以衡量社会资本，原因在于这些组织在一定程度上增加了个体或者组织的交流频次，是信用形成的来源。基于以上两个方面的考虑，本书将社会资本看作一种非正式制度。

作为非正式制度的社会资本在信息不对称的背景下对经济人行为起到了约束作用，从而影响经济行为。Woodhouse（2006）利用一个简单的案例说明了作为制度的社会资本如何影响交易成本，如租车市场，只有车主了解二手车的性能优劣，只有租用者能够把握租用之后是否会小心使用而不会对车辆造成潜在的损

伤。信息的不完全导致一个群体对另外一个群体了解有限，从而无法对其行为形成准确的预期。车主可能提供有问题的车辆，租用者可能损坏车辆，这就导致存在任意一方采取机会主义行为获利的风险。合同、担保、法律咨询等工具经常被用来解决类似问题，但这些工具都会增加交易成本、提高交易价格。如果交易双方存在较高的信任水平，将提高对于滥用信用行为者的制裁力度、降低交易成本以及提高商业行为的便宜程度。

Ahlerup 等（2009）认为，针对社会资本与正式制度对经济增长的影响存在两种不同的研究方式：一种把社会资本看作经济成功的核心内容，另一种把包括产权制度、法律约束在内的正式制度看作发展的关键。更贴近现实的情况是，正式制度和非正式制度一并影响着经济运行，究竟哪种形式的制度占主导与发展水平、环境有关。如果说正式制度解决了经济增长的动力问题，那么社会资本则是制度运行和经济良性增长的"润滑剂"，即使从国外借鉴到良好的正式制度，如果本土的非正式制度因为路径依赖而一时难以变化，则新借鉴来的正式制度与旧有的非正式制度势必产生冲突（杨宇和沈坤荣，2010）。这一情况赋予了正式制度与非正式制度的关系问题研究的现实意义。当把社会资本作为研究对象时，衍生出两个主要问题：第一，社会资本与正式制度的关系问题；第二，作为非正式制度的社会资本对经济增长的作用机制问题。

首先是社会资本和正式制度的关系问题。按照杨宇和沈坤荣（2010）的总结性论述，社会资本与正式制度的相互作用关系表现在三个方面：第一，社会资本影响制度绩效，可能的影响渠道包括高水平信任产生较强的社会责任感抑制了个人谋利冲动，促使双方采取一致行动，降低公众对于前景不确定的制度变迁的怀疑，高信任国家的官员更可能尊崇社会合约，带来高质量决策的有效供给等。第二，制度影响社会资本的生成效率，可能的表现形式为法律等正式制度创造了信任、制度和非腐败行为，导致高水平信任、良好的正式制度绩效提高人们对政府的信任等。第三，社会资本与正式制度之间相互补充，也相互替代，在不同的发展阶段两者表现出不同的关系。宋德勇和钱盛民（2017）解释了社会资本与正式制度之间的两种作用形式："互补论"表现为制度环境越好，社会资本对经济增长的作用越大；"替代论"表现为制度环境越完善，社会资本的作用越小。

其次，针对制度性属性的社会资本对经济增长的作用方式问题，中国学者有一定的研究积累。陆铭和李爽（2008）提出三种方式，表现为协会会员之间的信息共享、机会主义行为的减少以及集体决策的改进。杨宇和沈坤荣（2010）从微观和宏观两个尺度切入，分析了社会资本对经济增长的作用：微观层面，社会资本可以促进信息分享、合作改变行为者偏好，以此降低交易成本，改善活动效率；宏观层面，社会资本作为第三方治理秩序和机制弥补市场和政府的资源配置和整合功能。潘峰华和贺灿飞（2010）给出了三方面的解释：一是社会资本存量高的国家和地区，人们之间的信任比较强，社会网络更加密切，这些将带来社会生活中交易成本的普遍下降；二是由于人们彼此信任和乐于参与公共事务带来的紧密社会网络有利于促进信息的溢出和知识的传播，并且可以在面临外部环境恶化或者挑战时采取集体行动；三是普遍信任较强以及更加密切的合作交流网络能够使地方的经济主体在生产和创新等领域开展更为有效、长期的合作。

此外，除了经济增长本身，还需要考虑正式制度与非正式制度或社会资本对以技术创新为代表的经济活动的影响。这一研究主题是近年的研究新方向。以中国的研究为例，高山行等（2013）研究了正式制度与非正式制度[①]对于原始性创新的影响，对比分析了两者对不同所有制企业的创新效率影响。以外资企业为例，其在原始性创新方面受正式制度支持的促进作用并不显著，但是受到非正式制度的支持比较明显。孟涛等（2017）的研究面向全球，以112个国家和地区为研究对象，以新经济制度学为理论基础，肯定了正式制度和非正式制度[②]对技术创新的影响。彭晖等（2017）通过检验2000～2009年的中国数据，肯定了社会资本与以法律制度测度的正式制度作用于技术创新时的相互替代。具体而言，在法律制度水平较低的地区，社会资本弥补了正式制度的缺陷，其对技术创新的影响更加显著。通过这些研究可以发现，针对技术创新，非正式制度作用的发挥同样受到正式制度的影响。

第四节 不同维度社会资本对经济增长及技术创新的影响机理

社会资本是一个多维度的概念（Nahapiet and Ghoshal，1998；Sabatini，2008；Bronisz and Heijman，2010；BjØrnskov and SØnderskov，2013；Camps and Marques，2013）。杨宇和沈坤荣（2010）提出了多数研究在指标衡量方面的问题，即研究中只捕捉到社会资本的两个维度[③]并且用单一的指标去衡量是远远不够的，这一做法没有捕捉到社会资本的所有维度。本书利用结构、关系、认知三

---

① 该研究利用调查问卷的方式评估了正式制度和非正式制度，正式制度的调查问题例如"三年里，相关的政府机构和部门对本公司在某些方面的支持力度"，非正式制度的调查问题关注受访者所在公司与政府间的关系。

② 该研究以知识产权保护力度、政府规制的（轻）负担、企业法人治理结构完善性衡量正式制度，以政府决策的（非）偏好性、企业道德水平衡量非正式制度。

③ 该研究将社会资本分为以信任衡量的认知型社会资本和利用民间组织衡量的结构型社会资本。

大维度来描述社会资本，讨论不同维度对经济活动的影响机理。此外，考虑到将这三个维度分类应用于实证研究时多利用问卷调查的方式研究企业活动（黄中伟和王宇露，2008；刘婷和李瑶，2013；唐丽艳等，2014），而鲜有文献将这一分类方式应用到中观层面，所以仍然从各个维度的本质出发，分析其对经济增长本身和技术创新的影响。

一、结构维度

结构维度的社会资本用以描述行为人之间联系的整体模式，例如"你可以联系到谁""你如何与其他行为人联系"等。行为者之间网络连接的存在与否以及以何种形态存在是这一维度最重要的方面。较早的研究利用网络密度、连通性和层次结构来描述网络结构，利用可供利用的组织来描述个体可以获得的与其他个体联络的机会（Nahapiet and Ghoshal，1998）。社会资本的结构维度不仅包含成员之间联系的数量，还与成员联系的方式有关（Bizzi，2015），这就涉及对结构形态的描述。Yoon 等（2015）在对比研究韩国大德科技园区和中国台湾新竹科技园区时，用中心度、协作强度描述了政府研究机构、企业和大学三者之间的网络关系。大德科技园区的结构特点是以政府研究机构为中心，政府研究机构和大学之间的联系较强；中国台湾新竹科技园则是以企业为中心，企业和政府研究机构、政府研究机构和大学的联系较强。网络中可供利用的中介组织发挥着纽带作用，特别是科技中介服务企业、科技企业孵化器等组织，对区域整体创新活动起到了重要作用。

当把结构维度置于中观的区域层面时，需要把握的有两个重点：首先，网络是通过哪些主体之间的联系形成的。目前与区域层面经济活动相关的多主体参与理论众多，例如产学研合作理论、三螺旋模型、学习型区域理论以及区域创新系统理论。这些理论主体设定不同。产学研合作理论包括企业、高校和研究院所；三螺旋模型涵盖了政府、企业和高校；学习型区域理论以企业和企业集群为主体；区域创新系统理论所涵盖的主体最多，除了产学研政等机构，还涉及科技企业孵化器、科技转让平台等科技服务型中介以及金融、法律等非科技服务型中介，这些机构起到了提升科技成果转化效率的作用。其次，如何对网络进行描述。如果是针对个案研究，网络分析法是最佳的选择，但是在针对中观尺度多区域的研究时，考虑到数据可得性和选取合理性，需要在已有方式的基础上，选取中观尺度指标。

社会结构对经济活动产生影响存在不同的路径。Granovetter（2005）提出，社会结构能够影响经济活动存在三个理由：一是社会结构影响知识的流动和质量，一部分知识是微妙的、有细微差别的、难以验证的，所以行为人倾向于相信来自熟人的信息；二是社会网络是重要的奖惩来源，奖惩来自网络中的其他人时，作用会放大；三是尽管存在反向激励，但对他人的信任会促使行为人做出尽可能正确的、有利于双方的选择。张可云和赵文景（2019）将结构维度分为强关系和弱关系两类：强关系指频繁的、在一定程度上形成正式机制的组织之间的联系，可以促进深度合作；弱关系大多是偶尔的、非正式的，可以促进异质性信息的交流。

结构维度对技术创新和传播的影响有如下的作用方式。Granovetter（2005）分析社会结构对经济活动的影响时，技术创新是其中之一。创新的实现在很大程度上与知识存量和隐性知识传播有关，密集的网络相比稀疏的网络能够产生更多的知识存量，在有较多其他可被利用的中介组织的条件下，区域内个体有机会了解到其他个体所拥有的知识，从而促进知识的碰撞、应用与共享（王三义等，2007），促进技术交流和更新以及创新的生成和传播。网络本身为技术创新提供了资源，包括人力、物力、财力等方面的投入要素，这些要素是创新过程中不可或缺的，不论是对于单个成员还是网络整体而言，这些要素都具有稀缺性。同时，这些要素在成员之间的流动塑造了网络本身，也通过网络促成了要素的结合、技术的转化。网络为成员提供了信息渠道，高密度、高质量的网络为信息生成和交换提供了基础，对于单个成员来说，处于网络中的优势地位意味着对信息的了解、把握、利用优于其他成员，更有利于自主创新和消化外部创新。

二、关系维度

社会资本的关系维度是指依附于网络关系中的那些可利用的资产，包括信任和可信赖、规范与制裁、义务与期望、身份和认同等（Nahapiet and Ghoshal，1998）。关系维度强调社会资本人格化的一面，表现为具体的、可被利用的人际关系，是行为者在互动过程中建立起来的具体关系（黄中伟和王宇露，2008）。信任是关系维度最主要的表现形式，大多数学者用信任水平来分析关系维度对其他经济要素的影响。可以确定的是，如果不考虑结构和认知两个维度，仅仅利用关系维度来描述社会资本也是可行的。但是仅仅以关系维度去衡量社会资本，存在两方面的问题：第一，关系维度仅描述了信任形成的结果，常用的代理变量可能只是信任多种表现形式中的一种，而无法对信任进行全面的衡量，更无法对社会资本进行尽量贴近现实的描述。第二，利用单一的衡量方式分析社会资本，很难带来能有力指导实践的政策方案，这使研究的现实意义受到局限。由于本书在其他部分对以信任为表征的社会资本对经济活动的影响进行了详细的阐述，本部分不再赘述。

关系维度的研究同样涉及如何描述的问题。不同于基于个人和社区水平的信任，本书着眼的中观尺度信任嵌入组织之间的网络中，这是否意味着对于信任的衡量需要从个人之间的信任上升到组织之间的信任？黄中伟和王宇露（2008）给出了否定的答案。关系维度的信任包括组织间信任和人际信任两个层面：前者是指建立在人际关系的熟悉度、感情基础上的信任，后者则指"由个体组成的一对群体间的信任关系"的简称。从这一概念可以看出，参与组织间交易的个体依然是构成组织信任的来源。此外，不能忽视政府在区域信任水平建设中所起到的引导和培育作用。我国一些地区早已开始社会信用层面的区域合作，例如2004年，长三角地区的16个城市共同签署了中国第一份区域政府间"信用宣言"——《共建信用长三角宣言》（吴光芸和李建华，2009）。

以信任为主要表现形式的关系维度社会资本影响经济增长。Zak 和 Knack（2001）认为，将信用看作社会资本的主要形式，认为信用取决于交易发生的社会、经济和制度环境，信任能够降低交易成本，高信任的社会比低信任的社会产出水平更高，信任对于成功的经济发展非常有必要。张维迎和柯荣住（2002）开篇明义，提出信任被普遍认为是除物质资本和人力资本之外决定一个国家经济增长和社会进步的主要社会资本。赵瑞和陈金龙（2015）认为，在现代市场，信息不对称、机制不完善有可能导致市场失灵，而社会资本可以通过加强人与人之间的合作，提高交易效率和经济运行效率，促进资源有效配置。

同样，信任影响区域的创新行为。刘伟（2018）认为，高层次的信任能够降低监督成本，使社会将资源更有效地配置于创新领域，信任程度高的社会中其成员的安全感更强，当身边的风险较小时，反而能激发创新者和投资者有更大的心理空间，对未来潜在风险进行追逐，从而促进创新；在高信任度的社会中人力资本的价值远高于"熟人关系"，从而激励劳动力寻找更高的技能。张可云和赵文景（2019）认为，信任可以规避道德风险，从而促进知识传播扩散和提升成果转化效率。

三、认知维度

社会资本的认知维度是指那些提供了可以共享的表征、解释、行为人之间意义体系的资源，如共享的语言、共享的叙述等（Nahapiet and Ghoshal，1998）。这一维度衡量了行为人之间的文化、认知距离。行为人之间可共享的环境性元素越多，行为人之间的认知距离就越近，达成合作实现共同目标的可能性就越大。关系经济地理学领域的代表性著作《关系经济——知识和学习的地理视角》中同样提到，仅有空间邻近并不能自动地带来强大的区域网络和区域可持续增长，而是行为人之间的关系距离促成了社会交流进一步演变成竞争力。回顾社会资本理论研究的进展史，可以说，认知维度是由 Nahapiet 和 Ghoshal 最早明确提出，并将其确定为社会资本的维度之一的。Nahapiet 和 Ghoshal（1998）提到，认知维度在更早以前的社会资本主流理论中并没有体现出来，但这一维度的重要性在战略领域（strategy domain）已经获得了足够多的关注。

认知维度衡量了合作主体在文化背景和意愿目标方面的一致性（张可云和赵文景，2019），区域组织或网络成员之间共享的文化和目标是认知资本构成中的两个重要部分（黄中伟和王宇露，2008）。陈蓓蕾等（2008）认为，当组织成员在如何与他人互动上有相同的认知时，就可以避免沟通上可能发生的误解，同时提供较多的机会自由地交换资源和想法。共同的目标是联盟成员所专享的社会资源，在人群中拥有共同的语言能够促使人们获得接近其他人物及信息的能力。共同的文化对经济行为造成的影响可以利用地理学第一定律解释，即事物之间是普遍联系的，但是近距离的事物之间比远距离的事物之间的联系更加紧密（Tobler，1970）。共同的目标涉及特定行政区对发展目标的统一规划。行政区内政府会对未来一个时间段的国民经济与社会发展进行规划，这对于区域内的不同主体有很强的引导意义，规划中也会强调多主体的协同，促进经济运行效率的提升和经济增长。

社会资本的认知维度水平影响技术创新活动和创新绩效。技术创新是一项需要多主体参与的活动，认知资本有助于主体之间合作效率的提升。刘婷和李瑶（2013）认为，认知资本带来了共享的行为规范，可以减少组织的投机行为，增加从关系中的获益；相似的文化和价值观可以使合作伙伴更顺畅地沟通，更容易理解彼此的需求，促进协调合作；一致的目标可以使组织朝共同的方向努力。张可云和赵文景（2019）提出，技术创新需要共同的文化和共同的任务目标的共同作用才能实现，具体而言，处于同一区域创新系统内的主体由于地理邻近，往往能形成统一的文化背景，这就有利于促成合作行为。但仅仅有地理邻近并不能促成合作，意愿目标一致性同样重要，其体现在合作主体以统一共赢的任务目标为驱动力，发挥自身优势，促成目标实现。唐丽艳等（2014）从知识吸收的角度进行分析，认为组织间认知可推动彼此在熟悉的环境中高效沟通，实现知识资源的良性吸收，尤其是针对新知识的应用，企业间共享语言或编码对于消化知识的作用就显得更为重要。

第五节　研究框架构建

通过把握不同学科中社会资本的发展状况，并对众多零散的理论研究进行整合分析，本书从社会资本的概念和基本属性出发，构建了社会资本对经济增长的影响的理论框架。

首先，基于三大属性特征进行讨论。对这三种特征的分类并非基于已有的成熟研究，而是根据现有文献中的研究归纳分析而来。不同的属性体现了社会资本的不同侧面和特征。投入品属性体现了社会资本的本质属性，即作为资本所应该具有的特征。功能性属性说明社会资本可以作为经济活动运行过程中的"润滑剂"，通过影响相关的变量来提高经济运行的效率。制度性属性把社会资本看作一种非正式制度，更多地出现在制度经济学的相关研究中。图 3-5 所示为不同属性特征社会资本对经济活动的影响。

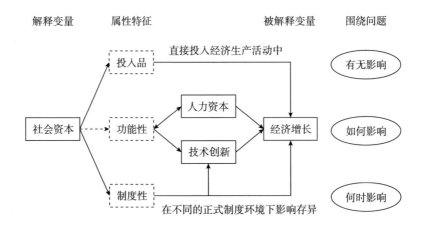

图 3-5　社会资本对经济增长影响机理

资料来源：根据前文分析绘制。

将三个属性对应到现实中，可以依次解决存在递进关系的三大问题。投入品属性回答了社会资本对经济增长"有无影响"，如果检验结果表明没有影响，那么后续的一切研究就失去了意义。对功能性属性的分析可以打开社会资本影响经济增长的"黑箱"，揭示影响机理，回答"如何影响"的问题。已有研究中，常见的传导变量有人力资本和技术创新，与人力资本表现为双向因果关系，继而共同影响经济增长，技术创新则呈现出链式的影响关系，具体为"社会资本→技术创新→经济增长"。制度性属性的讨论下，把正式制度当作一种背景和环境因素，揭示不同的正式制度水平下，社会资本对经济增长及其他经济活动的作用差异问题，以此回答"何时影响"的问题。

其次，基于社会资本的不同维度说明研究的理论逻辑。社会资本的结构、关系和认知维度各有侧重，体现了社会资本的不同侧面，是现有的诸多社会资本分类方式中较为全面的一种。结构维度是社会资本形成的基础，说明了社会资本形成的来源，关系维度是社会资本的外在表现形式，认知维度则为社会资本发挥作用提供了背景环境。这三个维度虽然各有侧重，但并不是互相割裂、毫无联系的，它们呈现出相互影响、相互制约与相互促进的关系。结构维度的形成得益于一定的信任互惠基础和地理区域内共享的文化背景、任务目标。关系维度嵌入主体经济社会活动形成的结构网络之中，并且受到历史积淀形成的认知维度的影响。如果缺失共享的地域文化和任务目标，则区域内的主体将失去认识方面的邻近性，从而不利于主体之间的沟通协作，不利于结构维度社会资本的形成，更难以形成嵌入其中的关系维度。本书借鉴 Camps 和 Marques（2013）的做法，根据前文的理论分析抓取出一些"使能器"（enablers），来分析不同维度对经济增长及技术进步的影响。图 3-6 为不同维度的社会资本对经济增长以及技术创新的影响机理。

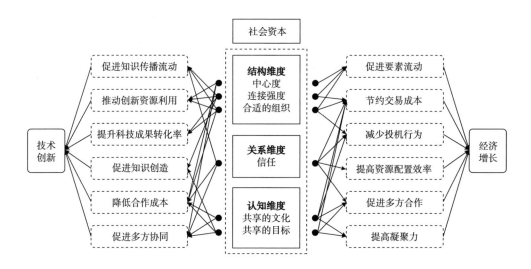

图 3-6　社会资本三大维度对技术创新及经济增长影响机理

资料来源：根据前文分析绘制。

本章小结

本章的工作在于构建分析整体的理论框架。理论框架的构建是一项庞大的工程，特别是在缺少成熟的、概念化的理论为框架的构建提供有力支撑的情况下。为了尽可能全面地、贴近现实地去描述社会资本对经济增长的影响，就需要从浩瀚的文献中聚沙成塔、积木成楼，构建出系统性强、有据可依的理论分析框架。本书主要通过三方面的工作实现了框架的构建。

首先，比较分析了社会资本在其他学科中的发展。这些学科中有一些体现了社会资本的研究思路，包括马克思主义政治经济学和演化经济学，另外一些学科中将社会资本作为一种分析工具，包括经济社会学、发展经济学和制度经济学。

其次，从社会资本的本质特征出发，构建理论框架。就研究的核心内容来看，社会资本的属性特征回答了"研究什么、怎样研究"这一问题。按照现有文献中的研究范式，属性特征分为投入品属性、功能性属性、制度性属性三类，这三个特征依次对应社会资本对经济增长"有无影响""如何影响""何时影响"三个递进式的问题。在功能性属性部分，选取了人力资本和技术创新两个变量作为传导变量进行理论说明。

最后，着眼社会资本的维度分类。利用单一维度去衡量社会资本无法捕捉到社会资本的全局，是不准确的、不客观的。本书利用经典文献中的分类方式，将社会资本分为结构、关系和认知三个维度，以此为基础对基于区域尺度的不同维度进行释义，同时分析了它们对经济增长以及以技术创新为代表的经济活动的影响机制。

第四章　社会资本及其不同维度的
　　　　　时空差异分析

本章在对社会资本进行测度的基础上，从时空分异和空间关联两大方面说明变量在中国省域层面和不同板块的时空差异，以描述社会资本在中国区域层面的历史变化和空间分布特征。尝试回答的问题包括"社会资本的时序变化规律，是否存在发散或者收敛趋势""社会资本呈现何种空间分布规律""经济欠发达地区是否存在社会资本欠缺的问题""社会资本是否存在集聚现象以及属于何种集聚形态"等。

本章利用多种分析工具回答上述问题。首先依据社会资本的维度分类构建综合性的指标体系，利用熵值法测度。时空差异分析分为两大部分：一是时空分异分析；二是空间关联分析。时空分异分析中的时序变化分析利用变异系数、基尼系数、泰尔指数来描述研究期内不同区域社会资本及其不同维度的变化特征；空间分异分析主要利用可视化处理。空间关联分析主要利用探索性空间数据分析技术来说明社会资本的空间集聚特征。

第一节　社会资本的测度

大量研究在测度社会资本时，使用单一指标对社会资本整体或者社会资本的某一维度进行了说明，这并不能捕捉到社会资本的全貌。多指标综合评价法克服了单一指标固有的局限性，特别是对隶属于经济社会学学科的概念来讲，这一方法适用性较强。本节说明社会资本指标构建的原则、不同维度的指标构建过程以及最终确定的指标体系。

一、构建原则

在国家或者国际层面，尚不存在得到广泛认可的社会资本衡量方法（Siegler,

2014)。同样，在区域层面，社会资本的衡量方法也并没有统一的做法。已有的针对中观区域层面的研究中，常常利用区域信任衡量，代理变量有无偿献血率、相对劳动争议受理率、社会捐赠社会组织数量、民间组织密度、协会数量、信息共享和相互沟通等。研究认为，这些测量方法存在两方面的缺陷：第一，指标选取局限性强，不能体现社会资本的复杂性和多维度属性。第二，指标选取过于单一，不能带来丰富的现实启示。结合前面章节的分析，将社会资本分为结构、关系、认知三个维度，根据区域活动的特征对三个维度进行指标选取。指标的选取需要依照五个基本原则：

第一，系统性原则。一套好的评价体系能够全面反映评价对象的综合情况，保证综合评价的全面性和可信度，如果指标体系并非系统全面的，则无法对评价对象做出整体性的判断。基于该原则，对于社会资本不同维度或指标的测度，尽可能选择两个或两个以上的指标从不同的角度度量。

第二，科学性原则。这一原则要求所选取的指标是合理的，有充分的理论依据，能够有效地反映出被评价对象的特征，并且在已有的研究中被或多或少讨论应用过。这就要求指标选取需要充分借鉴已有研究。

第三，可操作性原则。这一原则主要涉及数据的可得性。一些指标在理论上是可行的，但是缺少数据来源，或者虽然可以取得数据，但是可信度偏低。特别是针对多省份和时间跨度大的研究，小面积的数据缺失可以考虑插值法处理，大面积的数据缺失则有必要替换代理变量。

第四，适用性原则。这一原则要求进行指标选取时考虑被研究对象特色。针对本书而言，这一特色涉及两方面：一是本书针对中国环境，在对社会资本进行测度时需要充分考虑中国特色；二是本书针对省际，属于区域尺度的研究，指标选取需要考虑中观尺度。

第五，可比性原则。指标选取的最终目标是在对被研究对象进行科学测度的基础上，进行空间的、历史的分析，这一原则保证了被评价对象可以进行横向和纵向对比分析。

在进行指标选取时，本书不仅说明了最终被选取指标的理论背景，同时提供了一些可供替代的指标，这一做法使指标体系具有动态性。

还需要特别说明的是，在进行指标选取时，并没有选取在诸多国外文献研究中使用的民主参与或民主参与率，两大原因予以解释：第一，民主参与或民主参与率更多地突出了政治学特色，适用于社会资本在政治学学科内的研究，与经济学主题的研究有所偏离。第二，源于中西方的民主制度、民主形式的差异。近代西方民主源于中世纪英国议会制度，以资本主义私有制为前提，本质上是资产阶级专政，代表少数资产阶级的利益（王传志，2010），而中国实行中国特色社会主义民主，以人民代表大会制度为根本政治制度，全国人民代表大会和地方各级人民代表大会由民主选举产生，代表了广大人民群众的利益。就表现形式来看，前者以形式平等掩盖了实质上的不平等，而后者表现形式与民主本质是统一的，这使针对西方社会的研究中可以利用投票率去衡量特定区域的社会资本，但是这一做法置于中国环境时，则可认为这一指标不存在空间差异，各个区域均体现了人民当家作主的真实性和广泛性。

二、结构维度社会资本指标选取

按照 Nahapiet 和 Ghoshal（1998）对结构维度的解释，它是关于社会系统和关系网络整体的特征描述，这些性质利用三个指标进行描述，分别是网络联结，利用网络密度、连通性和层级等描述的网络形态，以及合适的组织。Liao 和 Welsch（2010）在研究三个维度社会资本与价值创造的关系时，提出结构维度赋予了初创企业获得关键信息、资源和支持的能力，对结构维度的描述来自"创业动态跟踪研究"（PSED）数据库。王玉帅等（2017）的研究对象是长江中三角①地区的"双创"行为，调研企业包括 336 家新近成立的中小企业，问卷的问题有"您的关系数量很多""您通过自己的关系获得了许多新关系"等。刘国巍（2015）将研究对象划定为黑龙江、辽宁、江苏等中国 11 个省份的企业家、高校和科研机构管理者，利用结构洞、中心度、网络密度、强关系以及弱关系描述结构维度。从已有的研究成果看，鲜有利用现成统计资料分析法描述区域社会资本结构维度的，而大多是针对特定类型或者区域的企业，数据获得的方式主要是调查问卷。而在对区域尺度的结构维度进行描述时，并非建立空中楼阁，而需要从结构维度的释义出发，借鉴已有的微观研究，确定区域层面的刻画方式。还需要说明的是，相比微观层面的分析，对中观层面的分析需要对行为主体及其之间的结构进行一定程度的简化。

行为主体的界定方面，区域层面的经济活动和创新行为主体主要包括政府、企业、研究机构与开发机构、高等学校等。政府起到了整个区域发展的引导和规划作用，并且在创新活动中是重要的出资方。企业承担了技术创新和技术转化的重任，在生产技术、硬件设备、应用条件、管理技术方面有优势，能够通过合作来利用大学和研究机构的技术研发优势和人力资本，促进产品开发、科技成果转化，提升产品技术含量和企业效益。大学和研究机构的优势体现在智力和科研上，包括科技研发队伍、基础研究和应用研究体系等，可以通过与企业等的合作来实现科技成果的经济效益和社会效益，提高人才培养的质量，研究开发符合产

---

① 研究中长江中三角位于长江经济带中部，以南昌、武汉、长沙为核心城市。

业和市场需求的技术，同时能够获得科研经费的支持。此外，还有对创新行为和经济活动起到辅助作用的中介机构，例如以科技企业孵化器、科技评估中心为代表的科技服务型中介机构和以金融、法律事务所等为代表的非科技型机构，前者隶属于科技服务业，后者属于一般性的生产性服务业，这些组织为区域内产学研政主体提供了潜在的网络资源。鉴于以上分析，对区域尺度社会资本的描述分为两大部分：一是对网络形态的描述，主要涉及政产学研在创新投入中形成的网络关系；二是对其他辅助机构的描述。

从结构角度描述社会资本和网络形态有不同的方法。对网络结构进行分类时较早使用的标准是关系的强弱程度。Granovetter（1973）提出，关系的强弱由个人或者组织之间重叠程度决定，并把关系分为强关系和弱关系两类。钱芳和陈东有（2014）直接将社会资本分为强关系型和弱关系型，分析了社会资本对农民工就业质量的影响，其中那些互动频率高，情感投入高，亲密程度、互惠交换度高的即是强关系；反之，则称为弱关系。Narayan（1999）按照关系产生双方是否属于同一个组织进行分类，来自同一组织个体之间的联系称为黏合型，来自不同组织之间的联系称为桥接型。Woolcock（2004）在此基础上增加了链合型，用来描述有位势差异的组织之间的联系。这些方式更加适用于描述微观个体之间的联系，而面对网络结构整体的描述时需要其他方式。Nahapiet 和 Ghoshal（1998）认为网络结构具有密度、连通性、层级三大属性，Motkuri（2018）的观点是大小、密度和层级。Yoon（2015）从宏观视角分析了由产学研政四类主体组成的产业园区的网络形态，利用中心度和联系强度刻画网络形态，以韩国大德科学城为例，政府研究机构具有较强的中心度，政府研究机构与大学具有强联系，企业和大学之间呈现弱联系。

综合以上的分析，本书从中心度和联系强度两个角度描述网络整体的特征。同时，考虑到企业在区域创新发展过程中日益提升的主体地位，在衡量中心度和强弱联系时均以企业为中心。中心度表示企业在区域经济活动和创新行为中的主导地位，联系强度为企业与其他主体的联系紧密程度。具体而言，中心度选用三个指标衡量，分别是区域 R&D 经费内部支出中企业出资比例、区域发明专利职务申请授权量中企业占比、区域实用新型专利和外观设计专利授权量中企业占比[①]。联系强度衡量了企业与其他主体的联系紧密程度，利用企业在高等学校内部 R&D 支出占比、企业在研究与开发机构内部 R&D 支出占比两个指标衡量。出

---

① 之所以将发明专利、实用新型专利和外观设计专利分成两部分，是考虑到它们的申请难度和对经济增长贡献的差异。从难度而言，发明专利的创造性最高，突出实质性特点和显著的进步，实用新型专利只要求实质性特点和进步，而外观设计专利不涉及解决技术问题。从对经济增长的贡献而言，有实证研究表明，三者对经济增长和创新发展的贡献程度依次下降（高文杰，2014；朱芳芳，2017）。

资比例越高，说明联系越紧密。此外，企业和其他主体之间的联系强度还可以通过高等学校、研究与开发机构同企业合作申请的专利数量及比例（柳卸林等，2014），以教育部直属大学为依托对象的国家技术转移示范机构数据（李小丽和余翔，2014），高等学校、研究与开发机构的专利所有权转让及许可，高等学校向企业的技术转让金额等来代理。这几种方式的共同点是关注到了创新产出的结果，但是存在数据不公开或者考察期内数据大面积空缺的问题。

"合适的组织"可以分为两类：第一类是指属于科技服务业的组织。根据程梅青等（2003）的早期研究，科技服务业一般包括咨询业（工程咨询、管理咨询、技术咨询）、技术贸易服务业、科技信息服务业、科技孵化业、科技风险投资业、科技培训业、知识产权服务业以及其他技术服务业等。考虑到各个区域科技服务业企业的数量存在获取难度，研究利用科技服务业的就业人数和城镇单位就业人员的比例来说明这些组织的发展整体态势[1]。此外，科技要素流动水平也从另外一个侧面说明了科技中介机构的发展情况，可以利用"技术市场成交总额/GDP"测度，参考对外贸易依存度的计算方式，技术市场成交总额用输出地和输入地的加总值。第二类是以商务服务业为代表的一般性中介或咨询机构，包括企业管理服务、法律服务、咨询与调查等，本书利用商务服务业就业人口占城镇单位就业人口的比例衡量一般性组织的发展规模。

结构维度的测度包括中心度、联系强度、合适的组织3个一级指标以及8个二级指标，具体如表4-1所示。

表4-1　社会资本结构维度指标说明

一级指标	二级指标	单位	属性
中心度	区域R&D经费内部支出中企业出资比例	%	正向
	区域发明专利职务申请授权量企业占比	%	正向
	区域实用新型专利和外观设计专利授权量企业占比	%	正向
联系强度	企业在高等学校内部R&D支出占比	%	正向
	企业在研究与开发机构内部R&D支出占比	%	正向
合适的组织	科学研究和技术服务业就业人员/城镇单位就业人员	%	正向
	技术市场成交总额/GDP	%	正向
	商务服务业就业人员/城镇单位就业人员	%	正向

---

① 相比而言，更可取的方式是采用科技服务业的产出来衡量，汪永真和侯卫国（2012）、张清正等（2016）即利用"科学研究、技术服务业和地质勘探业"来说明科技服务业的发展形态，但这一数据在研究期间内存在口径变化，所以利用就业人数替代。

三、关系维度社会资本指标选取

关系维度衡量了区域层面的整体信任氛围。区域社会资本虽然以不同主体和组织之间的交流为基础，但组织之间的信任仍然通过个体之间的交流来形成（Bizzi，2015）。在对这一指标进行衡量时，采用已有研究中的普遍做法，即选用那些可以衡量信用整体氛围的指标。有所差异的是，本书将根据中国的实际情况进行指标选取，并且将应用多个指标而非单一指标来衡量。另外还需要强调的是，基于个体之间的信任上升到区域层面时，信任转化为区域整体的一种信用和诚信氛围。在指标构建过程中，用不同方面的信用描述关系维度。

近年来，社会信用体系建设日益加强。《国民经济和社会发展第十二个五年规划纲要》提出加快社会信用体系建设①。党的十八大提出加强政务诚信、商务诚信、社会诚信和司法公信建设②。2014 年，国务院印发《社会信用体系建设规划纲要（2014—2020 年）》，明确到 2020 年，政务诚信、商务诚信、社会诚信和司法公信建设取得明显进展，市场和社会满意度大幅提高。全社会诚信意识普遍增强，经济社会发展信用环境明显改善，经济社会秩序显著好转。国家公共信用信息中心在对 36 个省会及副省级以上城市、261 个地级市进行信用状况检测时，使用到的同样是这四大指标③。郭清香和林杨（2007）曾做过这方面的尝试，从政府信用、市场交易信用、新闻媒体信用、公共服务部门信用以及社会风气五个方面测度了社会信用。

结合上述分析，本书从政府信用、商务信用、社会信用和司法信用四个方面来衡量区域尺度的信任水平，即关系维度。

政府信用涉及政府部门的公信力，是信用体系建设的重要基础。参考罗能生和吴朵宇（2016）、欧阳资生和王同辉（2011）、郭清香和林杨（2007）的做法，利用行政管理支出④占地方财政支出的比重以及每万公职人员中职务犯罪件数来衡量。

商务信用表现为区域市场整体的信用水平，关系到社会主体经济体系建设成效，主要由区域内的企业行为决定，使用主要商业银行不良贷款率、商标违法案件案值占 GDP 比例两个指标来衡量。前者反映了区域的金融生态环境，后者反映了区域内企业对知识产权的保护意识，两者同为负向指标。

社会信用这一指标在以往的研究中积累最多，故沿用已有研究的做法，利用

① 资料来源：http://www.gov.cn/2011lh/content_1825838_12.htm。
② 资料来源：http://cpc.people.com.cn/n/2012/1118/c64094-19612151-6.html。
③ 资料来源：https://creditcity.creditchina.gov.cn/page/CreditReportDownload.aspx。
④ 借鉴薛冰和杨宇立（2012）的处理方式，地方行政管理支出为一般公共服务和公共安全两项加总。

社会组织密度、社会共享和相互沟通两个指标来衡量。前者为区域内的个人和经济活动主体提供了线下交流的环境和机会，促使更多社会资本的产生，后者则更多表现为线上的沟通互联机会，通过促进知识在个人和组织之间的传递和交流，启发人们的思维，推动整个社会创新灵感，促使创新产品更好地推广（严成樑，2012；陈乘风和许培源，2015），两者均为正向指标。测度方面，社会组织密度利用社会组织数量占总人口比重计算，社会共享和相互沟通参考严成樑（2012）、陈乘风和许培源（2015）的做法，利用互联网上网人数和总人口比值衡量。

本书中的司法信用指司法公信力，即社会公众对司法权的运行及运行结果具有的信任和心理认同感，进一步自觉地服从并尊重司法权运行规律的一种状态和社会现象（王建国，2009）。司法信用是社会资本的一个重要体现，反映了社会资本的规范方面。金丹（2012a）利用相对劳动争议率衡量认知维度的社会资本。万建香和廖云福（2018）利用劳动争议案件受理数刻画组织规范程度。此外，司法水准是司法信用的重要方面。根据谈儒勇和吴兴奎（2005）的研究，司法水准可以利用律师或者律师事务所数量衡量，因为一个地方的律师及律师事务所数量可以大体反映出该地的律师工作水准，而律师工作水准直接与民意诉讼意愿和能力有关。包美霞（2015）关注到了律师队伍建设对于司法公信力的积极影响，肯定了律师在引领公众形成法治信仰以及向当事人传递司法公信力方面的纽带作用。

社会资本关系维度的测度包括政府信用、商务信用、社会信用、司法信用4个一级指标以及8个二级指标，详见表4-2。

表4-2　社会资本关系维度指标说明

一级指标	二级指标	单位	属性
政府信用	行政管理支出/地方财政支出	%	负向
	每万公职人员职务犯罪件数	件	负向
商务信用	主要商业银行不良贷款率	%	负向
	商标违法案件案值/GDP	%	负向
社会信用	社会组织密度	个/万人	正向
	社会共享和相互沟通	%	正向
司法信用	劳动争议案件受理数/就业人员	个/万人	负向
	每万人律师数	个/万人	正向

四、认知维度社会资本指标选取

如前文分析，认知维度包括共享的文化和共享的目标。

共享的文化利用区域内可以共享的文化资源来衡量。从影响机制来看，区域内个体和组织在利用区域内具有区域差异性的文化品和文化服务时，能够获得更强烈的地域文化认同感和归属感，这些文化投入品同样为个体之间交流提供场所。本书参考张可云和赵文景（2017）的研究，利用地方博物馆数量来衡量省际的文化品供给，并在此基础上将文化品供给进行拓展，选用的指标包括每万人地方博物馆数量、每万人公共图书馆机构数、每万人群众文化机构数。此外，政府的文化产品供给力度从另一个侧面反映了政府在塑造区域性文化方面的支持强度，利用财政支出中文化体育与传媒支出占一般公共决算支出的比重来衡量。

共享的目标衡量了区域主体发展目标的一致性。对这一指标的衡量需要从微观研究提升到中观尺度。针对企业的研究中，多采用问卷调查的方式获取数据。王玉帅等（2017）设置的问题如"在关系圈中，您与联系人对多数重大事件存在相似的观点""在关系圈中，您与联系人具有共同的语言"等。刘婷和李瑶（2013）设置的问题为"我们与该经销商有共同的目标""该经销商的企业文化和管理风格与我们十分接近"等。唐丽艳等（2014）针对企业内部认知维度的提问是"本企业员工具有共同的目标追求，清楚合作的目的"等。显然，如果采取微观研究的思路，利用调查问卷的方法来获取区域内主体对发展目标一致性的认知程度，并非不可能，但是这种方法工作量极大，并且研究结果受到问卷质量的影响。现成统计资料分析法成为替代性的理想选择。现实的情况是，产学研合作是企业、高校、研究机构三方优势互补的自主行为，但是在实际合作过程中，由于三方在社会职责、价值取向上存在差异甚至冲突，这就需要政府在产学研合作中起到倡导、推动、组织、协调、激励和引导的作用（游文明等，2004）。

在自主创新的大环境下，需要发挥政府的引导作用，以产学研政创新协同程度衡量任务目标一致性。一种思路是从协同创新的结果角度测度，可以选择的变量例如高等学校专利所有权转让及许可数、研究与开发机构专利所有权转让及许可数等。所有权转让及许可数越多，意味着科技成果转化率越高，企业和研究机构的协同度越高。但这一指标存在研究期内数据大面积缺失的问题，在未来数据有所积累的情况下可以成为理想的替代指标。另一种思路是过程导向的，即以政府对其他主体创新资金投入的力度来衡量政府的主导作用，具体包括政府资金投入在研究与开发机构、高等学校以及企业 R&D 支出中的比重，这体现在政府对区域 R&D 行为的补贴，是政府支持区域创新和产学研合作的形式之一。相应的资金占比越高，说明政府的主导作用越强，区域主体越容易形成统一的目标规划。余泳泽（2011）、卞元超和白俊红（2017）均利用这一做法衡量政府支持。但这两个指标与衡量中心度的指标，即企业在高等学校和研究与开发机构内部 R&D 支出中企业占比存在矛盾。

考虑到以上情况，选用科学技术支出占一般公共预算支出比例、大中型/规上工业企业 R&D 经费内部支出中政府出资占比[①]来表示政府的支持力度，前者参考了刘思明等（2011）的做法，后者参考了肖文等（2014）的做法，两者同为正向指标。

除了直接资助的政策工具，知识产权规制必不可少。武学超和徐雅婷（2018）认为，知识产权是产学研协同创新中亟待解决但又十分复杂的法律法规问题，需要通过建立健全知识产权激励机制和知识产权交易制度来保障和激励产学研合作。可见，政府在这方面的努力有利于塑造共同目标意识。本书参考姚利民和饶艳（2009）的研究，以"专利侵权案件结案率"衡量政府部门对于专利保护的重视程度。另外，政府在促进区域主体合作中，还可以提供供给型的政策工具，其中包括基础设施建设，例如一些实验室或者项目投资，用以保障产学研协同创新发展的基本条件（武学超和徐雅婷，2018）。考虑到统计数据的连续性，结合中国实际，可将科技企业孵化器、生产力促进中心、国家高新技术产业开发区、众创空间、国家大学科技园、火炬计划、星火计划等方面的发展情况作为代表性的基础设施供给。考虑到数据的可得性，选用国家高新技术产业开发区工业增加值占工业增加值比重来说明政府在这方面的支持力度。

社会资本认知维度的指标包括共享文化和共享目标 2 个一级指标以及 8 个二级指标，如表 4-3 所示。

表 4-3　社会资本认知维度指标说明

一级指标	二级指标	单位	属性
共享文化	每万人博物馆数量	个/万人	正向
	每万人公共图书馆机构数	个/万人	正向
	每万人群众文化机构数	个/万人	正向
	文化体育与传媒支出/一般公共预算支出	个/万人	正向

---

① 根据《中国科技统计年鉴》，2012 年以后的年鉴开始连续报告规上工业企业的情况，2012 年以前的年鉴报告了规上工业企业或者大中型企业的情况，由于研究以比例数据作为指标，而不是绝对值数据，所以同时考虑规上工业企业和大中型企业。另外，部分早期年份报告了 R&D 筹集资金中来源情况，本书按照筹集资金的比例来计算实际使用 R&D 内部支出中政府的投入部分。

续表

一级指标	二级指标	单位	属性
共享目标	科学技术支出/一般公共预算支出	%	正向
	大中型/规上工业企业 R&D 经费内部支出中政府出资占比	%	正向
	专利侵权案件结案率	%	正向
	国家高新技术产业开发区工业增加值占工业增加值比重	%	正向

第二节　研究方法、数据说明与赋权结果

在构建了社会资本的指标体系后，本节说明指标计算方法、时空差异研究方法、数据来源以及指标的赋权结果。

一、多指标综合评价分析方法

多指标综合评价法考虑到了被评价指标的不同侧面，弥补了单指标评价法的固有局限，特别是针对社会经济现象进行评价时，多指标综合评价法得到了广泛引用。从大的分类来看，多指标综合评价法包括基于功能驱动的主观赋权评价法和基于差异驱动的客观赋权评价法。前者采取定性的方法，由专家根据经验进行主观判断，如层次分析法、模糊综合评判法、德尔菲法等。这类方法存在一定的主观随意性，有着降低或者夸大某些指标的可能性，特别是在评价指标较多时，专家凭借经验对各个指标权重的赋值并不一定合理。客观赋权评价法根据指标之间的相互关系或者各项指标的变异系数来确定权重，避免了人为因素带来的偏差，例如熵值法、主成分分析法、神经网络分析法、因子分析法、灰色关联度法、Topsis 综合评价法、聚类分析评价法等。这类方法综合考虑了各个指标之间的相互关系或各项指标之间的变异系数。综合考虑各种方法的特征，本书选用基于差异驱动的熵值法对社会资本进行测度。

基于差异驱动原理的赋权方法的基本思路是，权重系数应当是各个指标在指标总体中的变异程度和对其他指标影响程度的度量，赋权的原始信息应当直接来源于客观环境，可根据各指标提供的信息量的大小决定相应指标的权重系数。如果某个评价指标非常重要，但是在所有的被评价对象中，取值的波动范围非常小，那么不论其取值多大，对所有的评价对象来说，该指标的影响都是有限的。反之，如果某个评价指标重要性低，但是在这些评价对象中，取值的变动范围非

常大，那么这一指标对于评价结果的影响是非常大的。这就导致最终的结果出现这样一种情况，即不重要的指标的作用大于甚至远大于重要指标在评价过程中所起的作用，这即是由差异的驱动所致（郭亚军，2007）。

熵值法是基于差异驱动的客观赋权方法之一。"熵"最初是物理学中热力学的概念，用来反映系统的混乱程度，现今被应用于经济社会领域的分析。在信息论中，信息熵度量了系统的无序程度，信息是系统有序程度的度量，两者绝对值相等，符号相反。某项指标值的变异系数越大，信息熵越小，该指标提供的信息量越大，该指标的权重也越大；反之亦然（郭显光，1998）。这一方法既可以克服主观赋权无法避免的随机和臆断的问题，又可以有效解决多指标变量间信息重叠的问题（王富喜等，2013）。由此，可以利用信息熵这一工具来计算指标权重。

设定待评价方案为 m 个，评价指标为 n 项，所构成的指标数据矩阵为：

$X = \{x_{ij}\}_{m \times n}$ $(1 \leqslant i \leqslant m; \ 1 \leqslant j \leqslant n)$

其中，x_{ij} 表示第 i 个待评价方案的第 j 项指标的原始数据。具体的综合评价步骤如下：

（1）原始数据标准化。标准化消除了量纲对评价结果的影响。其中，正向指标标准化方法为 $x'_{ij} = (x_{ij} - \bar{x})/s_j$，逆向指标标准化方法为 $x'_{ij} = (\bar{x} - x_{ij})/s_j$。$x'_{ij}$、$\bar{x}$、$s_j$ 分别为标准化后的指标值、第 j 项指标的平均值以及标准差。

由于在下面的计算中运用到了对数，因此标准化后的数值并不能直接应用。通过对数值进行平移来解决负数可能造成的影响，操作方法为 $Z_{ij} = x'_{ij} + a$，Z_{ij} 是平移后的数值，a 为平移幅度。

（2）各项指标同度量化。计算第 j 项指标下，第 i 个待评价方案占该指标的比重 p_{ij}，计算方法为 $p_{ij} = Z_{ij} / \sum_{i=1}^{m} Z_{ij}$（$i = 1, 2, \cdots, m; \ j = 1, 2, \cdots, n$）。

（3）计算第 j 项指标熵值 e_j，计算方法为 $e_j = -k \sum_{i=1}^{m} p_{ij} \ln(p_{ij})$，$k = 1/\ln(m)$，$e_j \geqslant 0$。

（4）计算第 j 项指标的差异系数 g_j，计算方法为 $g_j = 1 - e_j$。

（5）对差异系数归一化，计算第 j 项指标的权重 w_j，计算方法为 $w_j = g_j / \sum_{j=1}^{n} g_j$，$j = 1, 2, \cdots, n$。

（6）计算待评价方案的得分，计算方法为 $F_i = \sum_{j=1}^{n} w_j x'_{ij}$。

二、时空差异分析方法

时空差异分析包含时空分异分析和空间关联分析两部分内容。本节介绍相关的技术方法。

1. 时空分异分析方法

时空分异包括"时"和"空"两方面的内容，前者着眼于变量的时序变化特征，后者揭示了变量的空间分异特征。

（1）时序变化分析方法。

针对区域差异的测度常用的工具有变异系数、基尼系数、泰尔指数等。本书将同时使用这三种方法来说明省域之间的差异。不同方法的结果起到了相互佐证的作用。以下不赘述各个方法的原理和特征，仅说明如何计算。

变异系数（CV）是基于相对差异进行测度的一种统计指标，相比标准差的方法，变异系数考虑到了不同均值的随机序列离散程度，标准差与均值之比即变异系数。变异系数介于0到1，数值越大，说明离散程度越高。计算公式为：

$$CV = \frac{1}{\overline{y}}\sqrt{\sum_{i=1}^{n}(y_i - \overline{y})^2/n} \qquad (4-1)$$

其中，n为被观测的样本量，y_i为i地区的观测值，$\overline{y}$为观测值的平均值。

基尼系数（GI）是基于平等性的一种测度指标，经常被用来度量地区间的经济发展平衡状况和居民收入分配差距，用以反映差异程度。基尼系数介于0到1之间，数值越大，说明公平程度越低，两极分化越严重。计算公式为：

$$GI = \frac{1}{2n^2\overline{y}}\sum_{i=1}^{n}\sum_{j=1}^{n}|y_i - y_j| \qquad (4-2)$$

其中，n、y_i、$\overline{y}$的含义同变异系数，y_j表示j地区的观测值。

泰尔指数（T）是基于综合熵的测度指标，原理是利用了信息理论中的熵概念来计算不平等。计算公式为：

$$T = \sum_{i=1}^{n}\frac{y_i}{y}\ln\left(\frac{y_i/y}{n/n}\right) \qquad (4-3)$$

其中，n、y_i、y的含义同变异系数。泰尔指数不仅能从总体上衡量区域间的差异，还可以分解为组间差异和组内差异。具体做法为，先按照一定的规则将n个区域划分为g组，泰尔指数可以进一步分解为：

$$T = \sum_{i=1}^{n}\frac{y_i}{y}\sum_{j=1}^{n}\frac{y_{ij}}{y}\ln\left(\frac{y_{ij}}{y_i}\Big/\frac{n_{ij}}{n_i}\right) + \sum_{i=1}^{n}\frac{y_i}{y}\ln\left(\frac{y_i}{y}\Big/\frac{n_i}{n}\right) \qquad (4-4)$$

令：

$$T_W = \sum_{i=1}^{n}\frac{y_i}{y}\sum_{j=1}^{n}\frac{y_{ij}}{y}\ln\left(\frac{y_{ij}}{y_i}\Big/\frac{n_{ij}}{n_i}\right) \qquad (4-5)$$

$$T_g = \sum_{i=1}^{n}\frac{y_i}{y}\ln\left(\frac{y_i}{y}\Big/\frac{n_i}{n}\right) \qquad (4-6)$$

则：

$$T=T_W+T_g \tag{4-7}$$

其中，n、y_i 的含义同变异系数，y 为所有观测区域的加总值。y_{ij} 表示第 i 组第 j 个子区域的测量值，n_{ij} 为第 i 组第 j 个区域所占份额，n_i 为第 i 组所占份额，n 为总的份额，则 n_{ij}/n_i 为第 j 个区域在第 i 组的权重，n_i/n 为第 i 组在所有区域的权重。本书将 n 设定为观测个数，为 30；n_i 为每组的观测个数，对应到东部、西部、中部区域分别为 11、8、11；n_{ij} 为 1。T_W 为每一组内各区域之间的差异程度，即组内差异，T_g 为各组之间的差异程度，即组间差异，两者占总差异 T 的百分比分别表示组内差异和组间差异对总差异的贡献率。

（2）空间分异分析方法。

空间分异主要指被观测变量在空间上的分布情况，用到的主要工具是 ArcGIS 可视化分析，以此更加直观地说明被观测变量在地理空间的分布和差异情况。具体而言，将利用 ArcGIS 符号系统中的分级色彩显示功能，结合自然间断点方法，将被观测变量分为五个等级，通过差别化的输出直观反映被观测变量的分布特征。

2. 空间关联分析方法

对相关变量进行空间布局和历史演化分析的主要方法为探索性空间数据分析技术（exploratory spatial data analysis，ESDA）。该方法以空间关联性测度为核心，基于数据驱动，用以描述变量的空间布局和联系结构，发现隐含的空间关系，揭示了变量的空间依赖性和空间异质性，被广泛应用于区域科学、经济地理学、房地产经济学、人文地理学等多个领域。ESDA 包括全局自相关分析和局部自相关分析。前者旨在探索变量在区域总体的空间关联和差异，具体通过全局空间自相关统计量的估计，说明事物或现象在空间整体的平均关联程度；后者利用局部空间自相关统计量，进一步揭示事物或现象在局部位置的关联程度或分布格局（李国平和王春杨，2012）。以下依次介绍空间权重矩阵的构建方式、全局空间自相关和局部空间自相关的分析方法。

（1）空间权重矩阵构建。

揭示现象之间空间联系的第一步是确定空间现象之间的相互邻近关系，即确定空间权重矩阵。空间权重矩阵可以量化观测个体间的空间位置关系，是显示数据到空间计量模型的映射（张可云等，2017）。"空间依赖性随着距离的增加而衰减"是空间权重矩阵设定需要满足的条件，这同样符合 Tobler 地理学第一定理的要求。樊元等（2016）、黄精等（2017）将权重设置方式基于地理信息的绝对位置矩阵、基于经济要素信息的相对位置矩阵以及两者结合的嵌套矩阵。张可云等（2017）的分类方式是包含一阶和高阶邻接矩阵的基于邻接关系的设定方法和包含地理、经济距离的基于距离函数的设定方法。

空间权重矩阵通常为如下的 n 阶非负矩阵 W：

$$W = \begin{bmatrix} w_{11} & w_{12} & \cdots & w_{1n} \\ w_{21} & w_{22} & \cdots & w_{2n} \\ \vdots & \vdots & \ddots & \vdots \\ w_{n1} & w_{n2} & \cdots & w_{nn} \end{bmatrix} \quad\quad\quad (4\text{-}8)$$

其中，n 为地理单元的个数；w_{ij} 为单元 i 和单元 j 之间的空间依赖关系，该值越大，说明两者的空间依赖越强。研究中常用的基于地理位置的空间矩阵 W_g（反距离空间权重矩阵）构建方式为（李婧等，2010）：

$$w_{ij} = \begin{cases} 1/d^2, & i \neq j \\ 0, & i = j \end{cases} \quad\quad\quad (4\text{-}9)$$

其中，d 为两地理单元地理中心之间的距离数据，通常选取不同省会城市之间距离来表示。$d_{ij} = radius \times cos^{-1}[\cos|long_i - long_j| coslat_i coslat_j + sinlat_i sinlat_j]$，其中，radius 是地球半径，lat、long 分别表示对应的纬度和经度。

研究中常见的基于经济距离的空间矩阵 W_e 构建方式为（林光平等，2005）：

$$w_{ij} = \begin{cases} 1/|\overline{Y}_i - \overline{Y}_j|, & i \neq j \\ 0, & i = j \end{cases} \quad\quad\quad (4\text{-}10)$$

其中，$\overline{Y}_i = \dfrac{1}{t_1 - t_0 + 1} \sum_{t=t_0}^{t_1} Y_{it}$，$Y_{it}$ 为第 t 年 i 地理单元的经济变量，通常取人均 GDP。

地理权重矩阵忽视了地理单元之间经济上的互相影响，而经济权重矩阵的构建未必符合地理学第一定律。在这种背景下，就产生了嵌套矩阵（经济地理空间权重矩阵）来弥补以上不足。计算方法为：

$$W_1 = \alpha W_g + \beta W_e \quad\quad\quad (4\text{-}11)$$

其中，$\alpha + \beta = 1$，$\alpha > 0$，$\beta > 0$。α 越大，说明地理因素是相对重要的因素；β 越大，说明经济因素相对重要。这种嵌套的方式存在两个问题：第一，地理权重和经济权重按照一定比例相加的方式得到嵌套矩阵虽然在理论上可行，但是在实际操作中，对 α 和 β 进行设定难度较大。第二，经济权重矩阵设定时，假定经济变量不同的两个区域之间影响程度不存在差异，这与现实不符。解决这两个问题的方式是以地理矩阵为基础，利用地理单元之间的经济关系对地理矩阵进行调节。计算方法为：

$$W_2 = W_g diag(\overline{Y}_1/\overline{Y}, \ \overline{Y}_2/\overline{Y}, \ \cdots, \ \overline{Y}_n/\overline{Y}) \quad\quad\quad (4\text{-}12)$$

其中，$\overline{Y}_i$ 的计算方法同前，$\overline{Y}$ 为全区域研究期内的经济变量平均水平。这一计算方式的现实对照是，当一个地区的经济变量占全区域比重大时，对周边地区的影响越大。

空间权重矩阵设置的优劣评价标准之一是与现实的贴合程度。为了更加准确地对现实进行描述，学者对设置方法不断扩展。文化空间权重的设定考虑了区域之间的文化邻近关系，同样是对现实依赖特征的描述方式之一。特别是针对社会资本这一具有文化属性的变量，在进行空间分析时，考虑不同区域之间的文化邻近性是对地理经济权重矩阵的有益补充，但在这方面的探索还较为有限。本书借鉴董晓松等（2013）的做法，构建文化空间权重矩阵 W_c：

$$w_{ij} = \begin{cases} 1, & i, j \text{ 属于同一亚文化区} \\ 0, & i, j \text{ 属于不同亚文化区} \end{cases} \tag{4-13}$$

亚文化区的分类主要依据吴必虎（1996）的研究，分为中原文化区、关东文化区、扬子文化区、西南文化区、东南文化区、蒙古文化区、新疆文化区和青藏文化区。对于一些省份同时属于两个或多个亚文化区的情况，以该省份大多数地区所处的文化区为准。

参考 W_1 和 W_2 的构建方式，本书构建地理—文化—经济空间权重矩阵，具体为在考虑地理单元的地理和文化距离的基础上，利用经济依赖关系进行调节。构建方式为：

$$W = (\gamma W_g^s + \delta W_c^s) \operatorname{diag}(\overline{Y_1}/\overline{Y}, \ \overline{Y_2}/\overline{Y}, \ \cdots, \ \overline{Y_n}/\overline{Y}) \tag{4-14}$$

其中，W_g^s、W_c^s 表示对 W_g、W_c 的标准化，通过标准化解决了两者计算数据差异大的问题。γ 和 δ 表示两者的权重，各取 0.5。

（2）全局空间自相关。

全局空间自相关的检验方法以全局 Moran's I 统计量最为常见。向量形式为：

$$I = \frac{\sum_{i=1}^{n} \sum_{j=1}^{n} W_{ij}(Y_i - \overline{Y})(Y_j - \overline{Y})}{S^2 \sum_{i=1}^{n} \sum_{j=1}^{n} W_{ij}} \tag{4-15}$$

其中，$S^2 = \frac{1}{n} \sum (Y_i - \overline{Y})$，W 为空间权重矩阵，n 是空间观测单元的数量，$Y_i$ 为第 i 个地区的观测值，$\overline{Y}$ 为观测值的平均值。

Moran's I 的取值范围为 $[-1, 1]$。在给定显著性水平时，若 Moran's I 显著为正，表明被观测值在空间上呈现出高值或低值集聚的状态，值越接近 1，总体空间差异越小。反之，若 Moran's I 显著为负，则表明区域与周边其他地区存在显著的空间差异，值越接近 -1，空间差异越大。当 Moran's I 接近期望值 $-1/(n-1)$ 时，被观测值之间相互独立，在空间上呈现随机分布态势。需要注意的是，全局 Moran's I 属于总体统计指标，说明了所有区域与周边区域的差异的平均水平，不能检测被观测变量的局部空间差异。局部空间自相关的方法可以作为有效补充。

（3）局部空间自相关。

局部空间自相关旨在分析测算空间关联局域指标显著性水平，用到的方法包括 Moran 散点图，局部 Moran's I 统计量等。前者实现了局部差异的空间格局可视化，后者揭示了局部空间自相关的方向、显著性和相关程度。

首先是 Moran 散点图。该技术利用散点图的方法，识别局部性质的量与其空间滞后量之间的相关关系，通过散点图，直观地说明区域与周边区域关系的空间依赖性。散点图的横轴对应变量 z，纵轴对应空间滞后向量 Wz，空间滞后项就是与该区域存在邻接关系的其他区域观测值的加权平均。Moran 散点图分为四个象限，分别代表了一个区域与周边其他区域之间不同的相关性关系。第一象限用 HH 表示，即一个高值区域的邻近区域也是高值地区。第二象限为 LH，意为低值区域的邻近区域为高值区域。第三象限为 LL，这一区域与第一区域完全相反，表示低值区域的周边同样为低值区域。第四象限为 HL，表示高值区域被低值区域围绕。显然，处于第一、第三象限的区域表现是相似值的集聚，而第二、第四象限则说明了空间异常的存在。极端的情况是，观测值均匀地分布在四个象限，说明区域之间不存在空间自相关。

其次是局部 Moran's I 统计量。这一统计量说明了某一区域与周边区域在空间上的集聚程度和集聚类型。局部 Moran's I 弥补了全局 Moran's I 无法反映内部分布特征的缺陷，量化了单个地理单元对于全局空间自相关的贡献程度，张翠菊和张宗益（2017）称之为辐射效应指标，取值越大，说明这一地区对相邻单元的辐射效应也越大。局部 Moran's I 统计量的计算公式为：

$$I_i = \frac{n(y_i - \bar{y}) \sum_j w_{ij}(y_j - \bar{y})}{\sum_i (x_j - \bar{x})^2} = z_i \sum_{j=1}^{n} w_{ij} z_j \tag{4-16}$$

其中，y_i 和 y_j 是 i 和 j 区域的观测值，z_i 和 z_j 是标准化的观测值，w_{ij} 是空间权重。在给定显著性水平的前提下，$I_i > 0$ 且 $z_i > 0$，表明区域 i 与周边区域的观测值都相对较高，区域 i 对周边地区具有正向的辐射，属于高高集聚；$I_i < 0$ 且 $z_i < 0$，则区域 i 的观测值要低于周边区域，属于低高集聚；$I_i > 0$ 且 $z_i < 0$，表明区域 i 与周边观测值都相对较低，区域 i 对周边地区具有负向的辐射，属于低低集聚；$I_i < 0$ 且 $z_i > 0$，则区域 i 的观测值要高于周边区域，属于高低集聚。I_i 越大，说明区域单元对邻接单元的辐射效应越大。

三、数据说明

本书的研究区间为 2007~2016 年，研究对象为中国大陆地区除西藏之外的 30 个省份。社会资本结构维度的指标数据来源于《中国科技统计年鉴》、《中国劳动统计年鉴》、中国国家知识产权局公开年报信息以及各省份相关年份统计年鉴。社会资本关系维度的指标数据来自《中国财政统计年鉴》《中国检察年鉴》《中国金融年鉴》《中国知识产权年鉴》《中国民政统计年鉴》《中国统计年鉴》《中国劳动统计年鉴》《中国社会统计年鉴》《中国司法行政年鉴》《中国律师年鉴》，以及各省份统计年鉴和官方网站公开数据等。社会资本认知维度指标数据来源于《中国文化文物统计年鉴》《中国财政年鉴》《中国科技统计年鉴》。

此外，在数据的选择处理方面，还需要说明以下五个问题：

第一，研究期间和研究阶段的确定。考虑到面板数据的样本长度以及数据的可得性，研究期间划定为 2007～2016 年。2007 年是中国官方开始重视信用建设的元年，当年国务院办公厅印发了《关于社会信用体系建设的若干意见》，标志着中国信用建设进入新的历史阶段。经验检验环节，为了进行纵向的对比分析，将研究期分为 2007～2013 年的前一阶段和 2010～2016 年的后一阶段，之所以没有利用单一节点对研究期进行阶段划分，主要考虑到了面板数据样本量的问题。此外，从官方文件来看，研究的前一阶段可以作为中国信用建设的探路阶段，随后进入成熟阶段，这是因为 2014 年国务院印发《社会信用体系建设规划纲要（2014—2020 年）》，信用体系建设的内涵得到了扩充，思路也得到了进一步明确。

第二，关于片区划分。本书采用目前研究常用的王小鲁和樊纲（2004）的三大区域的划分方式。为了区别于官方文件中东北、东部、中部和西部四大板块的划分方式，本书称不同区域为东部区域、中部区域以及西部区域。具体为：东部区域包括北京、天津、河北、辽宁、上海、江苏、浙江、福建、山东、广东、海南 11 个省份；中部区域包括山西、吉林、黑龙江、安徽、江西、河南、湖北、湖南 8 个省份；西部区域包括内蒙古、广西、贵州、四川、重庆、云南、陕西、甘肃、青海、宁夏、新疆 11 个省份。

第三，关于缺失数据。仅以社会资本测度为例，过程中需要获取 24 个指标、30 个区域 2007～2016 年的数据。大部分指标不是直接可得的，而是需要基于原始数据计算。数据收集是一项相对庞大的工程。为了保证数据可得，除了权威年鉴，在数据收集过程中还参考了相关年份和地区的政府工作报告、政府部门年度工作报告、权威网站的新闻信息等公开数据。最终确定的指标仍然存在少数数据缺失的问题，利用线性插值法补齐。

第四，关于几个指标数据的处理说明。部分指标在对原始数据进行处理之后存在一些看似和常识不符的情况，这由两方面原因造成：一方面，当针对省份的数据来自各省份的年鉴、针对全国的数据来自中央级别的汇总年鉴时，存在省份加总数据与统计数据不一致的情况。另一方面，不同年鉴之间可能存在口径不一致的问题，但由于涉及的指标是比例数据而非绝对值数据，这一问题通过其他方式解决。涉及的具体指标数据包括：

一是职务犯罪总人数，该数据主要来自《中国检察年鉴》和各省份检察院的检查工作报告以及官方媒体公开信息，部分年份提供了具体的数值，部分年份提供了变动的比例数据，这种情况下按照该比例和上一年数值计算。针对两者都缺失的情况，根据以五年为一期的工作报告和其他年份数据计算。二是专利侵权案件结案率，存在一些省份某年结案数量大于立案数量以及结案立案数量为 0 的情况，均按照当年结案率为 1 处理。三是大中型/规上工业企业 R&D 经费内部支出中政府出资占比，更理想的做法是采取同一种规模的工业企业作为研究对象，但是无法获得连续数据，并且在本书的研究期间内对大中型企业的界定存在变化，但考虑到该指标同样为比例数据，依然选用这一指标。

第五，关于计算结果的一些处理。一是社会资本及相关维度的结果处理，按照熵值法的计算结果，不同维度的社会资本计算结果在闭区间 [-0.530，0.628]，社会资本在闭区间 [-0.591，1.484]，为了方便数据处理，在初始计算值的基础上乘以 100 再加 50，这既方便了数值之间的比较，也保证了对数取值为正。二是泰勒指数，由于计算结果取值较小，为了便于比较，在对计算结果进行报告时，将原数值放大 10 倍。

四、赋权结果

应用熵值法计算社会资本的结构、关系、认知三个维度的中心度、联系强度等 9 个一级指标以及 24 个二级指标的赋权结果，详见表 4-4。

表 4-4　社会资本指标体系及赋权

维度	一级指标	二级指标	权重值
结构	中心度	区域 R&D 经费内部支出中企业出资比例	0.0440
		区域发明专利职务申请授权量企业占比	0.0428
		区域实用新型专利和外观设计专利授权量企业占比	0.0444
	联系强度	企业在高等学校内部 R&D 支出占比	0.0393
		企业在研究与开发机构内部 R&D 支出占比	0.0425
	合适的组织	科学研究和技术服务业就业人员/城镇单位就业人员	0.0389
		技术市场成交总额/GDP	0.0372
		商务服务业就业人员/城镇单位就业人员	0.0381

续表

维度	一级指标	二级指标	权重值
关系	政府信用	行政管理支出/地方财政支出	0.0432
		每万公职人员职务犯罪件数	0.0428
	商务信用	主要商业银行不良贷款率	0.0495
		商标违法案件案值/GDP	0.0553
	社会信用	社会组织密度	0.0413
		社会共享和相互沟通	0.0421
	司法信用	劳动争议案件受理数/就业人员	0.0385
		每万人律师数	0.0385
认知	共享文化	每万人博物馆数量	0.0406
		每万人公共图书馆机构数	0.0395
		每万人群众文化机构数	0.0416
		文化体育与传媒支出/一般公共预算支出	0.0408
	共享目标	科学技术支出/一般公共预算支出	0.0401
		大中型/规上工业企业 R&D 经费内部支出中政府出资占比	0.0397
		专利侵权案件结案率	0.0402
		国家高新技术产业开发区工业增加值占工业增加值比重	0.0396

从赋权结果看，24 个指标的权重值介于 0.372 和 0.553 之间。权重越小，说明该指标的观测值数据变异系数越小，提供的信息熵也越小；权重越大，说明该指标的观测值数据变异系数越大，提供的信息熵也越大，在指标评级体系中的价值越大。最小权重排名前三的分别是技术市场成交总额/GDP（0.0372）、商务服务业就业人员/城镇单位就业人员（0.0381）和劳动争议案件受理数/就业人员（0.0385）。最大权重排名前三的依次是商标违法案件案值/GDP（0.0553）、主要商业银行不良贷款率（0.0495）以及区域实用新型专利和外观设计专利授权量企业占比（0.0444）。

第三节 社会资本时空差异分析

少数研究关注到社会资本的空间分布特征和历史变化问题。Dzialek（2009）、Holtkamp 和 Weaver（2018）虽然关注到了社会资本的空间布局和属性问题，但已有研究主要利用了可视化手段来说明社会资本在区域或者国家层面的分布差异，而缺乏动态性、对社会资本空间属性的深入讨论。本节的研究弥补了这方面的不足。时空差异的分析包含了三方面内容：一是介绍基本情况，涉及典型年份分省份和分三大区域的社会资本测度值、排名信息及变化特征。二是时空分异特征，包括时序变化和空间分异两部分内容。三是空间关联分析，主要从全局和局部的集聚特征来探索社会资本的分布特征。

一、基本情况

表4-5报告了2007年、2010年、2013年以及2016年四个年份的社会资本测度数据和排名数据，以说明社会资本在研究期内的省际分布和历史演化基本情况。

表4-5　部分年份中国省际社会资本分布和演化基本情况

年份 省份	社会资本/排名				年份 省份	社会资本/排名			
	2007	2010	2013	2016		2007	2010	2013	2016
北京	221.8	263.0	281.2	298.4	新疆	106.4	146.4	170.3	157.9
	1	1	1	1		22	11	6	16
上海	169.6	168.1	217.5	231.4	安徽	107.1	137.6	145.3	157.7
	2	3	2	2		21	19	21	17
浙江	120.6	143.0	162.9	193.4	福建	124.7	143.2	155.1	156.7
	13	14	11	3		10	13	17	18
天津	156.1	167.5	177.8	190.7	甘肃	125.4	150.9	160.7	156.1
	3	4	5	4		9	8	15	19
陕西	122.8	142.0	181.7	190.5	山东	106.0	130.6	147.4	155.0
	11	15	3	5		23	23	20	20
青海	116.1	156.0	181.0	187.6	江西	118.0	130.5	137.2	154.1
	16	6	4	6		15	24	25	21
广东	149.3	169.5	167.5	180.0	内蒙古	146.8	158.3	169.7	153.3
	4	2	8	7		5	5	7	22
四川	114.4	143.5	161.5	174.4	山西	122.8	150.8	160.9	146.1
	17	12	13	8		12	9	14	23
江苏	125.9	150.1	166.1	169.3	贵州	104.6	139.7	162.5	143.8
	7	10	9	9		25	17	12	24

续表

年份 省份	社会资本/排名				年份 省份	社会资本/排名			
	2007	2010	2013	2016		2007	2010	2013	2016
辽宁	118.0	151.1	165.3	165.5	河北	108.0	131.0	140.7	142.5
	14	7	10	10		20	22	24	25
黑龙江	93.1	140.0	143.8	164.5	河南	90.9	122.7	127.7	129.3
	29	16	22	11		30	29	27	26
湖南	110.2	128.1	159.5	164.0	云南	111.4	123.9	129.8	128.6
	19	25	16	12		18	28	26	27
重庆	125.6	139.6	150.3	163.5	广西	101.5	135.3	123.3	126.4
	8	18	19	13		26	20	29	28
宁夏	127.0	122.0	151.8	160.2	吉林	105.1	126.9	114.0	122.5
	6	30	18	14		24	27	30	29
湖北	98.2	127.9	143.7	159.6	海南	99.0	133.1	124.0	113.9
	28	26	23	15		27	21	28	30

从整体空间分布来看，省际的社会资本存在一定差异。以 2016 年为例，排名第一的北京市社会资本测度值为 298.4，排名末尾的海南省社会资本为 113.9，前者是后者的 2.6 倍。排名前五的省份分别是北京、上海、浙江、天津以及陕西，其中 4 个位于东部区域，1 个位于中部区域。排名后五位的省份分别是河南、云南、广西、吉林以及海南，2 个来自东部区域，2 个来自中部区域，1 个来自西部区域。2007 年的分布格局与 2016 年有较大的差异。排名第一的同样是北京市，社会资本测度值为 221.8，排名最后的是河南，社会资本测度值为 90.9，前者是后者的 2.4 倍，与 2016 年极值差异相比差别不大。排名前五的省份分别是北京、上海、天津、广东以及内蒙古，前 4 个省份均位于东部区域，第 5 个位于西部区域。排名后五的省份为广西、海南、湖北、黑龙江以及河南，其中 1 个东部区域省份、3 个中部区域省份和 1 个西部区域省份。

纵向来看，研究期内，所有省份的社会资本均表现为上升趋势。上涨幅度最大的是黑龙江省，从 2007 年的 93.1 上升到 2016 年的 164.5，上升幅度接近 77%，排名从倒数第二位上升到第 11 位。其次是湖北、青海、浙江以及陕西，上涨幅度依次为 62.5%、61.5%、60.3% 以及 55.2%。上涨幅度最小的省份为内蒙古，该省的社会资本从 2007 年的 146.8 变化到 153.3，上涨幅度仅为个位数，排名位次从第五名跌落到第 22 名，变化路径为倒 "U" 型。其他上涨幅度靠后的省份依次为海南、云南、吉林、山西，上涨幅度分别为15%、15.5%、16.5%和18.9%。从位次的变化情况来看，除了排名前二的北京和上海，其他省级单元均有或大或小的变化。上升位次最多的前5个省份依次是黑龙江、湖北、浙江、青海以及四川，变动数分别为18、13、10、10和9。下降位次最多的前5个省份依次是内蒙古、山西、甘肃、云南和宁夏，变动数分别为-17、-11、-10、-9和-8。

　　同时，本书还对东、中、西部三大区域的社会资本水平进行比较。考虑以大区域为单位无法获得数据①，故采用省级数据加总再平均的方式来说明三大区域的社会资本水平。报告年份为2007年、2010年、2013年和2016年（见表4-6）。

表4-6　三大区域社会资本分布和演化基本情况

区域 \ 年份	加总值				平均值/排名			
	2007	2010	2013	2016	2007	2010	2013	2016
东部区域	1499.1	1750.3	1905.3	1996.9	136.3	159.1	173.2	181.5
					1	1	1	1
西部区域	1302.0	1557.6	1742.5	1742.2	118.4	141.6	158.4	158.4
					2	2	2	2
中部区域	845.4	1064.4	1132.0	1197.9	105.7	133	141.5	149.7
					3	3	3	3
全国整体	3646.5	4372.3	4779.8	4937.0	121.6	145.7	159.3	164.6

　　2016年，社会资本平均水平为164.6，并且三大区域差异较小。最高的是东部区域，社会资本值为181.5，其次是西部区域和中部区域，社会资本值分别为158.4、149.7。研究期内，三大区域排名没有变化。与省份数据一致，三大区域的社会资本整体呈现出持续上升的趋势。按照从高到低的顺序，上升值分别为东部区域45.2、西部区域43.0和中部区域40.0，三者的上升幅度依次为33.2%、33.8%和41.7%。可见，三大区域之间的社会资本呈现出收敛态势。

二、时空分异特征

本部分分析社会资本整体的时空分异特征和空间关联情况。

1. 时序变化

时序变化反映不同年份各个地区差异情况的变动特征。表4-7报告了研究期

---

　　①　例如商务信用的二级指标中的主要商业银行不良贷款率、专利侵权案件结案率等。

内不同年份中国社会资本省际分布的变异系数、基尼系数以及泰尔指数。

根据表4-7，研究期内变异系数的取值范围为 [0.1569，0.2125]，均值为0.1901。基尼系数取值范围为 [0.0750，0.1024]，均值为0.0889。泰尔指数取值范围为 [0.1097，0.2019]，均值为0.1626。这说明中国省际的社会资本虽然有一定的差异，但是离散程度并不高。

表 4-7　2007~2016 年中国省际社会资本区域差异变化情况

年份	变异系数	基尼系数	泰尔指数/贡献率（%）					
			全国	组内差异			组内差异	组间差异
				东部	中部	西部		
2007	0.2125	0.1024	0.2019	0.2923	0.0502	0.0536	0.1510	0.0510
				59.52	5.76	9.48	74.76	25.24
2008	0.1815	0.0820	0.1451	0.2424	0.0405	0.0434	0.1219	0.0233
				66.42	6.83	10.70	83.95	16.05
2009	0.1986	0.0848	0.1697	0.2791	0.0092	0.0383	0.1298	0.0398
				67.37	1.32	7.83	76.52	23.48
2010	0.1743	0.0750	0.1316	0.2217	0.0204	0.0308	0.1047	0.0269
				67.44	3.77	8.34	79.54	20.46
2011	0.1569	0.0707	0.1097	0.1881	0.0300	0.0371	0.0942	0.0155
				66.81	6.73	12.31	85.85	14.15
2012	0.1865	0.0957	0.1613	0.2693	0.0650	0.0667	0.1456	0.0157
				65.32	9.97	14.96	90.25	9.75
2013	0.1926	0.0931	0.1687	0.2538	0.0537	0.0656	0.1378	0.0309
				59.96	7.54	14.17	81.67	18.33
2014	0.1943	0.0912	0.1685	0.2700	0.0272	0.0511	0.1333	0.0351
				64.32	3.81	11.02	79.15	20.85
2015	0.1946	0.0922	0.1698	0.2666	0.0406	0.0484	0.1345	0.0353
				63.26	5.66	10.26	79.19	20.81
2016	0.2095	0.1019	0.1993	0.3126	0.051	0.0788	0.1666	0.0326
				63.44	6.21	13.95	83.59	16.36
均值	0.1901	0.0889	0.1626	0.2596	0.0388	0.0514	0.1319	0.0306
				64.39	5.76	11.30	81.45	18.55

图4-1报告了研究期内变异系数、基尼系数、泰尔指数变动趋势。三个系

（指）数呈现出大体一致的变化规律。从整个研究期来看，三个系（指）数的线性拟合趋势线整体走向呈现上升趋势，但趋势并不明显，斜率依次为 0.0008、0.0023 和 0.0019。这说明，研究期内中国省际的社会资本差异程度呈现出微弱的增强趋势。省际差异的变化大致经历了两个阶段：第一阶段为 2007~2011 年，三个系（指）数处于下降过程，社会资本省际差异缩小；第二阶段为 2011~2016年，三个系（指）数处于上升过程，社会资本省际差异增大。

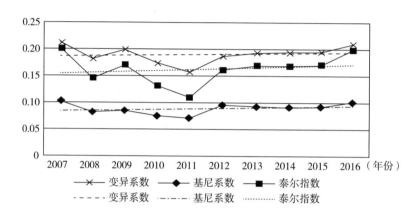

图 4-1　2007~2016 年中国省际社会资本区域差异趋势

泰尔指数的优势在于能够通过指数分解捕捉差异来源。组间差异说明了三大区域内部的差异水平，组内差异为三大区域之间的差异程度。图 4-2 报告了三大区域以及组间差异对中国社会资本省际差异的贡献率。

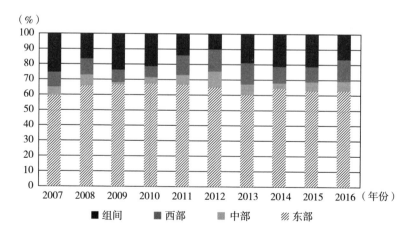

图 4-2　2007~2016 年泰尔指数差异来源占比

组间差异的平均贡献率为 18.55%，研究期内取值范围为 [9.75%，25.24%]，可见，中国三大区域之间的社会资本分布存在一定的差异，但更多的差异来源于组内。研究期内组内差异贡献率取值范围为 [74.76%，90.25%]，均值为 81.45%。这其中东部区域占据了极大的比例，均值为 64.39%，取值范围为 [59.52%，67.44%]。东部区域的内部差异与组间差异是造成省际差异的主要原因。中部区域和西部区域表现出相对较小的整体差异贡献，均值分别为 5.76%、11.30%。

图 4-3 说明了各项差异来源的走向。研究期内，组间差异较为平稳，极大值为 0.0510，极小值为 0.0155，拟合斜率为 -0.0006。三大区域的内部差异表现出不同的变化规律。东部区域表现为上升趋势，整体斜率为 0.0082，中部和西部较为平稳，整体有着轻微的下降趋势，拟合斜率分别为 -0.0009 和 -0.0035。阶段性地看，2011 年可以作为研究期内的一个分界点：2007~2011 年，不同的差异来源呈现出下降趋势；2011~2016 年，各个差异来源均出现一定程度上升。

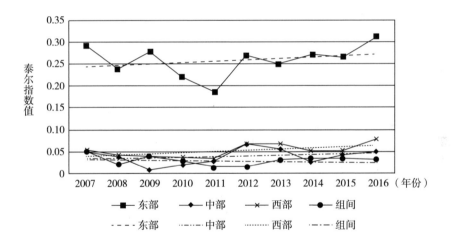

图 4-3 2007~2016 年泰尔指数差异来源走势

2. 空间分异

本书对研究期 2007 年和 2016 年中国 30 个省份社会资本的空间分布分异特征按照自然间断点分级法分为五个层级进行了可视化处理。

2007 年，位于第一梯队的区域只有北京一地。位于第二梯队的区域包括 4 个省份，分别是天津、上海、广东、内蒙古。可见，位于前两个梯队的区域大多位于东部区域。第三梯队的省份有 12 个。第四梯队的区域包括河北、吉林、安徽、山东、湖南、广西、贵州、云南和新疆 9 个省份。第五梯队的区域有黑龙江、河南、湖北、海南。和 2007 年相比，2016 年绝对优势区域和各梯队省份数量没有太大的变化。第一梯队依然只有北京一地。第二梯队数量有所增加，包括天津、上海、浙江、广东、陕西、青海 6 个省份。第三梯队包括 15 个省份。第四梯队有河北、山西以及贵州，第五梯队有吉林、河南、广西、海南和云南。这些省份中，所属梯队变动大的是黑龙江和湖北，均跨越两个梯队。

不同区域呈现出不同的变化规律。研究期内，东部区域平均梯度值①从 2.9 变化到 2.7，整体呈现出社会资本相对水平上升的趋势，其中梯度跨越最明显的是浙江和山东，均跨越一个梯度。中部区域省份的平均梯度值从 4.1 下降到 3.6，同样表现出社会资本相对水平上升的趋势，其中湖北从第五梯队跨越到第三梯队，黑龙江从第五梯队变动到第三梯队。西部区域整体相对水平不变，研究期内 2007 年和 2016 年的平均梯度值均为 3.27，陕西和青海从第三梯队上升到第二梯队。

三、空间关联分析

本部分利用 ESDA 方法分析社会资本的空间集聚特征。

1. 全局空间自相关分析

为了说明研究期内中国省际社会资本的全域的空间集聚特征，利用 Stata15.1 计算了研究期内中国社会资本省际分布的全局 Moran's I 值，结果如表 4-8 所示。

表 4-8   中国省际社会资本的全局 Moran's I 指数

年份	Moran's I	Z 值	P 值	年份	Moran's I	Z 值	P 值
2007	0.123	1.889	0.029	2012	0.032	0.763	0.233
2008	0.146	2.451	0.007	2013	0.051	1.042	0.297
2009	-0.016	0.25	0.401	2014	0.016	0.633	0.263
2010	0.044	1.155	0.124	2015	0.022	0.702	0.241
2011	-0.087	-0.728	0.233	2016	0.073	1.293	0.098

注：Z 值得分为临界值，P 值代表显著性水平。

根据表 4-8，研究期内中国省际社会资本的空间关联特征并不稳定。若不考虑显著性水平，则研究期内绝大多数年份的中国省际社会资本分布表现为正的空间自相关分布特征。2009 年和 2011 年全局 Moran's I 为负，但显著性水平很低。显著性水平小于 10% 的年份有 2007 年、2008 年和 2016 年，全局 Moran's I 分别为 0.123、0.146 和 0.073。其他年份均呈现出空间正相关，但显著性水平较低。

---

① 平均梯度值为区域内各省份所处梯度的平均值，梯度值上升，说明梯度层级的下降，反之亦然。

从整体趋势看，全局 Moran's I 的变化可以分为两个阶段，即 2007~2011 年的下降阶段和 2011~2016 年的上升阶段。在第一个阶段，该值从 0.123 跨过 0 值到 -0.087，第二个阶段该值保持为正，从 -0.087 增长到 0.073，说明省与省之间的空间正相关性不断加强。不考虑负值，研究期内全局 Moran's I 的平均值为 0.0634，表明全域空间分布的正相关性处于较弱的水平，总体集聚程度较低。

2. 局部空间自相关分析

（1）Moran 散点图。

Moran 散点图能够说明具体的地理单元与周边单元的空间关联方向与强度。图 4-4 分别报告了 2007 年和 2016 年中国社会资本省际分布的散点图。

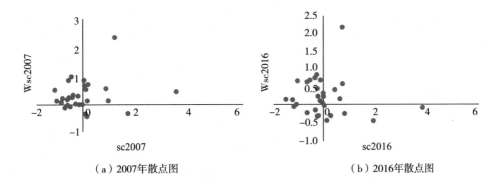

（a）2007年散点图   （b）2016年散点图

图 4-4   2007 年和 2016 年中国省际社会资本的 Moran 散点图

注：sc2007、sc2016 均为标准化的社会资本数据。

研究期内，全域的社会资本分布呈现出分散态势扩大的趋势。具体来看，2007 年，30 个样本中，分别有 9 个和 4 个符合 HH 或 LL 型的分布，这些地区自身具有高（低）的社会资本，同时对周边地区的影响为正（负），这是空间集聚特征的体现。14 个地区符合 LH 型分布，占据了较大的比例。其余 3 个地区符合 HL 型分布特征，呈现出空间分散分布。整体而言，2007 年的社会资本省际分布体现出一定的空间集聚特征。2016 年，集聚特征下降，存在 HH 和 LL 集聚特征的省份数量为 4 个和 5 个。更多的地区呈现出空间分散态势，LH 型占据了一半的数量，HL 型有 6 个省份。

表 4-9 详细说明了各种集聚类型对应的省份。从各个省份与其周边的空间依赖性看，19 个省份没有发生变化，11 个省份有着不同类型的变动。比较典型的有，北京从 HH 型变动到 HL 型，说明其周边地区的社会资本变低，山西、内蒙古、重庆、甘肃、宁夏均从 HH 型变动到 LH 型，说明其自身的社会资本相对水平下降。此外，辽宁、四川、浙江从 LH 型变为完全相反的 HL 型，说明这几个

区域的社会资本反超周边区域。

表4-9　2007年和2016年中国社会资本的 Moran 散点图省份分布

	2007年	2016年
HH型	北京、天津、山西、内蒙古、广东、重庆、陕西、甘肃、宁夏	天津、广东、陕西、青海
LH型	河北、辽宁、吉林、黑龙江、浙江、山东、河南、湖北、湖南、海南、四川、云南、青海、新疆	河北、山西、内蒙古、吉林、黑龙江、山东、河南、湖北、湖南、海南、重庆、云南、甘肃、宁夏、新疆
LL型	安徽、江西、广西、贵州	安徽、福建、江西、广西、贵州
HL型	上海、江苏、福建	北京、辽宁、上海、江苏、浙江、四川

（2）局部 Moran's I 分析。

表4-10报告了2007年和2016年30个省份社会资本的局部 Moran's I。

表4-10　中国省际社会资本的局部 Moran's I 指数

区域	2007年		2016年		区域	2007年		2016年	
	I_i	z_i	I_i	z_i		I_i	z_i	I_i	z_i
北京	2.713***	3.88	1.345***	3.88	河南	-0.916***	-1.19	-0.713***	0.60
天津	2.988***	1.34	1.700***	0.99	湖北	-0.285	-0.90	-0.071	0.79
河北	-0.645**	-0.53	-0.676**	0.68	湖南	-0.106	-0.44	-0.008	0.82
山西	0.037	0.05	-0.351	0.71	广东	-0.193	1.07	-0.193	0.92
内蒙古	0.754***	0.98	-0.216	0.75	广西	0.075	-0.77	0.266	0.58
辽宁	0.023	-0.14	-0.005	0.83	海南	-0.383	-0.87	-0.085	0.50
吉林	0.207	-0.64	-0.185	0.56	重庆	-0.041	0.16	0.007	0.82
黑龙江	0.254	-1.10	0.000	0.82	四川	0.023	-0.28	-0.069	0.89
上海	-0.117	1.86	0.748**	1.25	贵州	0.069	-0.66	0.127	0.69
江苏	0.056	0.17	0.093	0.85	云南	0.059	-0.39	0.153	0.60
浙江	-0.030	-0.03	0.795**	1.01	陕西	0.032	0.048	0.399**	0.99
安徽	-0.183	-0.58	-0.104	0.78	甘肃	0.092	0.15	-0.168	0.77
福建	0.047	0.12	-0.041	0.77	青海	-0.047	-0.21	0.018	0.97
江西	-0.028	-0.19	-0.148	0.76	宁夏	0.154	0.21	-0.082	0.80
山东	-0.713**	-0.60	-0.281	0.76	新疆	-0.198*	-0.59	-0.059	0.78

注：I_i 代表局部 Moran's I。***、**、*分别表示在1%、5%和10%的水平下显著。z_i 为原始数据经过标准化的值。

参考张翠菊和张宗益（2017）的做法，选取对周边地区具有正向辐射和负向辐射效应的地区进行分析。具有正向辐射作用的地区特征是 $I_i>0$ 和 $z_i>0$，并且通过显著性检验；具有负向辐射作用的地区特征是 $I_i>0$ 和 $z_i<0$，并且通过显著性检验。2007 年，正向辐射作用的地区有北京、天津、内蒙古，不考虑显著性水平的情况下，增加了山西、江苏、福建、陕西、甘肃以及宁夏，这类省份大部分位于东部和西部区域。数据显示，考虑显著性水平的情况下，不存在具有负向辐射作用的地区，但在不考虑显著性水平的情况下，这类地区包括辽宁、吉林、黑龙江、四川、贵州、云南。2016 年，正向辐射作用的地区有所增加，包括北京、天津、上海、浙江和陕西，这些地区中绝大部分属于发达地区。不考虑显著性水平的情况下，这类地区还包括黑龙江、江苏、广西、重庆、贵州、云南和青海，大部分位于西部区域。和 2007 年一致的是，2016 年同样不存在负向辐射的地区，在不考虑显著性水平的情况下，同样不存在这类地区。

本章小结

本章首先构建了基于区域尺度的社会资本评价指标体系，以 2007~2016 年为研究期，测算了中国大陆除西藏外的 30 个省份的社会资本水平。以此为基础，综合利用包括时序差异、空间分异的时空分异分析和包括全局空间自相关、局部空间自相关的空间关联分析，考察了社会资本基本情况和时空差异特征。主要结论有三个方面：

第一，以系统性、科学性、可操作性等为原则，从社会资本的概念和属性出发，构建了包含 3 个维度、9 个一级指标，24 个二级指标的社会资本评价体系。在指标选取的过程中，除了说明为何选取这些指标，还说明了可供替代的指标，这些指标虽然更加适用，但限于数据可得性未能选用。另外，指标体系中的各指标都可以分拆来测度其他关联变量，例如关系维度可以用来衡量单以信任水平测度的区域社会资本，文化共享的相关指标可以衡量区域凝聚力。

第二，社会资本时空差异。首先，从空间分布看，东部区域的社会资本水平均位于首位，其次是西部和中部区域，各个省份社会资本总体呈现上升趋势。其次，就社会资本的时空分异特征来看，社会资本的区域差异水平在研究期内几乎无变化，主要的差异来源为东部区域的内部差异，按照自然间断点分级法对各个变量进行分类后，社会资本表现为梨形分布，即大部分区域位于中间梯队。最后，就社会资本的空间关联分析来看，利用全局 Moran's I 值衡量了相关变量的空间整体分布特征，社会资本在少数年份表现为集聚分布，大部分年份表现为离散分布；研究期内，社会资本的局部集聚特征的省份数量减少，分散化程度上升；利用局部 Moran's I 揭示了特定省份对周边区域的影响方向与强度。少数区域对周边区域存在显著正向辐射，例如北京、天津的社会资本，不考虑显著性水平的情况下，正向影响的地区更多，同时不存在显著负向辐射的区域。

第三，欠发达区域社会资本特征。整体来看，针对社会资本的排序中，西部区域位列第二，而中部区域位列第三，如果将东部区域界定为发达地区，而中、西部区域界定为欠发达区域，那么可以肯定的是，欠发达区域社会资本水平较低。但是，就中部和西部比较来看，无法验证贫困发生与社会资本正相关的观点。

第五章　社会资本对经济增长的
影响分析

　　经济活动过程是不同要素的投入组合生产的过程。不论是针对不同的区域，还是不同的发展阶段，同一要素发挥的作用均存在差异。本章将社会资本的属性设定为投入品，讨论社会资本对经济增长"有无影响"。尝试回答的具体问题包括 2007~2016 年的中国环境下，"与其他要素相比，社会资本对经济增长的贡献处于什么水平""社会资本贡献水平的时序变化特征""社会资本对不同省份和区域的贡献水平差异""社会资本不同维度对于经济增长的贡献水平、贡献的时序变化特征以及区域差异"。此外，本章还关注社会资本的空间溢出效应，尝试回答的问题包括"特定区域的社会资本是否对邻近区域存在空间溢出效应""特定区域的社会资本不同维度是否对邻近区域存在空间溢出效应"等。

　　本章整体思路可以概括为"2×2×2"。第一个"2"指两个增长理论，包括新古典增长理论和新增长理论：前者用于比较分析社会资本与传统投入要素，后者用于比较社会资本与以人力资本为代表的无形要素。第二个"2"指两种模型构建方式，包括不考虑空间效应的面板计量模型和考虑空间效应的空间计量模型：前者用于揭示社会资本对本地区经济活动的影响，后者用于说明本地社会资本对周边区域的影响。第三个"2"指社会资本的两个层面，一个只考虑社会资本本身，另一个则深入到社会资本内部的三个维度。

第一节　资本贡献与社会资本贡献的研究现状

　　为了揭示社会资本对经济增长的贡献水平，需要把握两大研究基础：一是这方面研究的历史脉络是什么，用什么方法去研究；二是是否有研究关注到社会资本的贡献水平问题，如果有的话又有哪些侧重点。以下分别回顾资本贡献水平[①]和社会资本对经济增长贡献两方面的研究。

一、资本贡献水平的研究现状

针对不同形式资本或要素对经济增长的贡献水平的讨论有助于比较它们的相对重要性，捕捉经济增长的源泉。面向历史，可以掌握发展脉络；面向未来，可以提供政策制定的理论依据。此外，通过对不同要素和资本贡献的研究同样可以揭示经济增长模式。以针对中国的研究为例，较早关注到不同资本贡献水平的是张军扩（1991），其以 C-D 生产函数为基础，测算了中国从"一五"时期到"七五"时期的劳动力、资本投入以及综合要素生产率的贡献水平，同时比较了不同阶段各个资本的贡献水平特征。随后，相当一部分中国学者关注到了人力资本对经济增长的影响（张帆，2000；刘国恩等，2004；高素英等，2010；胡永远，2015），比较了人力资本与传统资本要素的收益率和贡献水平，得出人力资本的重要性逐渐提高的结论。近年来，针对不同形式资本贡献水平的研究已经不再局限于资本、劳动力等有形要素，制度因素、政府支出、出口、FDI、基础设施资本、土地要素等纷纷被作为研究对象。

对不同要素贡献水平的讨论需要以特定的经济增长理论为基础。已有的研究存在新古典经济增长理论和新增长理论的选择差异，这也是在目前的文献中最常用到的基础理论。新古典经济增长理论以索洛模型为主。曹吉云（2007）、王德劲（2007）、胡雪萍和李丹青（2011）分别利用索洛模型或其扩展形式研究了中国技术进步的贡献率，中国物质资本、教育、劳动力资本以及综合要素的贡献率，以及物质资本、劳动力资本和全要素生产率对中国东部区域经济增长的贡献率。新增长理论模型增加了人力资本这一具有外部性的要素，在针对人力资本贡献的研究中得到广泛应用。吴立军和李佛关（2015）针对泛珠三角区域内几个省份的经济增长差异和收敛性问题的研究结论显示，广东省人力资本贡献率高于其他省份。沈坤荣和孙文杰（2009）扩展了内生增长模型，分析了物质资本、R&D 投入、人力资本和外商直接投资对中国经济增长的贡献率。

二、社会资本贡献的研究现状

社会资本对经济增长贡献水平的问题研究比较罕见。针对两者的关系的研究中，多数是通过增加社会资本变量扩展已有研究中的线性模型进行实证分析，将被解释变量设定为人均的 GDP 水平或人均 GDP 的增长率（Knack and Keefer，

[①] 这里的资本贡献水平包括资本贡献份额和资本贡献率。

1997；Schneider et al.，2000；潘峰华和贺灿飞，2010；赵家章，2010；Deng et al.，2012；Forte et al.，2015；Li，2015）。这些研究中，社会资本更多地被看作影响经济增长的一个变量，而不是直接投入到经济运行过程当中，线性方程的拟合结果也只能说明社会资本对经济增长的影响方向与程度，而无法回答前者对后者的贡献水平问题，更无法对比社会资本与其他要素。鉴于此，本章将社会资本看作可以直接投入到经济活动过程中的变量，研究社会资本对经济增长的贡献水平问题。

第二节 研究设计

本节说明研究的模型扩展和数据处理情况。

一、模型设定

通过对已有的经典模型进行扩展，揭示社会资本的贡献水平问题。所基于的理论为新古典增长理论和新增长理论，分别建立不考虑空间因素的面板数据计量模型和考虑空间因素的空间面板计量模型。

1. 模型的扩展

Solow（1956）提出的索洛经济增长模型为解释经济增长、国家和区域发展差异等提供了一个理论框架，也为新古典经济增长理论奠定了基础。随后，Mankiw、Romer 和 Weil（1992）在基础模型上添加了人力资本，这一模型被称为 MRW 模型。Nonneman 和 Vanhoudt（1996）的工作实现了索洛模型的一般化，并且在实证检验中增加了 R&D 投资以量化技术知识的社会回报率。进一步地，Ishise 和 Sawada（2009）在 MRW 模型的基础上增加了社会资本作为经济增长的解释变量。

参考以上研究，在索洛模型的基础上增加社会资本变量，则社会总产品生产函数为：

$$Y = AK^\alpha L^\beta S^\gamma \tag{5-1}$$

其中，Y、A、K、L、S 分别为国内生产总值、技术水平、资本存量、劳动力资本量和社会资本。α、β、γ 分别是相应要素的产出弹性，值域为（0，1）。将上式两端分别取对数，得：

$$\ln Y = \ln A + \alpha \ln K + \beta \ln L + \gamma \ln S \tag{5-2}$$

将上式两端分别求倒数并且变换为差分形式可得：

$$\frac{\Delta Y}{Y} = \frac{\Delta A}{A} + \alpha \frac{\Delta K}{K} + \beta \frac{\Delta L}{L} + \gamma \frac{\Delta S}{S} \qquad (5-3)$$

其中，$\Delta Y/Y$、$\Delta A/A$、$\Delta K/K$、$\Delta L/L$、$\Delta S/S$ 分别表示不同经济变量的增长速度，物质资本、劳动力资本、社会资本的贡献份额分别是 $\alpha(\Delta K/K)$、$\beta(\Delta L/L)$、$\gamma(\Delta S/S)$，贡献份额除以 $\Delta Y/Y$ 即为各自的贡献率。技术水平贡献份额之和/贡献率为总增长/1 减去物质资本、劳动力资本、社会资本的贡献份额之和/贡献率。

进一步地，为了研究不同维度社会资本对经济增长的影响，将社会资本的三个维度作为独立变量分别投入生产过程中，则社会总产品生产函数为：

$$Y = AK^{\alpha}L^{\beta}S_1^{\gamma_1}S_2^{\gamma_2}S_3^{\gamma_3} \qquad (5-4)$$

其中，S_1、S_2、S_3 分别代表社会资本的结构维度、关系维度和认知维度，γ_1、γ_2、γ_3 为三个维度的产出弹性。不同维度贡献份额和贡献率的计算同社会资本。

与新古典增长理论相比，新增长理论的主要进步在于利用内生化了的技术进步来解释经济增长和区域差异。该理论是一些研究长期经济增长问题的经济学家所提出理论的松散集，对物质资本和人力资本外部性的关注是其中的一个重要方向（潘士远和史晋川，2002）。Lucas（1988）区分了人力资本的内部效应和外部效应。前者体现为通过人力资本投资提高了个体的人力资本存量，最终带来个人生产效率和收入水平的提高；后者体现为拥有高水平人力资本的劳动者对周围的人产生了正的外部性，从而提高了总体的生产水平和效率，但这些劳动者并不能从中直接获取收益。此外，人力资本外溢性的机制表现为人力资本水平的提升不仅提高了劳动者的生产率，而且提高了物质资本的生产率，抵消了物质资本的边际报酬递减，同时人力资本的提升带来了新的技术（周群和王大勇，2007）。目前，有关人力资本对经济增长贡献水平的研究中较为常见的是人力资本外部性模型。在该模型的基础上增加社会资本作为要素之一，具体形式为：

$$Y = AK^{\alpha}H^{\beta}h^{\gamma}S^{\varepsilon} \qquad (5-5)$$

其中，A、K、H、h、S 分别代表技术水平、资本存量、人力资本存量、人力资本水平和社会资本，α、β、γ、ε 分别是相应要素的产出弹性，值域为（0,1）。式中，人力资本水平作为一种稀缺的异质性生产要素在生产函数中单独给予考虑。对上式生产函数两边取对数为：

$$\ln Y = \ln A + \alpha \ln K + \beta \ln H + \gamma \ln h + \theta \ln S \qquad (5-6)$$

上式的差分形式为：

$$\frac{\Delta Y}{Y} = \frac{\Delta A}{A} + \alpha \frac{\Delta K}{K} + \beta \frac{\Delta H}{H} + \gamma \frac{\Delta h}{h} + \theta \frac{\Delta S}{S} \qquad (5-7)$$

以此，物质资本、人力资本水平、人力资本存量、人力资本[1]、社会资本的贡献份额为 $\alpha(\Delta K/K)$、$\beta(\Delta h/h)$、$\gamma(\Delta H/H)$、$\gamma(\Delta H/H)+\beta(\Delta h/h)$、$\theta(\Delta S/S)$。贡献率为各自的贡献份额除以 $\Delta Y/Y$。技术水平份额/贡献率等于总份额/1减去物质资本和人力资本的贡献份额之和/贡献率。

同样，将社会资本分为三个维度投入生产过程，则人力资本外部性模型可以扩展为：

$$Y=AK^{\alpha}H^{\beta}h^{\gamma}S_1^{\varepsilon_1}S_2^{\varepsilon_2}S_3^{\varepsilon_3} \tag{5-8}$$

其中，S_1、S_2、S_3 分别代表社会资本的结构维度、关系维度和认知维度，ε_1、ε_2、ε_3 为三个维度的产出弹性。不同维度贡献份额和贡献率的计算同社会资本。

2. 不考虑空间效应——社会资本贡献水平研究

以新古典增长理论为基础，构建面板数据计量模型：

$$\ln Y_{it}=c+\alpha\ln K_{it}+\beta\ln L_{it}+\gamma\ln S_{it}+\varepsilon_{it} \tag{5-9}$$

考虑不同维度的社会资本对经济增长的贡献时，计量模型如下：

$$\ln Y_{it}=c+\alpha\ln K_{it}+\beta\ln L_{it}+\gamma_1\ln S_{1it}+\gamma_2\ln S_{2it}+\gamma_3\ln S_{3it}+\varepsilon_{it} \tag{5-10}$$

以新增长理论为基础，构建面板数据计量模型：

$$\ln Y_{it}=c+\alpha\ln K_{it}+\beta\ln H_{it}+\gamma\ln h_{it}+\theta\ln S_{it}+\varepsilon_{it} \tag{5-11}$$

考虑不同维度的社会资本对经济增长的贡献时，计量模型如下：

$$\ln Y_{it}=c+\alpha\ln K_{it}+\beta\ln H_{it}+\gamma\ln h_{it}+\theta_1\ln S_{1it}+\theta_2\ln S_{2it}+\theta_3\ln S_{3it}+\varepsilon_{it} \tag{5-12}$$

针对面板数据的计量分析，主要的估计形式有混合 OLS 估计、固定效应估计（FE）以及随机效应估计（RE），实证结果部分将分不同时期和不同区域报告结果。

3. 考虑空间效应——社会资本空间溢出效应研究

普通面板数据计量对空间数据做出了相互独立的假设，这容易造成在对具有空间相关性的数据进行回归时，产生估计偏误。张可云和杨孟禹（2016）认为，空间计量经济学相对于传统计量经济学而言更具有现实意义。相比传统计量经济学，空间计量经济学能够捕捉变量间的空间作用模式。同时，在模型的选取环节，还需要结合现实情况。

空间面板计量分析包括空间权重矩阵的设定和空间计量方程的选取。

考虑到文化距离对经济增长的空间效应的影响尚不明确，本节在构建权重矩阵时只考虑经济地理因素，构建地理—经济双因素的嵌套空间权重矩阵。具体做法为在地理距离的基础上，利用经济依赖关系进行调节，构建方法如式（5-12）

---

① 人力资本的贡献率等于人力资本存量和人力资本水平的贡献率之和。

所示，各符号含义同第四章相关部分。

$$W = W_g^s \, \mathrm{diag}(\overline{Y_1}/\overline{Y}, \ \overline{Y_2}/\overline{Y}, \ \cdots, \ \overline{Y_n}/\overline{Y}) \tag{5-13}$$

空间计量模型设定环节，研究中较常使用的有空间自回归模型（SAR）、空间误差模型（SEM）、空间滞后模型（SLX）和空间杜宾模型（SDM）等。这些模型的区别包括空间传导机制、空间相关性来源、空间依赖关系设定等方面。SAR 模型所设定的空间影响通过因变量的空间滞后项来实现，这种相关性是给定"空间邻近性"下相邻单元对于本单元产生的一种被平均化了的外部影响（张可云和杨孟禹，2016）。SLX 模型以部分或者全部自变量的空间滞后项作为空间相关性的来源，通过对自变量本身以及自变量之间的空间影响来揭示因变量的空间非随机分布。SEM 模型的空间依赖来源为未被观察或者遗漏变量。SDM 模型则同时考察了因变量、自变量的空间滞后项，这意味着该模型能够同时揭示相邻区域的自变量和因变量对观测区域的溢出效应。考虑到本节研究的主要自变量和因变量可能存在的空间依赖关系和 SDM 模型在参数估计方面的优势（张可云和杨孟禹，2016），选取 SDM 模型来探讨社会资本对经济增长的空间溢出问题。

空间杜宾模型的一般形式为：

$$y = \rho W y + W x \theta + x \beta + \varepsilon \tag{5-14}$$

关于 SDM 模型的适用性问题，需要通过 LR 统计量检验来验证 SDM 模型是否可以退化为 SAR 模型或者 SEM 模型。若 $\theta = 0$，则退化为 SAR 模型；若 $\theta + \rho\beta = 0$，则退化为 SEM 模型。

以式（5-8）为基础，对相应的模型进行空间计量分析。新古典增长理论框架下的空间面板杜宾模型为：

$$\ln y_{it} = \rho W \ln y_{it} + W \ln k_{it} \theta_1 + W \ln l_{it} \theta_2 + W \ln s_{it} \theta_3 + \ln k_{it} \beta_1 + \ln l_{it} \beta_2 + \ln s_{it} \beta_2 + u_i + v_t + \varepsilon_{it} \tag{5-15}$$

其中，下标 i 表示区域，下标 t 表示时间。u_i 为地区效应，v_t 为时间效应，ε_{it} 为随机扰动项，ρ 为空间滞后扰动系数，反映不同区域之间的空间依赖性。其他符号的意义同上文。

考虑不同维度的社会资本对经济增长的贡献时，模型如下：

$$\ln y_{it} = \rho W \ln y_{it} + W \ln k_{it} \theta_1 + W \ln l_{it} \theta_2 + W \ln s_{1it} \theta_3 + W \ln s_{2it} \theta_4 + W \ln s_{3it} \theta_5 + \ln k_{it} \beta_1 + \ln l_{it} \beta_2 + \ln s_{1it} \beta_3 + \ln s_{2it} \beta_4 + \ln s_{3it} \beta_5 + u_i + v_t + \varepsilon_{it} \tag{5-16}$$

同理，新增长理论框架下的空间计量模型为：

$$\ln y_{it} = \rho W \ln y_{it} + W \ln k_{it} \theta_1 + W \ln H_{it} \theta_2 + W \ln h_{it} \theta_3 + W \ln s_{it} \theta_4 + \ln k_{it} \beta_1 + \ln H_{it} \beta_2 + \ln h_{it} \beta_3 + \ln s_{it} \beta_4 + u_i + v_t + \varepsilon_{it} \tag{5-17}$$

考虑不同维度的社会资本对经济增长的贡献时，模型如下：

$$\ln y_{it} = \rho W \ln y_{it} + W \ln k_{it}\theta_1 + W \ln H_{it}\theta_2 + W \ln h_{it}\theta_3 + W \ln s_{it}\theta_4 + \ln k_{it}\beta_1 + \ln H_{it}\beta_2 + \ln h_{it}\beta_3 +$$
$$\ln s_{1it}\beta_4 + \ln s_{2it}\beta_5 + \ln s_{3it}\beta_6 + u_i + v_t + \varepsilon_{it} \tag{5-18}$$

按照误差项和解释变量是否相关，空间杜宾面板计量可以分为固定效应模型和随机效应模型，检验方法为 Hausman 检验。在模型的估计方法选择上，普通最小二乘法估计不再有效，极大似然法（MLE）、广义矩估计（GMM）、二阶段最小二乘法（2SLS）、工具变量法（IV）等方法的应用有效提高了模型估计的可靠性（樊元等，2016）。本书的模型参数估计中将使用 MLE 方法。

SDM 模型计量结果的分析涉及对总效应的分解。由于该模型同时包含了因变量和自变量的空间滞后项，所以特定地理单元的自变量的变化不仅会直接影响该地理单元，还会间接影响邻近单元的因变量。前者为直接效应，表示自变量对本地理单元造成的平均影响；后者为间接效应，表示自变量对其他地理单元造成的平均影响，也称为溢出效应。总效应为直接效应和间接效应之和。

二、数据说明

本章的因变量为经济增长，自变量为资本存量、劳动力资本、人力资本存量、人力资本水平以及社会资本。以下说明这些变量的处理方式和数据来源。

1. 因变量

经济增长常用到的代理变量包括国内生产总值、国内生产总值增长率、人均国内生产总值、人均国内生产总值增长率。就这些刻画方式的区别，向书坚（1999）提出，目前世界上几乎所有的国家都在利用国内生产总值来反映本国在一定时期内生产活动的最终成果，并以其增长速度来说明本国经济的增长情况，而人均国内生产总值可以近似衡量本国的福利水平。换言之，国内生产总值等总量概念反映了一个国家或一个地区的整体经济实力和市场规模，但并不能反映国民的实际生活水平和福利状况。例如，有的国家经济规模很大，但是人口众多，人均发展水平就相应低，仍然处于欠发达水平；反之，有的国家经济规模虽然不大，但仍然属于富裕国家，例如欧洲的瑞士、瑞典、丹麦等。同时，经济总量与增长率之间也没有必然的联系。已有的实证研究中，通常选用其中的一个或两个来描述经济增长的数量，而并没有说明为何选取某种描述方式。

学者在进行社会资本与经济增长的关系研究时，同样对经济增长选取了不同的刻画方式。国外的研究大多使用人均数据。利用人均 GDP 的有 Schneider（2000）、Beugelsdijk 和 Schaik（2001）、Deng 等（2012）。利用人均 GDP 增长率的有 Dinda（2008）、Forte 等（2015）。此外，Knack 和 Keefer（1997）、Akçomak 和 Weel（2009）用到的是人均收入年增长率，Dzialek（2009）同时利用从业人口个人所得税增长率和人均 GDP 增长率来解释经济增长。中国的学者在对经济增长进行刻画时，总量概念和人均概念都曾被使用。严成樑（2012）利用地区 GDP 表示最终产品生产部门的实际产出。梁双陆等（2018）用的是实际 GDP。潘峰华和贺灿飞（2010）、陈乘风和许培源（2015）、郝金磊和李方圆（2018）利用了人均 GDP。赵家章（2010）使用的是人均 GDP 增长率。

考虑到本书测度的社会资本是以省份为单位的总量概念，属于区域整体社会资本水平的评价，而不是针对个人或者微观组织，所以在衡量经济增长的数量时，使用总量概念，即区域整体的 GDP。数据来源于相关年份的《中国统计年鉴》，以 2006 年为基年进行平减处理。

2. 自变量

一是资本存量 K。资本存量是进行宏观研究的极其有用的变量，但其估算在经济统计分析中是一个难点和重点。投资函数、全要素生产率、经济增长等方面的研究都离不开对资本存量的估算（单豪杰，2008）。目前对资本存量进行估算最为常用的办法是 1951 年 Goldsmith 提出的永续盘存法，计算公式为：

$$K_t = I_t + (1 - \alpha_t) \times K_{t-1} \tag{5-19}$$

其中，K_{t-1} 为 t−1 的资本存量，K_t 为 t 年的资本存量，I_t 为 t 年的固定资产实际投资，为增量，α_t 为 t 年的资本折旧率。对资本存量进行计算的关键是基年资本存量、名义投资额、投资品价格指数以及折旧率的确定（张军和章元，2003；单豪杰，2008）。研究中 2006 年资本存量的估算借鉴单豪杰（2008）的做法，利用当年资本形成总额比折旧率和研究期内的固定资产投资形成平均年增长率[①]之和进行估算。名义投资额选用全社会固定资产投资额，数据来源于各省份相关年份的统计年鉴。投资品价格指数为全国水平的固定资产投资价格指数，数据来源于《中国统计年鉴》。假定研究期内各省份的折旧率无差异，取 10.96%（单豪杰，2008）。

二是劳动力资本，用各省份历年从业人口数代理。该数据来源于各省份相关年份统计年鉴。

三是人力资本的相关变量。自 20 世纪 60 年代纳入主流经济学的分析以来，人力资本理论已经历经半个多世纪的发展，但是在人力资本的内涵和测度问题上，依然没有定论。最早系统性地研究人力资本理论的是 Schultz（1961），他列举了五种人力资本投资的方式，分别是卫生设施和服务、企业组织的在职培训、教育、非企业组织的培训项目以及个人和家庭为寻求工作机会发生的迁徙。Bec-

---

① 单豪杰（2008）以 1952 年为基年计算 1952~2006 年资本存量时，选取的固定资产投资形成平均增长率是 1952~1957 年的，考虑到研究的时间序列较短，所以选用整个研究期的固定资产投资形成平均增长率。

ker（1962）提出的人力资本投资方式是教育、职业培训、医疗保健等。可见，人力资本至少应该包含个人的知识、技能和健康三大方面的内涵。以此为基础，当下的研究把人力资本细分为健康投资形成的人力资本和知识技能投资形成的人力资本，前者称为健康人力资本或健康资本，后者一般被直接称作人力资本，两者与经济增长的关系也得到广泛关注（Wang and Yao，2003；刘国恩等，2004；王弟海，2012）。本书着眼于知识技能投资形成的人力资本。其中，人力资本水平用从业人员的平均受教育年限代理，计算公式为：

$$h = \sum x_i p_i \tag{5-20}$$

其中，h 为人力资本水平，x_i、p_i 分别为不同教育层次的权重和从业人口比重。本书分别对未上过学、小学、初中、高中、中等职业教育、高等职业教育、大学专科、大学本科和研究生教育附予 1、6、9、12、12、15、15、16、18 的权重。

人力资本存量的计算公式为：

$$H = h \times L \tag{5-21}$$

其中，H 为人力资本存量，h 为人力资本水平，L 为从业人口数量。以上变量中，就业人员受教育构成数据来源于《中国人口和就业统计年鉴》，从业人口数量来源于各省份统计年鉴。

四是社会资本。如前面章节所论述的，从社会资本的属性出发，在权衡单一指标衡量法和综合指标衡量法的优劣之后，对区域层面的社会资本做出了评价，这一评价描述的是整个区域的社会资本情况，而非从属于个人或者微观组织。有学者提到了社会资本的存量概念（戴亦一和刘赟，2009），但这一概念仍处于理论探索阶段。也有学者定义了社会资本存量（谢治菊和谭洪波，2011），但从这份研究的评价指标看，并未体现出存量特征，而是把社会资本的当年测度值理解为社会资本存量。将前文中综合指标法评测的社会资本及社会资本的不同维度的值作为经济运行过程中的直接投入量。

3. 统计性描述

表 5-1 报告了模型中相关变量对数值的统计性描述结果。

表 5-1　主要变量对数值的统计性描述

变量	符号	均值	标准差	极小值	极大值
经济增长	lnY	8.91	0.85	6.54	10.44
资本存量	lnK	10.17	1.04	6.92	12.18
劳动力投入	lnL	7.62	0.79	5.72	8.81

续表

变量	符号	均值	标准差	极小值	极大值
人力资本存量	$\ln H$	9.87	0.79	7.75	11.11
人力资本水平	$\ln h$	6.847	0.12	6.54	7.20
社会资本	$\ln S$	4.99	0.19	4.51	5.70
结构维度	$\ln S_1$	3.87	0.31	2.64	4.67
关系维度	$\ln S_2$	3.87	0.38	1.11	4.73
认知维度	$\ln S_3$	3.87	0.28	3.19	4.64

第三节 社会资本贡献水平研究

不考虑空间效应，即假定不同地理单元的观测变量是独立分布的。本节先后从新古典增长理论和新增长理论两大视角切入，比较分析社会资本与其他资本形式对经济增长的贡献，同时，考察不同维度、不同阶段以及不同区域的贡献差异。模型估计借助 Stata15.1。

一、新古典增长理论视角

以新古典增长理论模型为基础，对比分析物质资本、劳动力资本和社会资本对经济增长的影响。具体将社会资本及其不同维度作为直接投入要素，研究这些变量的产出弹性和贡献水平。

1. 社会资本贡献研究

将社会资本作为单一的投入变量，依次利用混合回归模型（OLS）、固定效应模型（FE）以及随机效应模型（RE），分 2007～2016 年的全阶段、2007～2013 年的前一阶段和 2010～2016 年的后一阶段，检验和分析社会资本整体对经济增长的影响。检验结果如表 5-2 所示。

表 5-2 基于新古典增长理论的社会资本对经济增长影响分阶段检验

阶段	2007～2016 年			2007～2013 年			2010～2016 年		
模型	(1) OLS	(2) FE	(3) RE	(4) OLS	(5) FE	(6) RE	(7) OLS	(8) FE	(9) RE
$\ln K$	0.223*** (0.000)	0.224*** (0.000)	0.223*** (0.000)	0.333*** (0.000)	0.343*** (0.000)	0.296*** (0.000)	0.230*** (0.000)	0.110*** (0.000)	0.068*** (0.000)

续表

阶段	2007~2016 年			2007~2013 年			2010~2016 年		
模型	(1) OLS	(2) FE	(3) RE	(4) OLS	(5) FE	(6) RE	(7) OLS	(8) FE	(9) RE
lnL	0.770***	0.745***	0.750***	0.667***	-0.115	0.376***	0.779***	0.063	0.676***
	(0.000)	(0.000)	(0.000)	(0.000)	(0.262)	(0.000)	(0.000)	(0.592)	(0.000)
lnS	0.933***	1.003***	0.991***	0.822***	-0.035	-0.013	1.060***	1.182**	0.177**
	(0.000)	(0.000)	(0.000)	(0.000)	(0.505)	(0.805)	(0.000)	(0.013)	(0.027)
C	-3.877***	-4.048***	-4.022***	-3.572***	6.516***	3.134***	-4.715***	6.431***	2.209***
	(0.000)	(0.000)	(0.000)	(0.000)	(0.000)	(0.000)	(0.000)	(0.000)	(0.000)
R²	0.872	0.862	0.872	0.885	0.558	0.863	0.881	0.789	0.825
Obs	300	300	300	210	210	210	210	210	210

注: ***、**、*分别表示在1%、5%和10%的水平下显著。括号中为P值。

从拟合优度来看，除模型5的拟合优度在0.6以下、模型8的拟合优度接近0.8外，其他7个模型的拟合优度均在0.8以上，说明资本存量、劳动力资本以及社会资本对经济增长有较好的解释力。

研究期内，三个投入要素的系数均为正，P值均为0.000。资本存量的产出弹性介于0.223和0.224之间，说明资本存量每提高1%，经济增长数量将提升0.223%~0.224%。劳动力资本的产出弹性在0.745和0.770之间，说明劳动力1%投入量的增加将带来GDP 0.75%左右的增长。两者的产出弹性相加接近1。社会资本的产出弹性最大，1%的社会资本增长可能引起1%的GDP正向变化。虽然产出弹性数值可以说明社会资本对于经济增长的重要作用，但也与社会资本测度值基数低有关。分阶段地看，前一阶段，OLS模型的检验结果证明了三种资本对经济增长的正向影响，但是FE模型和RE模型均存在部分变量回归参数为负或不显著的现象。后一阶段，OLS和RE模型的各个系数均通过了显著性检验，并且不同要素的产出弹性均为正。

以不同阶段OLS模型的要素产出弹性来说明趋势变化。资本存量的产出弹性从前一阶段的0.333下降到后一阶段的0.230，说明资本存量对于经济增长的拉动力下降。劳动力资本的产出弹性从0.667上升到0.779，可能与劳动力质量的提升有关，这从研究期内人力资本存量和人力资本水平的逐年上升中可以得到验证。社会资本在前一阶段的产出弹性为0.822，后一阶段为1.060，说明随着经济增长，其重要程度上升。

为了选择合适的参数进行贡献水平分析，需要通过不同的检验来对比选择基准模型。具体而言，F检验用于OLS和FE模型之间的选取，原假设是不存在个体效应，即 OLS 回归可以接受。LM 检验用于 OLS 和 RE 之间的选取，原假设为模型中不存在反映个体特征的随机扰动项，可以接受 OLS 回归。Hausman 检验的原假设支持了 RE 模型，备择假设成立则需要选用 FE 模型。表 5-3 报告了针对 2007~2016 年不同模型的检验结果。最终选取 RE 模型的系数来进行贡献水平计算。

表 5-3　基于新古典增长理论的模型检验

检验	统计量	P 值	模型
F	337.32	0.00	FE
LM	412.66	0.00	RE
Hausman	1.16	0.88	RE

从模型 3 的系数来看，代表技术进步的常数项为负，并且 $\alpha+\beta+\gamma=1.964$，呈现出规模报酬递增，与模型设定的规模报酬不变不相符。曹吉云（2007）提出了若干种处理方式，例如将总量生产函数变为人均产出的对数形式，将人均资本的自然对数项回归系数等同于资本投入的产出弹性；又如按照各个系数与系数之和的比例来重新对产出弹性赋值，或者对系数值之和进行限定。结合本书的特点，参考王文博等（2002）、胡雪萍和李丹青（2011）的做法，将产出弹性进行正规化处理，将经济增长的来源限定于物质资本、劳动力资本以及社会资本三者，同时忽略技术进步的影响。这三者正规化处理后的产出弹性为 0.113、0.378 和 0.509。

表 5-4 为不同年份各个资本贡献水平比较。

表 5-4　基于新古典增长理论的不同资本贡献率比较

资本　　　阶段	物质资本		劳动力资本		社会资本	
	份额	比例（%）	份额	比例（%）	份额	比例（%）
2007~2016 年	1.1626	64.65	0.1341	7.46	0.5017	27.90
2007~2008 年	0.2779	23.04	0.0765	6.34	0.8519	70.62
2008~2009 年	2.7351	57.80	0.6442	13.61	1.3525	28.58
2009~2010 年	0.3017	56.48	0.0797	14.92	0.1528	28.60
2010~2011 年	0.2139	50.21	0.0756	17.75	0.1365	32.05
2011~2012 年	1.1515	47.20	0.2449	10.04	1.0431	42.76
2012~2013 年	0.7750	50.70	0.2179	14.26	0.5357	35.05
2013~2014 年	-4.9362	61.05	-1.2844	15.88	-1.8653	23.07
2014~2015 年	-2.5694	87.58	-0.1910	6.51	-0.1734	5.91
2015~2016 年	1.4061	61.52	0.1923	8.41	0.6873	30.07

研究期内，不同资本贡献率从高到低依次是物质资本、社会资本和劳动力资本，贡献率分别为 64.65%、27.90% 和 7.46%。去除存在异常值的 2007~2008 年、2014~2015 年，物质资本和社会资本贡献率略微上升，劳动力资本的贡献率出现下降。

社会资本贡献率高低与经济增长有关。在经济较为发达的地区，社会资本可能有较高的贡献水平。表 5-5 对比了不同省份以及三大区域的资本贡献水平，以说明社会资本贡献水平的区域差异。考虑到不同省份的贡献份额存在正负差异，相加并无经济意义，所以仅计算贡献率。

表 5-5　基于新古典增长理论的 2007~2016 年中国省域及三大区域资本贡献比较

区域	资本	物质资本		劳动力资本		社会资本	
		份额	比例（%）	份额	比例（%）	份额	比例（%）
东部	北京	0.6501	37.81	0.4142	24.09	0.6549	38.09
	天津	0.8239	66.17	0.2496	20.05	0.1716	13.78
	河北	2.9943	66.62	0.3926	8.73	1.1075	24.64
	辽宁	-9.7439	56.78	-0.6864	4.00	-6.7298	39.22
	上海	1.1824	23.53	1.9416	38.63	1.9019	37.84
	江苏	0.8251	66.39	0.0253	2.03	0.3924	31.57
	浙江	1.2217	44.36	0.1743	6.33	1.3581	49.31
	福建	1.0359	65.86	0.2841	18.06	0.2529	16.08
	山东	1.2267	56.34	0.1243	5.71	0.8264	37.95
	广东	1.2305	63.81	0.2575	13.35	0.4404	22.84
	海南	1.1873	74.80	0.2668	16.81	0.1333	8.40
	平均		56.59		14.34		29.07
中部	山西	9.0305	74.10	1.3695	11.24	1.7872	14.66
	吉林	1.1089	72.14	0.1950	12.69	0.2333	15.17
	黑龙江	7.8639	48.91	0.9587	5.96	7.2558	45.13
	安徽	0.8905	65.41	0.0800	5.88	0.3909	28.71
	江西	0.9701	72.88	0.0774	5.82	0.2837	21.31
	河南	1.5188	63.11	0.2001	8.31	0.6878	28.58
	湖北	0.8973	66.14	0.0073	0.54	0.4521	33.32
	湖南	0.9922	71.18	0.0057	0.41	0.3961	28.41
	平均		66.73		6.36		26.91

续表

资本 / 区域		物质资本		劳动力资本		社会资本	
		份额	比例（%）	份额	比例（%）	份额	比例（%）
西部	内蒙古	1.0376	70.81	0.3673	25.07	0.0603	4.12
	广西	1.1009	81.31	0.0185	1.37	0.2345	17.32
	重庆	0.5557	68.39	0.0756	9.30	0.1819	22.31
	四川	0.9353	63.59	0.0199	1.35	0.5156	35.06
	贵州	0.7195	76.93	0.0227	2.43	0.1930	20.64
	云南	0.8485	75.31	0.1229	10.91	0.1553	13.78
	陕西	0.9547	67.68	0.0170	1.21	0.4388	31.11
	甘肃	2.3065	80.99	0.1207	4.24	0.4208	14.77
	青海	1.0974	68.60	0.0253	1.58	0.4771	29.82
	宁夏	0.8387	73.39	0.1076	9.41	0.1965	17.20
	新疆	1.5426	53.69	0.5917	20.59	0.7391	25.72
	平均		70.97		7.95		21.07

从三大区域的不同资本贡献率来看，物质资本的大区差异呈现出阶梯分布态势，并且与经济发展水平呈现负相关，东部、中部、西部的物质资本分别是56.59%、66.73%和70.97%，西部区域对物质资本的依赖程度最高。劳动力资本贡献率从高到低依次是东部（14.34%）、西部（7.95%）和中部（6.36%）。社会资本的贡献率同样呈现出阶梯式分布，表现为经济越发达，社会资本的贡献率越高，三大区的贡献率依次为东部29.07%、中部26.91%、西部21.07%，这也从侧面说明，经济发达的地区更加注重社会资本的培育和塑造，而良好的社会资本水平可以进一步正向作用于经济增长。

三大区域内部存在着的分异特征同样证明了上述观点。东部区域社会资本的贡献率值域为［13.78%，49.31%］，不考虑份额为负的辽宁，排名前三位的省份是浙江、北京、上海，排名后三位的省份是福建、天津、海南，这些地区2016年社会资本在中国全域的位次分别是3、1、2、18、4和30。从这两组排名之间的关系可以判断社会资本贡献与经济发展水平之间的正相关关系。中部区域的值域为［14.66%，45.13%］，黑龙江、湖北、安徽位列前三。西部区域社会资本的整体贡献率较低，值域为［4.12%，35.06%］。

2. 不同维度社会资本贡献研究

本节将社会资本的三个维度看作不同的生产要素同时投入到社会总生产过程

中。根据第四章的相关分析，社会资本的不同维度呈现出不同的变化规律，可能对经济增长产生大小不同甚至方向有异的影响。表5-6报告了3个阶段、9个模型的检验结果。

表5-6　基于新古典增长理论的社会资本不同维度对经济增长影响的分阶段检验

阶段	2007~2016 年			2007~2013 年			2010~2016 年		
模型	(1) OLS	(2) FE	(3) RE	(4) OLS	(5) FE	(6) RE	(7) OLS	(8) FE	(9) RE
$\ln K$	0.258***	0.222***	0.246***	0.348***	0.346***	0.300***	0.245***	0.116***	0.077**
	(0.000)	(0.000)	(0.000)	(0.000)	(0.000)	(0.000)	(0.000)	(0.004)	(0.046)
$\ln L$	0.676***	-0.058	0.702***	0.606***	-0.146***	0.333***	0.734***	0.088	0.660***
	(0.000)	(0.505)	(0.000)	(0.000)	(0.000)	(0.002)	(0.000)	(0.626)	(0.000)
$\ln S_1$	0.503***	0.100***	0.411***	0.490***	0.076***	0.091***	0.324***	0.123***	0.140***
	(0.000)	(0.001)	(0.000)	(0.000)	(0.001)	(0.005)	(0.001)	(0.005)	(0.001)
$\ln S_2$	0.147***	0.050***	0.210***	0.115**	0.003	0.007	0.544**	-0.027	-0.044
	(0.005)	(0.002)	(0.000)	(0.023)	(0.154)	(0.602)	(0.020)	(0.438)	(0.312)
$\ln S_3$	0.115*	-0.024	0.178***	0.185**	-0.062***	-0.043	0.044	0.036	0.037
	(0.072)	(0.497)	(0.006)	(0.015)	(0.000)	(0.214)	(0.528)	(0.582)	(0.572)
C	-1.828***	6.614***	-2.028***	-2.224***	6.477***	3.156***	-2.790***	6.591***	2.625**
	(0.000)	(0.000)	(0.000)	(0.000)	(0.001)	(0.000)	(0.000)	(0.000)	(0.017)
R^2	0.879	0.873	0.877	0.845	0.535	0.873	0.887	0.876	0.826
Obs	300	300	300	210	210	210	210	210	210

注：***、**、*分别表示在1%、5%和10%的水平下显著。

除了模型5，其他的模型拟合系数在0.85左右，说明社会资本不同维度以及劳动力资本和物质资本对经济增长的解释力尚可。以研究期内的不同模型来看，不同资本的系数均为正，并且大部分系数通过了1%的显著性检验。物质资本、劳动力资本的产出弹性分别在0.25、0.7左右，这一结果与不考虑社会资本不同维度时的结果基本一致。

考察社会资本的不同维度时，结构维度的产出弹性最高，处于［0.358，0.511］，说明企业中心度的提高、企业与其他组织联系强度的强化以及各类合适的市场组织的存在对经济增长有显著的拉动作用。关系维度产出弹性在0.2左右，认知维度的产出弹性略低于0.2，这肯定了以信任为代表的区域氛围和以共享程度为代表的区域认知对经济增长的正向拉动作用。分阶段的检验结果中，出现了不同程度的系数不显著现象，可能与选取的时间段过短有关。通过不同阶段的系数比较，仍然可以发现一些变化规律。首先，物质资本的产出弹性降低，劳动力资本的产出弹性上升；其次，就社会资本的不同维度来看，结构维度、关系维度的产出弹性上升，认知维度的变化趋势无法判断。

对模型1~模型3进行检验，以便确定产出弹性。根据表5-7，选取模型2作为贡献水平计算基准。不同要素正规化处理的产出弹性分别为0.402、0.141、0.235、0.120、0.102。研究期内不同阶段的贡献水平如表5-8所示。

表5-7　基于新古典增长理论的社会资本不同维度对经济增长影响模型的检验

检验	统计量	P 值	模型
F	352.22	0.00	FE
LM	128.32	0.00	RE
Hausman	27.63	0.00	FE

表5-8　基于新古典增长理论的社会资本不同维度贡献水平比较

资本 阶段	物质资本		劳动力资本		结构维度		关系维度		认知维度	
	份额	比例(%)	份额	比例(%)	份额	比例(%)	份额	比例(%)	份额	比例(%)
2007~2016 年	1.441	53.73	0.143	5.33	-0.004	-0.15	0.416	15.51	0.687	25.61
2007~2008 年	0.345	25.36	0.082	6.03	0.059	4.34	0.871	64.02	0.003	0.22
2008~2009 年	3.391	83.25	0.685	16.82	-2.529	-62.09	1.952	47.92	0.574	14.09
2009~2010 年	0.374	67.17	0.085	15.27	-0.009	-1.62	0.082	14.73	0.025	4.49
2010~2011 年	0.265	55.56	0.08	16.76	0.073	15.29	0.065	13.62	-0.006	-1.26
2011~2012 年	1.428	52.16	0.261	9.54	0.695	25.39	0.037	1.35	0.317	11.58
2012~2013 年	0.961	58.67	0.232	14.17	0.2	12.21	0.018	1.10	0.227	13.86
2013~2014 年	-6.119	68.64	-1.366	15.32	-0.373	4.18	-0.704	7.90	-0.352	3.95
2014~2015 年	-3.185	112.02	-0.203	7.14	1.164	-40.94	-0.236	8.30	-0.383	13.47
2015~2016 年	1.743	68.12	0.205	8.01	0.255	9.97	0.386	15.09	-0.03	-1.17

研究期内，贡献率从高到低依次是物质资本、认知维度、劳动力资本、关系维度以及结构维度。三个维度中，结构维度产出弹性最大、贡献率为负，而结构维度相对水平的不足可能对经济增长产生了负向影响；也可能与部分年份测度值变动幅度过大有关。认知维度与结构维度恰恰相反，产出弹性最低但贡献份额最高，说明认知维度相对水平较高，也可能与部分年份测度值变动幅度过大有关。除去2007~2008 年、2008~2009 年、2014~2015 年这三个年度的异常值，物质资本、劳动力资本的平均贡献率为61.72%、13.19%，三个维度的贡献率分别为

10.90%、8.97%和5.24%，大小关系与产出弹性一致。

本书同时比较了三大区域以及不同省份的三个维度贡献水平，结果见表5-9。

表5-9 基于新古典增长理论的2007~2016年中国省域及三大区域资本贡献比较

区域	资本	物质资本		劳动力资本		结构维度		关系维度		认知维度	
		份额	比例(%)	份额	比例(%)	份额	比例(%)	份额	比例(%)	份额	比例(%)
东部	北京	0.650	33.08	0.441	22.41	0.546	27.77	0.273	13.90	0.056	2.83
	天津	0.824	61.41	0.266	19.79	0.174	12.94	0.099	7.40	-0.021	-1.54
	河北	2.994	67.80	0.418	9.45	-0.194	-4.40	1.091	24.69	0.108	2.45
	辽宁	-9.744	57.37	-0.73	4.30	0.429	-2.52	-5.799	34.14	-1.139	6.71
	上海	1.182	23.76	2.065	41.50	0.506	10.17	0.866	17.40	0.356	7.16
	江苏	0.825	62.01	0.027	2.02	-0.11	-8.24	0.49	36.86	0.098	7.34
	浙江	1.222	26.45	0.185	4.01	0.691	14.96	2.445	52.93	0.076	1.64
	福建	1.036	63.35	0.302	18.48	0.051	3.13	0.238	14.58	0.008	0.47
	山东	1.227	52.84	0.132	5.69	-0.014	-0.62	0.84	36.19	0.137	5.90
	广东	1.23	65.46	0.274	14.57	0.043	2.29	0.235	12.52	0.097	5.17
	海南	1.187	92.80	0.284	22.18	-0.535	-41.79	0.34	26.56	0.003	0.25
	平均		55.12		14.95		1.24		25.20		3.49
中部	山西	9.03	69.02	1.457	11.13	-0.079	-0.60	2.938	22.46	-0.263	-2.01
	吉林	1.109	75.60	0.207	14.14	-0.775	-52.87	0.881	60.07	0.045	3.05
	黑龙江	7.864	50.04	1.02	6.49	-2.837	-18.05	7.704	49.02	1.966	12.51
	安徽	0.89	66.36	0.085	6.34	0.085	6.33	0.179	13.31	0.103	7.67
	江西	0.97	70.17	0.082	5.96	0.024	1.74	0.288	20.85	0.018	1.28
	河南	1.519	56.84	0.213	7.96	-0.122	-4.55	0.955	35.73	0.107	4.02
	湖北	0.897	61.67	0.008	0.54	0.222	15.28	0.253	17.36	0.075	5.16
	湖南	0.992	61.47	0.006	0.38	-0.039	-2.45	0.574	35.58	0.081	5.01
	平均		63.90		6.62		-6.90		31.80		4.59
西部	内蒙古	1.038	77.35	0.391	29.13	-0.241	-17.93	0.16	11.93	-0.006	-0.47
	广西	1.101	91.30	0.02	1.63	-0.323	-26.79	0.319	26.44	0.089	7.41
	重庆	0.556	70.08	0.08	10.14	0.026	3.24	0.089	11.19	0.042	5.35
	四川	0.935	63.12	0.021	1.43	-0.018	-1.19	0.399	26.91	0.144	9.73
	贵州	0.719	72.98	0.024	2.45	0.128	12.95	0.095	9.64	0.019	1.98
	云南	0.849	77.11	0.131	11.88	0.022	1.97	0.049	4.46	0.05	4.59

续表

区域	资本	物质资本		劳动力资本		结构维度		关系维度		认知维度	
		份额	比例（%）	份额	比例（%）	份额	比例（%）	份额	比例（%）	份额	比例（%）
西部	陕西	0.955	66.14	0.018	1.25	0.215	14.91	0.173	11.96	0.083	5.73
	甘肃	2.306	89.88	0.128	5.00	−0.524	−20.43	0.527	20.55	0.128	5.00
	青海	1.097	22.22	0.027	0.54	0.101	2.05	3.698	74.86	0.016	0.33
	宁夏	0.839	67.75	0.114	9.24	−0.064	−5.18	0.342	27.67	0.006	0.51
	新疆	1.543	47.13	0.629	19.23	0.374	11.42	0.714	21.80	0.014	0.43
	平均		67.73		8.36		−2.27		22.49		3.69

从表5-9来看，物质资本和劳动力资本以及社会资本整体的空间分布差异与只考虑社会资本整体时的规律一致，故不再详细分析。

社会资本三个维度呈现出不同的贡献率规律。结构维度从高到低依次是东部（1.24%）、西部（−2.27%）和中部（−6.9%），说明西部和中部结构维度培育相对不足，特别是中部区域，在结构维度上存在"塌陷"。关系维度的排序是中部（31.8%）、东部（25.2%）和西部（22.49%），可见，研究期内改善最明显的是关系资本，中部区域在关系维度方面不断优化，逐渐累积了相对优势，而西部区域在这方面需要改善。认知维度的整体贡献率较低，从高到低依次是中部（4.59%）、西部（3.69%）、东部（3.49%），排名与研究期内不同地区的认知维度的变动幅度有关[①]。

具体到不同的区域内部，三大维度的贡献水平同样存在空间差异。首先是东部区域。结构维度贡献率最低的是海南（−41.79%），最高的是北京（27.77%），贡献率为正和为负的地区各占一半。关系维度的贡献率普遍较高，且均为正值，其中浙江的贡献率高达52.93%。不同省份认知维度贡献率表现为贡献率低和空间差异较小的双重特征。其次是中部区域。结构维度表现为中部"塌陷"的来源是吉林和黑龙江两个省份，说明了这两个地区不同主体之间的联系结构恶化，阻碍了经济增长。这也从另一个角度说明了两个省份"萧条病"（张可云，2015）的来源。同时，这两个省份的关系维度贡献率处于领先水平，反映了老工业基地在信用环境建设方面的优势和经验。认知维度表现为贡献率低和空间差异较小的特征。最后是西部区域。结构维度平均贡献率为负值主要源于广西、甘肃、内蒙古三个省份。就关系维度来看，除了青海的贡献率异常高之外，别的省份差异不大。内蒙古的认知维度的贡献率出现了负值（−0.47%），其他省份的认知维度

---

① 根据第四章相关部分的分析，东部、中部、西部的认知维度的增长幅度为1.18%、1.33%、1.24%。

贡献率均为正。

二、新增长理论视角

不同于新古典的视角，新增长理论视角强调内生性的经济增长，内生性的经济增长通过相关要素的外部性、新产品出现以及劳动分工等实现（潘士远和史晋川，2002）。本部分以人力资本外部性模型为基础，对比分析社会资本与人力资本的贡献水平。

1. 社会资本贡献研究

表 5-10 报告了不同阶段物质资本、人力资本存量、人力资本水平和社会资本对经济增长的影响。

表 5-10　基于新增长理论的社会资本对经济增长影响的分阶段检验

阶段	2007~2016 年			2007~2013 年			2010~2016 年		
模型	(1) OLS	(2) FE	(3) RE	(4) OLS	(5) FE	(6) RE	(7) OLS	(8) FE	(9) RE
lnK	0.066 ***	0.139 ***	0.128 ***	0.161 ***	0.258 ***	0.197 ***	0.093 **	0.091 ***	0.037 *
	(0.002)	(0.000)	(0.000)	(0.000)	(0.000)	(0.000)	(0.042)	(0.000)	(0.100)
lnH	0.904 ***	−0.025	0.864 ***	0.814 ***	−0.030	0.523 ***	0.894 ***	0.044	0.769 ***
	(0.000)	(0.760)	(0.000)	(0.000)	(0.715)	(0.000)	(0.000)	(0.714)	(0.000)
lnh	1.460 ***	0.723 ***	1.246 ***	1.469 ***	0.584 ***	0.101	1.745 ***	0.271	−0.352 *
	(0.000)	(0.000)	(0.000)	(0.000)	(0.005)	(0.544)	(0.000)	(0.246)	(0.099)
lnS	0.211 **	0.120 **	0.354 ***	0.173	−0.028	−0.005	0.218 *	0.149 **	0.148 *
	(0.049)	(0.030)	(0.000)	(0.139)	(0.494)	(0.918)	(0.091)	(0.048)	(0.098)
C	−11.726 ***	2.199 ***	−11.205 ***	−11.602 ***	2.76 ***	1.124 ***	−13.382 ***	−4.986 ***	−2.644 **
	(0.000)	(0.006)	(0.000)	(0.000)	(0.003)	(0.291)	(0.000)	(0.000)	(0.039)
R^2	0.910	0.420	0.881	0.921	0.639	0.891	0.924	0.724	0.844
Obs	300	300	300	210	210	210	210	210	210

注：***、**、* 分别表示在 1%、5% 和 10% 的水平下显著。

相比以新古典增长理论为视角的检验结果，模型的拟合优度普遍在 0.900 以上，显著提高。这说明，相比劳动力资本，人力资本对于经济增长有着更强的解释力。

从整个研究期的经验分析结果看，除了模型 2，模型 1、模型 3 中不同要素的产出弹性显著为正。首先是物质资本。相比只考察规模报酬递减的劳动力资本，在考虑人力资本存量和人力资本水平的情况下，物质资本的产出弹性明显变小，这是由于基于新古典增长理论时，没有考虑劳动力的异质性和人力资本外溢性，而基于新增长理论时，一部分物质资本效率的提高体现在人力资本的外溢作用中，这等同于将物质资本投入效率提升的一部分原因归结为人力资本存量和人力资本水平的提高。其次是人力资本。人力资本存量的产出弹性为 0.85 左右，人力资本水平的产出弹性在 1.3 左右，大于人力资本存量，说明人力资本水平对经济增长的拉动作用更加明显，这与人力资本水平基数小不无关系。同时，人力资本水平的提升是一个缓慢的过程，以北京市为例，研究期内的人力资本水平年平均增长率为 1.2%，可以说这是所有资本形式中提升难度最大的变量之一。最后是社会资本。社会资本的产出弹性在 0.211 和 0.396 之间，相比新古典视角的检验结果产出弹性明显下降，但是依然比物质资本的产出弹性大。

从前一阶段和后一阶段的模型检验结果来看，虽然拟合优度基本满意，但是均存在部分参数无法通过显著性检验的情况。以显著性水平整体较高的 OLS 检验结果为准比较各个要素产出弹性的变化趋势。物质资本表现为产出弹性下降，物质资本的边际产出出现下降，这与新古典视角的结论一致。人力资本存量的产出弹性表现出小幅上涨，前期的产出弹性为 0.814，后期为 0.894。人力资本水平表现出同样的变化趋势，两个阶段的产出弹性分别为 1.469 和 1.745。中国经济正处于从资本驱动型向技术驱动型、从劳动密集型向知识密集型转变的历史进程中，人力资本将释放越来越大的活力，是劳动力资本产出弹性上升的原因之一。社会资本同样表现出产出弹性增加的趋势，从前一阶段的 0.173 上升到后一阶段的 0.218，再次肯定了社会资本对于经济增长的重要作用。

同样，检验模型 1~模型 3，结果如表 5-11 所示，最终选区模型 2 作为基准。由于新增长理论模型中没有规模报酬不变的假设，故不需要对系数进行正规化处理。各项要素的产出弹性依次为 0.171、0.846、1.315 及 0.396。以此计算不同阶段的要素贡献水平，如表 5-12 所示。

表 5-11　基于新增长理论的社会资本对经济增长影响的模型检验

检验	统计量	P 值	模型
F	7.12	0.00	FE
LM	128.32	0.00	RE
Hausman	27.63	0.00	FE

研究期内，贡献份额和贡献率最高的依然是物质资本，贡献率达到 45.30%，其次是人力资本（44.02%），最后是社会资本（10.68%）。结合新古典视角的分析，可以认为对中国经济增长的拉动作用按照大小排序依次为物质资本、人力资

本、社会资本以及劳动力资本。人力资本存量和人力资本水平的贡献率分别为
23.92%和20.10%。基数过小或者变动较大容易造成贡献水平产生过大或者过小
的数值，去除2007～2008年、2009～2010年以及2010～2011年这三个存在异常
值的阶段，其他阶段的三大资本平均贡献率分别为44.33%、44.29%和11.38%，
并且各个阶段的贡献水平较为稳定。

表5-12　基于新增长理论的中国资本贡献比较

资本\阶段	物质资本		人力资本						社会资本	
			存量		水平		整体			
	份额	比例(%)	份额	比例(%)	份额	比例(%)	份额	比例(%)	份额	比例(%)
2007～2016年	1.5764	45.30	0.8325	23.92	0.6996	20.10	1.5321	44.02	0.3715	10.68
2007～2008年	0.4184	26.30	0.3122	19.63	0.1969	12.38	0.5091	32.00	0.6632	41.69
2008～2009年	4.1175	42.08	2.7481	28.08	1.8675	19.08	4.6156	47.16	1.053	10.76
2009～2010年	0.4542	25.73	0.5985	33.90	0.5937	33.63	1.1922	67.54	0.119	6.74
2010～2011年	0.322	16.88	0.6858	35.94	0.794	41.61	1.4798	77.55	0.1063	5.57
2011～2012年	1.7335	42.38	0.9205	22.51	0.6239	15.25	1.5444	37.76	0.8121	19.86
2012～2013年	1.1667	42.94	0.7691	28.31	0.3639	13.40	1.133	41.70	0.4171	15.35
2013～2014年	−7.431	46.03	−4.3052	26.67	−2.9537	18.30	−7.2589	44.97	−1.4523	9.00
2014～2015年	−3.868	46.35	−2.1165	25.36	−2.2258	26.67	−4.3423	52.03	−0.135	1.62
2015～2016年	2.1168	46.21	1.0482	22.88	0.881	19.23	1.9292	42.11	0.5351	11.68

表5-13对比分析了不同区域以及省份的资本贡献率。首先是不同的区域。
物质资本贡献率最高的区域是中部区域（55.67%），其次是西部（52.56%）和
东部区域（41.73%），这与新古典模型的检验结果有所差异，但并没有违背物
质资本贡献率和经济发展水平成反比的规律。人力资本贡献率与物质资本恰恰
相反，贡献率排序为东部（47.19%）、西部（39.07%）和中部（32.35%），
这一状况与新古典视角下的劳动力资本贡献率大区差异一致。此外，社会资本
的大区差异与新古典模型的经验研究有细微的差异，从高到低依次是中部
（11.98%）、东部（11.08%）以及西部（8.37%），这可能是由于东部区域的
人力资本贡献份额和贡献率相比劳动力资本更大，形成了对社会资本贡献的
挤压。

·117·

表5-13　基于新增长理论的2007~2016年中国省域及三大区域资本贡献比较

区域	资本	物质资本		人力资本						社会资本	
				存量		水平		整体			
		份额	比例（%）	份额	比例（%）	份额	比例（%）	份额	比例（%）	份额	比例（%）
东部	北京	0.9786	27.08	1.4718	40.72	0.6538	18.09	2.1256	58.81	0.5099	14.11
	天津	1.2403	50.75	0.8043	32.91	0.2659	10.88	1.0702	43.79	0.1336	5.47
	河北	4.5076	49.31	2.1108	23.09	1.6612	18.17	3.772	41.26	0.8622	9.43
	辽宁	-14.6686	46.93	-5.504	17.61	-5.8431	18.69	-11.3471	36.30	-5.2396	16.76
	上海	1.78	16.97	5.7615	54.94	1.4643	13.96	7.2258	68.91	1.4808	14.12
	江苏	1.2421	44.66	0.5256	18.90	0.7079	25.45	1.2335	44.35	0.3055	10.98
	浙江	1.8391	31.56	1.4458	24.81	1.4857	25.49	2.9315	50.30	1.0574	18.14
	福建	1.5595	46.08	1.1039	32.62	0.5238	15.48	1.6277	48.10	0.1969	5.82
	山东	1.8467	44.49	0.8492	20.46	0.8115	19.55	1.6607	40.01	0.6434	15.50
	广东	1.8524	44.33	1.1785	28.20	0.805	19.26	1.9835	47.47	0.3429	8.21
	海南	1.7874	56.86	0.9083	28.89	0.3441	10.95	1.2524	39.84	0.1038	3.30
	平均		41.73		29.38		17.82		47.19		11.08
中部	山西	13.5946	55.63	5.8429	23.91	3.6083	14.77	9.4512	38.68	1.3914	5.69
	吉林	1.6693	55.28	0.7535	24.95	0.4151	13.75	1.1686	38.70	0.1816	6.01
	黑龙江	11.8384	47.89	4.296	17.38	2.9389	11.89	7.2349	29.26	5.6492	22.85
	安徽	1.3405	49.62	0.5486	20.31	0.5082	18.81	1.0568	39.12	0.3044	11.27
	江西	1.4605	63.86	0.3539	15.47	0.252	11.02	0.6059	26.49	0.2208	9.65
	河南	2.2865	51.90	0.9347	21.21	0.6493	14.74	1.584	35.95	0.5355	12.15
	湖北	1.3509	59.58	0.2327	10.26	0.3316	14.63	0.5643	24.89	0.352	15.53
	湖南	1.4937	61.61	0.2528	10.43	0.3694	15.24	0.6222	25.67	0.3084	12.72
	平均		55.67		17.99		14.36		32.35		11.98
西部	内蒙古	1.562	43.18	1.3766	38.05	0.6318	17.47	2.0084	55.52	0.047	1.30
	广西	1.6573	66.51	0.2842	11.40	0.3678	14.76	0.652	26.16	0.1826	7.33
	重庆	0.8366	46.58	0.4479	24.94	0.3704	20.62	0.8183	45.56	0.1411	7.86
	四川	1.408	51.70	0.3905	14.34	0.5234	19.22	0.9139	33.56	0.4015	14.74
	贵州	1.0831	64.64	0.2095	12.50	0.2328	13.89	0.4423	26.39	0.1503	8.97
	云南	1.2774	47.18	0.7183	26.53	0.5911	21.83	1.3094	48.36	0.1209	4.47
	陕西	1.4373	57.32	0.3131	12.49	0.4155	16.57	0.7286	29.06	0.3416	13.62
	甘肃	3.4722	53.43	1.2739	19.60	1.425	21.93	2.6989	41.53	0.3276	5.04

续表

资本 区域		物质资本		人力资本						社会资本	
				存量		水平		整体			
		份额	比例(%)	份额	比例(%)	份额	比例(%)	份额	比例(%)	份额	比例(%)
西部	青海	1.652	54.01	0.4484	14.66	0.5867	19.18	1.0351	33.84	0.3714	12.14
	宁夏	1.2625	52.01	0.5757	23.72	0.4362	17.97	1.0119	41.69	0.153	6.30
	新疆	2.3222	41.59	1.9983	35.79	0.6881	12.32	2.6864	48.11	0.5755	10.31
	平均		52.56		21.27		17.80		39.07		8.37

其次是各个区域内部存在差异。从物质资本和人力资本的贡献水平与经济发展水平的关系中，可以发现发达地区更多依赖人力资本和社会资本，而欠发达地区更多依赖物质资本。社会资本的大区内部差异特征如下：东部区域社会资本的贡献率值域为［3.30%，18.14%］，最高的依然是浙江，最低的是海南。中部区域的贡献率值域为［5.69%，22.85%］，最低的是山西，最高的是黑龙江，说明黑龙江的社会资本变化较大，结合第四章的数据，黑龙江的排名从 2007 年的第 29 位跃升到 2016 年的第 11 位。西部区域的贡献率值域为［1.3%，14.74%］，贡献率最高的是四川，最低的是内蒙古。

2. 不同维度社会资本贡献研究

表 5-14 报告了以人力资本外部性模型为基础，将社会资本不同维度分别投入到社会总生产的检验结果。

表 5-14 基于新增长理论的社会资本不同维度对经济增长影响的分阶段检验

阶段	2007~2016 年			2007~2013 年			2010~2016 年		
模型	(1) OLS	(2) FE	(3) RE	(4) OLS	(5) FE	(6) RE	(7) OLS	(8) FE	(9) RE
lnK	0.082***	0.155***	0.105**	0.160***	0.272***	0.211***	0.094***	0.096**	0.046
	(0.000)	(0.000)	(0.018)	(0.000)	(0.000)	(0.000)	(0.000)	(0.021)	(0.247)
lnH	0.854***	-0.046	0.592***	0.796***	-0.070	0.482***	0.858***	0.074	0.745***
	(0.000)	(0.744)	(0.000)	(0.000)	(0.447)	(0.000)	(0.000)	(0.706)	(0.000)
lnh	1.626***	0.689***	0.017	1.561***	1.554***	0.058	1.923***	0.218	-0.353
	(0.000)	(0.005)	(0.913)	(0.000)	(0.003)	(0.701)	(0.000)	(0.588)	(0.140)
lnS_1	0.291***	0.068*	0.990***	0.194***	0.051*	0.066**	0.272***	0.108*	0.131***
	(0.000)	(0.066)	(0.009)	(0.000)	(0.068)	(0.026)	(0.001)	(0.013)	(0.001)

阶段	2007~2016 年			2007~2013 年			2010~2016 年		
模型	(1) OLS	(2) FE	(3) RE	(4) OLS	(5) FE	(6) RE	(7) OLS	(8) FE	(9) RE
$\ln S_2$	-0.123**	0.038**	0.035*	-0.096**	0.005	0.009	-0.117	-0.038	-0.057
	(0.013)	(0.033)	(0.100)	(0.039)	(0.653)	(0.505)	(0.312)	(0.263)	(0.226)
$\ln S_3$	0.028	-0.028	-0.003	0.095	-0.060*	-0.038	0.006	0.037	0.035
	(0.587)	(0.657)	(0.962)	(0.123)	(0.061)	(0.224)	(0.905)	(0.574)	(0.618)
C	-12.240***	-2.779**	-1.381***	-12.232***	3.10***	-1.512	-14.063***	5.332***	3.113**
	(0.000)	(0.014)	(0.254)	(0.000)	(0.001)	(0.130)	(0.000)	(0.001)	(0.046)
R^2	0.920	0.441	0.886	0.892	0.600	0.897	0.927	0.827	0.844
Obs	300	300	300	210	210	210	210	210	210

注：***、**、*分别表示在1%、5%和10%的水平下显著。

从拟合优度来看，除了模型 2 和模型 5 之外，其他模型的数值在 0.827 和 0.927 之间，说明这些要素或资本整体对于经济增长的解释力较强。但具体到不同的要素，存在部分参数无法通过显著性检验的情况。特别是社会资本的认知维度，大部分模型中的系数都无法通过显著性检验。社会资本的关系维度在模型 1、模型 2、模型 3、模型 4 中通过了显著性检验，但是不能通过系数判断影响方向。结构维度的检验结果优于认知维度和关系维度，模型 1~模型 9 一致性地说明了结构维度社会资本对经济增长显著的正向拉动作用，并且弹性系数在研究期内提升。

总体而言，相比新古典增长视角下不同维度的分析，新增长理论视角下的模型检验结果并不理想，可能是由于人力资本存量、人力资本水平与社会资本的某些评价指标存在相关性，例如认知维度中的评价指标包括文化体育与传媒支出和科学技术支出占一般公共预算支出的比例，比例越高，说明人力资本存量和水平也越高。此外，国家高新技术产业开发区工业增加值占工业增加值比重也包括在认知维度的指标体系之中，而高新技术开发区往往集聚了高质量的人力资本。有鉴于此，对不同维度社会资本对经济增长贡献水平的研究主要以新古典增长理论的检验结果为准，不进行新增长视角的贡献水平分析。

第四节 社会资本空间溢出效应研究

对空间效应的考察可以同时捕捉社会资本对本地理单元经济增长的直接影响

以及相邻地区经济增长的溢出效应。此外，若不考虑空间因素，则不同资本的产出弹性可能会被高估。本节将利用 SDM 模型，讨论考虑空间效应的情况下社会资本及其他资本形式对本地区和邻近地区经济增长的影响。模型估计借助 Stata15.1。

一、新古典增长理论视角

本部分基于新古典增长模型，分别讨论社会资本整体以及不同维度社会资本的空间溢出效应。

1. 社会资本贡献研究

表 5-15 为分阶段的、基于新古典增长模型社会资本空间溢出效应分析的 SDM 估计结果。

表 5-15　基于新古典增长理论的不同阶段 SDM 模型检验

阶段	2007~2016 年		2007~2013 年		2010~2013 年	
模型	(1) FE	(2) RE	(3) FE	(4) RE	(5) FE	(6) RE
$\ln K$	0.320***	0.339***	0.423***	0.435***	0.280***	0.313***
	(0.000)	(0.000)	(0.000)	(0.000)	(0.006)	(0.000)
$\ln L$	0.087	0.233***	-0.002	0.215***	0.157	0.404***
	(0.130)	(0.000)	(0.979)	(0.005)	(0.247)	(0.000)
$\ln S$	0.052	0.070*	-0.062*	-0.043	0.168*	0.189***
	(0.191)	(0.100)	(0.067)	(0.247)	(0.054)	(0.000)
C		2.581***		2.530***		2.036*
		(0.003)		(0.012)		(0.065)
$W\ln K$	-0.272***	-0.306***	-0.294***	-0.321***	-0.236**	-0.307***
	(0.000)	(0.000)	(0.000)	(0.000)	(0.020)	(0.000)
$W\ln L$	-0.578***	-0.555***	-0.258*	-0.341**	-0.855***	-0.620***
	(0.000)	(0.000)	(0.085)	(0.015)	(0.002)	(0.000)
$W\ln S$	0.205***	0.165**	-0.294	0.068	0.114	0.007
	(0.006)	(0.038)	(0.171)	(0.323)	(0.292)	(0.949)
ρ	0.807***	0.806***	0.670***	0.675***	0.844***	0.830***
	(0.000)	(0.000)	(0.000)	(0.000)	(0.002)	(0.000)
R^2	0.684	0.601	0.626	0.805	0.149	0.736
Log-L	488.20	368.77	420.94	298.22	381.4	265.19
δ^2	0.002	0.002	0.001	0.001	0.001	0.002

续表

阶段	2007~2016 年		2007~2013 年		2010~2013 年	
模型	(1) FE	(2) RE	(3) FE	(4) RE	(5) FE	(6) RE
LR spatial lag	106.51 (0.00)	117.71 (0.00)	54.97 (0.00)	65.77 (0.00)	67.64 (0.00)	79.52 (0.00)
LR spatial error	38.32 (0.00)	34.51 (0.00)	11.98 (0.00)	16.11 (0.00)	29.89 (0.00)	22.32 (0.00)
Obs	300	300	210	210	210	210

注：***、**、* 分别表示在 1%、5%、10%的水平下显著。

就回归结果来看，拟合系数、Log-L 和 δ^2 各统计量说明模型的拟合效果较好，总体回归可信度较高。利用 LR 检验来判定 SDM 模型是否可以退化为 SAR 或者 SEM 模型，如果检验拒绝了原假设，则说明 SDM 模型是恰当的。

下面分析参数。因变量的空间滞后项的系数介于 0.670 和 0.844 之间，且全部通过 1%的显著性水平检验，说明中国不同地区经济增长过程中存在空间依赖。传统资本的特征表现为直接影响为正、空间滞后项的系数为负。物质资本对经济增长的影响显著为正。不考虑模型 3 的检验结果，劳动力资本对经济增长的影响同样显著为正，这与不考虑空间效应时的结果一致。传统资本的空间滞后项对经济增长的影响为负，说明了传统资本的负向溢出和排他性。此外，在研究期内，物质资本的影响系数下降，劳动力资本上升，物质资本空间滞后项的系数上升，这与物质资本的重要性程度下降有关。相反，劳动力资本的空间滞后项系数降低，排他性强化，体现了区域之间对劳动力资本的争夺。除了模型 3 和模型 4 之外，社会资本对于经济增长的影响显著为正，考虑到模型 3 有着虽然显著但是较小的负向影响、模型 4 有着不显著的负向影响，可以判定社会资本存在显著的正向影响。在不考虑显著性水平的情况下，多数模型的社会资本的空间滞后项为正，但是部分模型的系数未通过显著性检验，说明社会资本的空间溢出虽然为正，但溢出效应微弱。

在对不同阶段的模型进行 Hausman 检验之后（见表 5-16），选择 RE 模型进行空间效应的分解。表 5-17 说明了分解结果。

表 5-16　基于新古典增长理论的不同阶段 SDM 模型 Hausman 检验

阶段	统计量	模型
2007~2016 年	-39.21	RE
2007~2013 年	-79.31	RE
2010~2016 年	-807.45	RE

表5-17　基于新古典增长理论的不同阶段SDM模型效应分解

阶段	2007~2016年			2007~2013年			2010~2016年		
效应	加总	直接	间接	加总	直接	间接	加总	直接	间接
lnK	0.172* (0.080)	0.331*** (0.000)	-0.159 (0.114)	0.347*** (0.000)	0.430*** (0.000)	-0.083 (0.307)	0.036 (0.798)	0.300*** (0.000)	-0.263* (0.067)
lnL	-1.724** (0.032)	0.126* (0.100)	-1.850** (0.013)	-0.396 (0.383)	0.177** (0.025)	-0.574 (0.171)	-1.429 (0.280)	0.307*** (0.006)	-1.737 (0.159)
lnS	1.241*** (0.007)	0.136*** (0.002)	1.105** (0.012)	0.083 (0.711)	-0.033 (0.387)	0.117 (0.577)	1.231 (0.139)	0.247*** (0.000)	0.984 (0.216)

注：***、**、*分别表示在1%、5%、10%的水平下显著。

根据表5-17，研究期内，三大资本的直接影响系数分别为0.331、0.126和0.136，均通过显著性水平检验，说明在本地区投入这些资本，均能促进该地区经济水平的提高。间接效应存在差异，表现为物质资本、劳动力资本存在负向溢出，社会资本存在正向溢出。这说明一个地理单元良好的社会资本环境同时促进本地区和邻近地区的经济增长。就总效应而言，物质资本为正，劳动力资本为负，社会资本为正，可能由于劳动力资本的投入存在空间错配，阻碍了全域的经济增长。在不考虑显著性水平的情况下，研究的其他两个阶段的规律与整个研究期基本一致，但时间序列较短对参数的显著性有一定影响。不同的是，后一阶段社会资本的直接效应显著为正，说明了随着经济形态和发展阶段的转变，主体之间的联络增多，信任环境和凝聚力环境对经济增长的影响逐渐显现。

表5-18报告了三大区域相关模型的估计结果。就回归结果来看，除了模型3和模型5的拟合系数低，其他模型的拟合系数、Log-L和δ^2各统计量说明模型的拟合效果较好，总体回归可信度较高。LR检验的P值均为0，拒绝了原假设，说明SDM模型是恰当的。

表5-18　基于新古典增长理论的三大区域SDM模型检验

区域	东部		中部		西部	
模型	(1) FE	(2) RE	(3) FE	(4) RE	(5) FE	(6) RE
lnK	0.275*** (0.000)	0.295*** (0.000)	-0.041 (0.806)	0.291** (0.023)	0.242*** (0.002)	0.326*** (0.000)
lnL	0.515*** (0.000)	0.572*** (0.000)	-0.727** (0.013)	0.391*** (0.004)	-0.009 (0.936)	0.203* (0.100)

续表

区域	东部		中部		西部	
模型	（1）FE	（2）RE	（3）FE	（4）RE	（5）FE	（6）RE
lnS	0.147**	0.195***	0.046	0.048	0.120	0.146*
	(0.024)	(0.006)	(0.598)	(0.630)	(0.131)	(0.087)
C		1.419		1.924***		-1.247
		(0.378)		(0.180)		(0.463)
WlnK	-0.286***	-0.265***	0.155	-0.269**	-0.178**	-0.276***
	(0.000)	(0.000)	(0.364)	(0.035)	(0.031)	(0.001)
WlnL	0.261	0.087	-0.543	-0.376**	0.265	0.215
	(0.220)	(0.661)	(0.176)	(0.022)	(0.157)	(0.240)
WlnS	-0.241**	-0.300**	0.324***	0.426***	0.498***	0.490***
	(0.027)	(0.011)	(0.002)	(0.000)	(0.000)	(0.000)
ρ	0.401***	0.330***	0.524***	0.493***	0.352***	0.345***
	(0.000)	(0.003)	(0.000)	(0.000)	(0.000)	(0.000)
R^2	0.853	0.901	0.313	0.791	0.379	0.705
Log-L	184.46	144.4	11.41	93.89	172.20	127.53
δ^2	0.002	0.002	0.002	0.003	0.002	0.003
LR spatial lag	43.06	43.55	19.82	21.51	26.32	29.72
	(0.00)	(0.00)	(0.00)	(0.00)	(0.00)	(0.00)
LR spatial error	117.15	37.07	26.41	14.11	22.71	22.20
	(0.00)	(0.00)	(0.00)	(0.00)	(0.00)	(0.00)
Obs	110	110	80	80	110	110

注：***、**、*分别表示在1%、5%、10%的水平下显著。

　　三大区域与全样本表现出不同的特征。首先是因变量的空间滞后项系数，中部区域最高，东部区域和西部区域次之，说明中部的相邻地区之间的影响较强，发展水平接近。对于另外两个大区，东部存在内部发展水平差异大的状况，西部区域存在疆域辽阔、地理单元之间距离过远的状况，这些原因影响了区域内地理单元的依赖程度。其次是传统要素。对比相应系数均通过显著性检验的模型2、模型4、模型6，西部对物质资本的依赖性最强，东部对劳动力资本的依赖性最强。三大区域的传统资本空间滞后项表现为不同于研究全样本的规律。东部的物质资本具有排他性，但劳动力资本不存在排他性，这和东部集聚了高质量的劳动力资本有关。中部的特征与全域一致。西部的物质资本存在排他性，但劳动力资本不存在排他性，可能与西部区域劳动力密集产业集聚程度高有关。最后是社会资本。模型3、模型4的社会资本项均没有通过显著性检验，无法判断中部区域的社会资本对经济增长的影响，但在不考虑显著性的情况下，影响为正。社会资本对东部区域的影响大于西部区域。东部的社会资本空间滞后项系数显著为负，这与全国经验存在差异。根据第四章对泰尔指数的分解，东部是内部差异最大的区域，而区域内社会资本差异过大会导致无法准确捕捉示范效应，出现系数为负的情况。另外，如果社会资本相对水平下降幅度过大，也会产生负值。以京津冀城市群2007年和2016年的排位为例，北京市保持第一，天津从第三降到第四，而河北从第二十落后到第二十五，显然，河北在社会资本建设方面相对落后。中部、西部显著为正，揭示了社会资本培育的示范效应。

　　表5-19报告了针对不同区域模型的Hausman检验结果，选用模型2、模型4、模型6来分析SDM模型的直接效应、间接效应和总效应，结果如表5-20所示。

表5-19　基于新古典增长理论的三大区域SDM模型Hausman检验

阶段	统计量	模型
2007~2016年	-4.28	RE
2007~2013年	-39.12	RE
2010~2016年	-4.66	RE

表5-20　基于新古典增长理论的三大区域SDM模型效应分解

区域	东部			中部			西部		
效应	加总	直接	间接	加总	直接	间接	加总	直接	间接
lnK	0.042 (0.609)	0.276*** (0.000)	-0.234*** (0.000)	0.039 (0.473)	0.260** (0.024)	-0.220* (0.056)	0.075* (0.079)	0.309*** (0.000)	-0.234*** (0.003)
lnL	0.988*** (0.010)	0.600*** (0.000)	0.388 (0.204)	0.012 (0.975)	0.329** (0.029)	-0.317 (0.259)	0.641* (0.075)	0.235* (0.073)	0.406 (0.146)
lnS	-0.152 (0.369)	0.177*** (0.010)	-0.329** (0.035)	0.955*** (0.001)	0.183* (0.074)	0.771*** (0.000)	0.972*** (0.000)	0.217*** (0.005)	0.755*** (0.000)

　　注：***、**、*分别表示在1%、5%、10%的水平下显著。

　　根据表5-20的系数和显著性水平，传统资本在三大区域内的直接效应表现为正，且显著，间接效应大概率表现为负，总效应则显著为正。就社会资本来看，对空间效应的分解捕捉到了社会资本的直接效应，从高到低依次是东部、中

部和西部。可见，如果投入同等水平的社会资本，对于社会资本欠缺区域的经济
增长拉动作用更大。东部的间接效应为负，中部和西部为正。总效应出现了不显
著的情况，但不考虑显著性的情况下，除了东部的社会资本产生了负向影响之
外，其他区域和资本均表现为正向影响。

2. 不同维度社会资本贡献研究

表5-21报告了以新古典增长模型为基础，将社会资本三个维度分别投入到
生产过程的不同阶段的检验模型。除了模型1、模型5之外，其他模型的拟合系
数、Log-L 和 δ^2 各统计量说明模型的拟合效果较好，总体回归可信度较高。LR
检验的 P 值均为 0，拒绝了原假设，说明 SDM 模型是恰当的。

表5-21 基于新古典增长理论的不同阶段 SDM 模型估计结果

阶段	2007~2016 年		2007~2013 年		2010~2016 年	
模型	(1) FE	(2) RE	(3) FE	(4) RE	(5) FE	(6) RE
lnK	0.316***	0.335***	0.406***	0.418***	0.267***	0.299***
	(0.000)	(0.000)	(0.000)	(0.000)	(0.000)	(0.000)
lnL	0.090	0.239***	0.001	0.217***	0.166**	0.413***
	(0.123)	(0.000)	(0.989)	(0.004)	(0.024)	(0.000)
lnS_1	0.060***	0.065***	0.045**	0.045**	0.071***	0.078***
	(0.002)	(0.002)	(0.018)	(0.032)	(0.001)	(0.001)
lnS_2	0.028**	0.033**	0.012	0.020*	0.009	0.007
	(0.031)	(0.018)	(0.214)	(0.072)	(0.699)	(0.781)
lnS_3	-0.016	-0.002	-0.058***	-0.047**	0.053**	0.068**
	(0.485)	(0.913)	(0.002)	(0.021)	(0.050)	(0.024)
C		2.738***		2.807***		2.449**
		(0.002)		(0.007)		(0.024)
WlnK	-0.253***	-0.287***	-0.254***	-0.282***	-0.212***	-0.281***
	(0.000)	(0.000)	(0.000)	(0.000)	(0.000)	(0.000)
WlnL	-0.587***	-0.577***	-0.320**	-0.402***	-0.841***	-0.635***
	(0.000)	(0.000)	(0.031)	(0.004)	(0.000)	(0.000)
$WlnS_1$	0.071*	0.061	0.024	0.034	0.086*	0.056
	(0.098)	(0.185)	(0.579)	(0.474)	(0.082)	(0.311)
$WlnS_2$	0.006	-0.001	-0.015	-0.022	-0.016	-0.033
	(0.751)	(0.938)	(0.326)	(0.189)	(0.724)	(0.524)

续表

阶段	2007~2016 年		2007~2013 年		2010~2016 年	
模型	(1) FE	(2) RE	(3) FE	(4) RE	(5) FE	(6) RE
$WlnS_3$	0.087*	0.069	0.029	0.019	0.024	-0.018
	(0.076)	(0.187)	(0.475)	(0.672)	(0.662)	(0.770)
ρ	0.823***	0.819***	0.654	0.661***	0.831***	0.817***
	(0.000)	(0.000)	(0.000)	(0.000)	(0.000)	(0.000)
R^2	0.333	0.624	0.628	0.809	0.195	0.757
Log-L	494.00	374.53	430.62	306.77	383.78	267.66
δ^2	0.002	0.002	0.001	0.001	0.001	0.002
LR spatial lag	105.89	117.96	51.76	64.28	65.43	76.20
	(0.00)	(0.00)	(0.00)	(0.00)	(0.00)	(0.00)
LR spatial error	40.39	36.23	15.08	20.28	33.40	25.72
	(0.00)	(0.00)	(0.01)	(0.01)	(0.00)	(0.00)
Obs	300	300	210	210	210	210

注：***、**、*分别表示在1%、5%、10%的水平下显著。

以模型2、模型4、模型6来说明研究期间以及不同阶段的差异。自相关系数在不同阶段均为正，且表现为上升趋势，说明后一阶段区域之间联系和空间依赖性的强化。传统资本自身和其空间滞后项的系数表现出的规律与将社会资本整体投入时没有差异。社会资本不同维度表现不同。首先是结构维度。结构维度系数为正，在不同的模型下均通过显著性检验，影响程度表现为上升，说明主体之间的联系结构对经济增长的作用不断强化。该维度的空间滞后项系数虽然部分没有通过显著性检验，但均为正，体现出示范效应。其次是关系维度。关系维度的系数为正，但在模型6中并不显著，可以对比模型2和模型6的系数，判断该维度的影响同样强化。通过系数和显著性水平不能判断该维度空间滞后项的影响。最后是认知维度。从系数看，该维度的影响出现了从负值到正值的变化，这与不考虑空间效应时的结论一致。同样，通过系数和显著性水平无法判断该维度的空间滞后项影响。

表5-22报告了对模型1~模型6的 Hausman 检验结果，肯定了 RE 模型的有效性，表5-23进一步报告了以不同阶段 RE 模型为基准的空间效应分解结果。

表 5-22　基于新古典增长理论的不同阶段 SDM 模型 Hausman 检验

阶段	统计量	模型
2007~2016 年	-40.99	RE
2007~2013 年	-70.08	RE
2010~2016 年	-8.65	RE

表 5-23　基于新古典增长理论的不同阶段 SDM 模型效应分解

阶段	2007~2016 年			2007~2013 年			2010~2016 年		
效应	加总	直接	间接	加总	直接	间接	加总	直接	间接
lnK	0.274** (0.013)	0.333*** (0.000)	-0.059 (0.584)	0.408*** (0.000)	0.419*** (0.000)	-0.011 (0.884)	0.105 (0.454)	0.290*** (0.000)	-0.186 (0.180)
lnL	-2.057* (0.013)	0.116 (0.178)	-2.174*** (0.035)	-0.608 (0.210)	0.168 (0.210)	-0.777* (0.083)	-1.319 (0.641)	0.317** (0.017)	-1.636 (0.547)
lnS_1	0.762** (0.041)	0.103*** (0.005)	0.659* (0.065)	0.251* (0.097)	0.058* (0.097)	0.193 (0.177)	0.771 (0.446)	0.118*** (0.006)	0.654* (0.053)
lnS_2	0.189* (0.079)	0.041 (0.598)	0.148 (0.145)	-0.006 (0.902)	0.018 (0.902)	-0.023 (0.574)	-0.133 (0.699)	-0.000 (0.997)	-0.133 (0.676)
lnS_3	0.395 (0.313)	0.018 (0.598)	0.378 (0.304)	-0.081 (0.581)	-0.049 (0.581)	-0.032 (0.808)	0.277 (0.669)	0.079* (0.059)	0.198 (0.749)

注：***、**、*分别表示在1%、5%、10%的水平下显著。

以下重点分析社会资本不同维度的空间效应。首先是结构维度。研究期内，结构维度的直接效应、间接效应以及总效应均显著为正，而在前一阶段，间接效应虽然同样产生了正向影响，但是影响的显著性较低，后一阶段，直接效应、间接效应均增强，但总效应不显著。关系维度和认知维度的分解结果欠佳，除了研究期内的关系维度总效应显著为正，后一阶段认知维度的直接效应显著为正外，其他阶段这两个维度的不同效应均没有通过显著性检验。

表 5-24 报告了三大区域的检验结果。除了模型 3、模型 5 的拟合系数过低，之外，其他模型的拟合系数、Log-L 和 δ^2 各统计量说明模型的拟合效果较好，总体回归可信度较高。LR 检验的 P 值均为 0，拒绝了原假设，说明 SDM 模型是恰当的。

表 5-24 基于新古典增长理论的三大区域 SDM 模型检验

区域	东部		中部		西部	
模型	(1) FE	(2) RE	(3) FE	(4) RE	(5) FE	(6) RE
lnK	0.279***	0.301***	-0.137	0.227*	0.266***	0.340***
	(0.000)	(0.000)	(0.368)	(0.065)	(0.001)	(0.000)
lnL	0.532***	0.566***	-0.924***	0.451***	-0.164	0.070
	(0.000)	(0.000)	(0.005)	(0.000)	(0.178)	(0.631)
lnS_1	0.062	0.095**	-0.006	0.084*	0.082**	0.074*
	(0.119)	(0.027)	(0.888)	(0.079)	(0.030)	(0.066)
lnS_2	0.019	0.026	-0.095*	-0.071	0.004	0.011
	(0.339)	(0.213)	(0.084)	(0.270)	(0.840)	(0.647)
lnS_3	0.053	0.066	0.083*	0.095*	-0.058	-0.023
	(0.178)	(0.115)	(0.076)	(0.083)	(0.249)	(0.670)
C		2.467		1.861		1.824
		(0.100)		(0.130)		(0.346)
WlnK	-0.281***	-0.258***	0.238	-0.199*	-0.132	-0.230***
	(0.000)	(0.000)	(0.133)	(0.100)	(0.139)	(0.010)
WlnL	0.242	0.060	-0.093	-0.386***	0.134	0.114
	(0.261)	(0.758)	(0.863)	(0.010)	(0.486)	(0.545)
$WlnS_1$	-0.294***	-0.320***	0.107*	0.144**	0.172***	0.176***
	(0.000)	(0.000)	(0.096)	(0.013)	(0.001)	(0.002)
$WlnS_2$	-0.016	-0.024	0.165***	0.166**	0.160***	0.148***
	(0.618)	(0.472)	(0.004)	(0.012)	(0.000)	(0.001)
$WlnS_3$	-0.068	-0.096	0.076	0.148*	0.026	0.025
	(0.343)	(0.210)	(0.301)	(0.083)	(0.766)	(0.787)
ρ	0.350***	0.285**	0.542***	0.469***	0.287***	0.305***
	(0.001)	(0.013)	(0.000)	(0.000)	(0.004)	(0.000)
R^2	0.867	0.909	0.462	0.865	0.101	0.580
Log-L	191.71	151.97	124.25	95.53	175.32	128.97
δ^2	0.002	0.002	0.002	0.003	0.002	0.003
LR spatial lag	56.71	58.01	19.78	22.23	26.79	28.71
	(0.00)	(0.00)	(0.00)	(0.00)	(0.00)	(0.00)
LR spatial error	47.44	49.98	27.64	16.74	26.65	23.66
	(0.00)	(0.00)	(0.00)	(0.01)	(0.00)	(0.00)
Obs	110	110	80	80	110	110

注：***、**、*分别表示在1%、5%、10%的水平下显著。

各大区在区际联系强度、传统资本及其空间关联方面的差异特征与只考虑社会资本整体时基本一致，所以仅分析各个维度。首先是结构维度。东部和西部的结构维度系数显著为正。在对模型3、模型4进行 Hausman 检验选取 RE 模型后，可以判定中部的结构维度正向作用显著。该维度的空间滞后项系数中，东部为负，中部和西部为正。其次是关系维度。由于关系维度自身的系数大部分未通过显著性检验，故无法识别作用方向。关系维度的空间滞后项系数中，中部和西部显著为正，这意味着邻近地区的关系维度水平上升时，本地区的关系维度水平也会上升，东部的相应系数为负，但并不显著。最后是认知维度。只有中部的认知维度系数通过了显著性检验，并且为正，同时，大部分模型的认知维度空间滞后项未能通过显著性检验，无法比较大区差异。

    在对不同大区的模型进行 Hausman 检验之后（见表5-25），选择 RE 模型进行空间效应的分解。表5-26 报告了分解结果。

表 5-25　基于新古典增长理论的三大区域 SDM 模型 Hausman 检验

区域	统计量	模型
东部	-11.52	RE
中部	-19.34	RE
西部	-2.66	RE

表 5-26　基于新古典增长理论的三大区域 SDM 模型效应分解

区域	东部			中部			西部		
效应	加总	直接	间接	加总	直接	间接	加总	直接	间接
$\ln K$	0.062 (0.396)	0.285*** (0.000)	-0.223*** (0.000)	0.047 (0.517)	0.206* (0.066)	-0.159 (0.168)	0.158*** (0.001)	0.329*** (0.000)	-0.171** (0.036)
$\ln L$	0.853** (0.018)	0.582*** (0.000)	0.271 (0.338)	0.092 (0.753)	0.396*** (0.002)	-0.304 (0.183)	0.253 (0.491)	0.080 (0.593)	0.173 (0.530)
$\ln S_1$	-0.307*** (0.009)	0.072* (0.100)	-0.379*** (0.000)	0.450*** (0.001)	0.138*** (0.006)	0.312*** (0.004)	0.370*** (0.000)	0.100*** (0.008)	0.271*** (0.000)
$\ln S_2$	0.006 (0.910)	0.025 (0.231)	-0.019 (0.666)	0.187*** (0.005)	-0.036 (0.542)	0.223*** (0.001)	0.232*** (0.000)	0.026 (0.247)	0.207*** (0.000)
$\ln S_3$	-0.044 (0.700)	0.060 (0.161)	-0.104 (0.290)	0.479* (0.066)	0.150** (0.047)	0.329* (0.096)	0.001 (0.993)	-0.021 (0.713)	0.023 (0.860)

    注：***、**、*分别表示在1%、5%、10%的水平下显著。

首先是结构维度。对于不同的大区，结构维度的直接效应均显著为正，中部区域的直接效应最高，西部和东部区域次之，这是由于中部区域内部有着相近的社会资本结构维度水平和较强的地理—经济空间邻近性。结构维度的间接效应存在方向差异，东部为负，中部和西部为正，这就导致了总效应的差异，即东部为负，中部和西部为正。其次是关系维度。东部区域关系维度的三个效应均不显著，可能由于东部区域在信任环境培育方面相对独立，没有受到周边地区影响。中部和西部的间接效应和总效应显著为正，肯定了信任环境建设的示范效应。最后是认知维度。这一维度标志着区域的凝聚力，只有中部的三个效应通过显著性检验，并且为正。

二、新增长理论视角

本部分在人力资本外部性模型的基础上，考察了存在空间溢出的情况下，社会资本及其不同维度、其他资本形式对本地区以及邻近地区经济增长的影响。

1. 社会资本贡献研究

表 5-27 提供了不同阶段的 SDM 模型检验结果。除了模型 1、模型 5 的拟合系数不理想之外，其他模型的拟合系数、Log-L 和 δ^2 各统计量说明模型的拟合效果较好，总体回归可信度较高。LR 检验的 P 值均为 0，拒绝了原假设，说明 SDM 模型是恰当的。

表 5-27　基于新增长理论的不同阶段 SDM 模型检验

阶段	2007~2016 年		2007~2013 年		2010~2016 年	
模型	(1) OLS	(2) FE	(3) RE	(4) OLS	(5) FE	(6) RE
lnK	0.305***	0.323***	0.384***	0.395***	0.280***	0.312***
	(0.000)	(0.000)	(0.000)	(0.000)	(0.000)	(0.000)
lnH	0.079	0.230***	0.032	0.260***	0.129*	0.385***
	(0.177)	(0.000)	(0.649)	(0.001)	(0.076)	(0.000)
lnh	0.129	0.033	0.311***	0.154	-0.173	-0.389**
	(0.287)	(0.796)	(0.005)	(0.190)	(0.270)	(0.019)
lnS	0.037	0.052	-0.052*	-0.037	0.160***	0.180***
	(0.344)	(0.217)	(0.100)	(0.302)	(0.001)	(0.001)
C		-1.475*		-0.836		-0.415
		(0.100)		(0.386)		(0.714)
WlnK	-0.306***	-0.335***	-0.327***	-0.354***	-0.260***	-0.322***
	(0.000)	(0.000)	(0.000)	(0.000)	(0.000)	(0.000)

续表

阶段	2007~2016 年		2007~2013 年		2010~2016 年	
模型	(1) OLS	(2) FE	(3) RE	(4) OLS	(5) FE	(6) RE
WlnH	-0.573***	-0.545***	-0.128	-0.221	-0.920***	-0.639***
	(0.000)	(0.000)	(0.392)	(0.120)	(0.000)	(0.000)
Wlnh	0.965***	0.815***	0.359*	0.336*	1.432***	0.948***
	(0.000)	(0.000)	(0.073)	(0.093)	(0.000)	(0.002)
WlnS	0.199***	0.158***	0.148**	0.129*	0.085	-0.016
	(0.007)	(0.004)	(0.016)	(0.058)	(0.398)	(0.882)
ρ	0.736***	0.749***	0.540***	0.573***	0.804***	0.809***
	(0.000)	(0.000)	(0.000)	(0.000)	(0.000)	(0.000)
R^2	0.281	0.570	0.686	0.844	0.106	0.686
Log-L	496.65	375.84	432.99	309.42	384.54	266.27
δ^2	0.002	0.002	0.001	0.001	0.001	0.002
LR spatial lag	118.90	127.87	58.94	68.58	73.16	80.69
	(0.00)	(0.00)	(0.00)	(0.00)	(0.00)	(0.00)
LR spatial error	53.82	45.74	27.34	29.61	35.08	24.47
	(0.00)	(0.00)	(0.00)	(0.00)	(0.00)	(0.00)
Obs	300	300	210	210	210	210

注: ***、**、*分别表示在1%、5%、10%的水平下显著。

因变量的空间滞后项系数、物质资本及其空间滞后项的规律与新古典增长模型视角下的结论基本一致。人力资本存量在不同阶段都表现出对经济增长的正向影响,并且影响程度有上升趋势。人力资本存量的滞后项为负,并且绝对值有上升的趋势,这意味着人力资本存量资源的稀缺性、排他性,经济增长对人力资本存量的依赖性变强。人力资本水平的系数中,只有模型2和模型6的系数通过了显著性检验,从前一阶段的正向影响转变为后一阶段的负向影响,人力资本错配(李静和楠玉,2017)可以解释这一现象。人力资本水平空间滞后项的系数均为正,证实了人力资本水平的空间外溢,并且外溢效应增强。社会资本的作用在研究的前一阶段并不明显,这也导致整个研究期的检验结果不显著,但在后一阶段的系数显著为正。社会资本空间滞后项在整个研究期和前一阶段显著为正,到了后一阶段不再显著。

在对不同阶段的模型进行 Hausman 检验之后(见表5-28),选择 RE 模型进行空间效应的分解。表5-29报告了分解结果。

表 5-28 基于新增长理论的不同阶段 SDM 模型 Hausman 检验

阶段	统计量	模型
2007~2016 年	-34.06	RE
2007~2013 年	-62.52	RE
2010~2016 年	-50.95	RE

表 5-29 基于新增长理论的不同阶段 SDM 模型效应分解

阶段	2007~2016 年			2007~2013 年			2010~2016 年		
效应	加总	直接	间接	加总	直接	间接	加总	直接	间接
lnK	-0.045 (0.643)	0.303 *** (0.000)	-0.349 *** (0.000)	0.096 (0.243)	0.380 *** (0.000)	-0.284 *** (0.000)	-0.049 (0.758)	0.294 *** (0.000)	-0.343 ** (0.030)
lnH	-1.339 ** (0.045)	0.141 ** (0.017)	-1.480 ** (0.017)	0.071 (0.837)	0.246 *** (0.002)	-0.175 (0.577)	-1.602 (0.331)	0.279 ** (0.022)	-1.881 (0.224)
lnh	3.468 *** (0.001)	0.235 *** (0.001)	3.233 *** (0.001)	1.167 *** (0.010)	0.220 ** (0.047)	0.946 ** (0.030)	3.213 (0.173)	-0.184 (0.357)	3.397 (0.129)
lnS	0.876 ** (0.019)	0.096 ** (0.026)	0.780 ** (0.026)	0.225 (0.178)	-0.024 (0.511)	0.249 * (0.030)	1.000 (0.343)	0.221 *** (0.002)	0.779 (0.438)

注：***、**、*分别表示在1%、5%、10%的水平下显著。

物质资本的空间效应规律和新古典增长理论下的分析一致。人力资本存量的直接效应显著为正，并且在研究期内不断增强，间接效应为负，再次证明了人力资本存量的稀缺性。总效应在前一阶段为正，后一阶段为负，但系数未通过显著性检验，研究期内系数为负，依然可以利用人力资本错配来解释。人力资本水平的直接效应在研究期内以及前一阶段显著为正，在后一阶段并不显著。通过不同阶段的系数大小可以判断，人力资本水平对经济增长的拉动力增强。同样，在整个研究期以及前一阶段显著为正，在后一阶段并不显著。间接效应有下降的趋势。社会资本的直接效应在整个研究期以及后一阶段显著为正，前一阶段系数未通过显著性检验，可以判断社会资本的直接效应上升。间接效应同样为正，通过整个研究期以及前一阶段的系数判断间接效应同样上升。社会资本的总效应只在整个研究期显著为正，其他两个阶段并不显著。

表5-30报告了三大区域的检验结果。除了模型3、模型5之外，其他模型的拟合系数、Log-L和δ²各统计量说明拟合效果较好，总体回归可信度较高。

LR 检验的 P 值均为 0，拒绝了原假设，说明 SDM 模型是恰当的。

表 5-30　基于新增长理论的三大区域 SDM 模型检验

区域	东部		中部		西部	
模型	（1）FE	（2）RE	（3）FE	（4）RE	（5）FE	（6）RE
lnK	0.249***	0.262***	-0.061	0.249***	0.262***	-0.061
	(0.000)	(0.000)	(0.705)	(0.000)	(0.000)	(0.705)
lnH	0.515***	0.613***	-0.751**	0.515***	0.613***	-0.751**
	(0.000)	(0.000)	(0.011)	(0.000)	(0.000)	(0.011)
lnh	-0.184	-0.151	1.243***	-0.184	-0.151	1.243***
	(0.375)	(0.461)	(0.000)	(0.375)	(0.461)	(0.000)
lnS	0.125*	0.166**	0.046	0.125*	0.166**	0.046
	(0.055)	(0.020)	(0.549)	(0.055)	(0.020)	(0.549)
C		1.817			1.817	
		(0.312)			(0.312)	
WlnK	-0.305**	-0.282***	0.108	-0.305**	-0.282***	0.108
	(0.000)	(0.000)	(0.512)	(0.000)	(0.000)	(0.512)
WlnH	0.213	0.045	-0.554	0.213	0.045	-0.554
	(0.322)	(0.819)	(0.168)	(0.322)	(0.819)	(0.168)
Wlnh	-0.013	0.011	0.996**	-0.013	0.011	0.996**
	(0.969)	(0.972)	(0.032)	(0.969)	(0.972)	(0.032)
WlnS	-0.254**	-0.311***	0.345***	-0.254**	-0.311***	0.345***
	(0.020)	(0.009)	(0.001)	(0.020)	(0.009)	(0.001)
ρ	0.377***	0.306***	0.441***	0.377***	0.306***	0.441***
	(0.000)	(0.007)	(0.000)	(0.000)	(0.007)	(0.000)
R^2	0.904	0.929	0.322	0.904	0.929	0.322
Log-L	186.74	147.35	129.02	186.74	147.35	129.02
δ^2	0.002	0.002	0.002	0.002	0.002	0.002
LR spatial lag	46.70	48.38	24.65	46.70	48.38	24.65
	(0.00)	(0.00)	(0.00)	(0.00)	(0.00)	(0.00)
LR spatial error	38.99	42.92	33.48	38.99	42.92	33.48
	(0.00)	(0.00)	(0.00)	(0.00)	(0.00)	(0.00)
Obs	110	110	80	110	110	80

注：***、**、*分别表示在1%、5%、10%的水平下显著。

以模型2、模型4、模型6分析不同资本及其空间滞后项的阶段差异。空间滞后项系数中，东部和中部通过了显著性检验，并且中部的区际联系强于东部，西部的系数未能通过显著性检验。对物质资本的依赖程度表现为西部最高，其次是东部和中部。物质资本具有明显的排他性，造成了空间滞后项系数显著为负。对人力资本存量的依赖程度表现为东部最高，其次是中部和西部，这与高质量人才的集聚水平差异有关。除了模型4，人力资本存量的空间滞后项系数均未通过显著性检验。由于存在系数不显著，上述模型无法对人力资本水平影响的差异做出比较，但从中部和西部的人力资本水平滞后项来看，西部的区际影响更强。在不考虑显著性的情况下，可以判断社会资本的影响整体为正，并且对东部的影响高于西部。社会资本的空间滞后项系数均通过显著性检验，东部为负，中部和西部为正。

在对不同区域的模型进行 Hausman 检验后（见表 5-31），选择 RE 模型进行空间效应的分解。表 5-32 为分解结果。

表 5-31　基于新增长理论的三大区域 SDM 模型 Hausman 检验

区域	统计量	模型
东部	-5.37	RE
中部	-20.69	RE
西部	-1.46	RE

表 5-32　基于新增长理论的三大区域 SDM 模型效应分解

区域	东部			中部			西部		
效应	加总	直接	间接	加总	直接	间接	加总	直接	间接
lnK	-0.028 (0.775)	0.242*** (0.000)	-0.269*** (0.000)	-0.091 (0.229)	0.211** (0.046)	-0.302*** (0.004)	0.008 (0.828)	0.274*** (0.000)	-0.266*** (0.000)
lnH	0.924*** (0.009)	0.632*** (0.000)	0.293 (0.299)	0.277 (0.308)	0.458*** (0.000)	-0.181 (0.365)	0.371 (0.181)	0.182* (0.100)	0.188 (0.368)
lnh	-0.172 (0.758)	-0.133 (0.520)	-0.040 (0.931)	1.142* (0.081)	0.459* (0.096)	0.683 (0.253)	0.872** (0.022)	-0.135 (0.530)	1.006** (0.016)
lnS	-0.199 (0.235)	0.140** (0.040)	-0.340** (0.025)	0.896*** (0.001)	0.146 (0.164)	0.750*** (0.000)	0.615*** (0.000)	0.144* (0.055)	0.471*** (0.000)

注：***、**、*分别表示在1%、5%、10%的水平下显著。

根据表 5-32，人力资本存量的直接效应在不同区域均显著为正，间接效应未能通过显著性检验，东部的总效应显著为正。东部人力资本水平各项效应均未通过检验，中部的直接效应和总效应显著为正，西部的间接效应和总效应显著为正。社会资本的显著性水平总体尚可，东部的直接效应显著为正，间接效应显著为负，这就造成总效应为负。中部的直接效应为正，间接效应显著为正，总效应显著为正。西部和中部规律一致。

2. 不同维度社会资本贡献研究

表5-33报告了不同阶段的基于人力资本外部性模型的SDM模型检验结果。除了模型1、模型5的拟合系数不理想，其他模型的拟合系数、Log-L和δ^2各统计量均说明模型的拟合效果较好，总体回归可信度较高。LR检验的P值均为0，拒绝了原假设，说明SDM模型是恰当的。

表5-33　基于新增长理论的不同阶段SDM模型检验

阶段	2007~2016年		2007~2013年		2010~2016年	
模型	(1) FE	(2) RE	(3) FE	(4) RE	(5) FE	(6) RE
lnK	0.301 ***	0.319 ***	0.376 ***	0.386 ***	0.265 ***	0.209 ***
	(0.000)	(0.000)	(0.000)	(0.000)	(0.000)	(0.000)
lnH	0.084	0.239 ***	0.032	0.265 ***	0.133 *	0.724 ***
	(0.152)	(0.000)	(0.646)	(0.001)	(0.070)	(0.000)
lnh	0.086	−0.016	0.270 **	0.108	−0.184	1.461 ***
	(0.479)	(0.902)	(0.013)	(0.352)	(0.254)	(0.001)
lnS_1	0.048 **	0.052 **	0.032 *	0.029	0.070 ***	0.018
	(0.013)	(0.012)	(0.092)	(0.159)	(0.001)	(0.668)
lnS_2	0.025 *	0.029 **	0.012	0.019 *	−0.001	−0.074
	(0.058)	(0.034)	(0.211)	(0.068)	(0.961)	(0.119)
lnS_3	−0.015	−0.002	−0.055 ***	−0.045 **	0.057 **	0.103 **
	(0.507)	(0.914)	(0.002)	(0.023)	(0.035)	(0.039)
C		−1.262		0.020		0.354
		(0.177)		(0.983)		(0.273)
WlnK	−0.292 ***	−0.321 ***	−0.283 ***	−0.308 ***	−0.250 ***	−0.458 ***
	(0.000)	(0.000)	(0.000)	(0.000)	(0.000)	(0.000)
WlnH	−0.572 ***	−0.558 ***	−0.216	−0.320 **	−0.936 ***	0.172
	(0.000)	(0.000)	(0.153)	(0.025)	(0.000)	(0.295)
Wlnh	0.950 ***	0.820 ***	0.345 *	0.328 *	1.628 ***	0.015
	(0.000)	(0.000)	(0.079)	(0.095)	(0.000)	(0.976)

续表

阶段	2007~2016 年		2007~2013 年		2010~2016 年	
模型	(1) FE	(2) RE	(3) FE	(4) RE	(5) FE	(6) RE
$WlnS_1$	0.050 (0.238)	0.044 (0.338)	0.014 (0.736)	0.026 (0.576)	0.065 (0.193)	0.059 (0.536)
$WlnS_2$	0.004 (0.832)	−0.004 (0.837)	−0.006 (0.674)	−0.015 (0.361)	−0.055 (0.245)	−0.155 * (0.088)
$WlnS_3$	0.111 ** (0.024)	0.094 * (0.074)	0.055 (0.181)	0.045 (0.307)	0.070 (0.221)	0.165 * (0.100)
ρ	0.769 *** (0.000)	0.777 *** (0.000)	0.573 *** (0.000)	0.603 *** (0.000)	0.776 *** (0.000)	0.382 *** (0.002)
R^2	0.299	0.588	0.680	0.843	0.114	0.933
Log-L	500.78	380.09	438.46	314.39	388.90	194.85
δ^2	0.002	0.002	0.001	0.001	0.001	0.005
LR spatial lag	117.15 (0.00)	127.12 (0.00)	53.15 (0.00)	65.47 (0.00)	74.80 (0.00)	−70.47 (0.00)
LR spatial error	53.35 (0.00)	45.66 (0.00)	23.68 (0.00)	28.28 (0.00)	269.73 (0.00)	−120.09 (0.00)
Obs	300	300	210	210	210	210

注：＊＊＊、＊＊、＊分别表示在1%、5%、10%的水平下显著。

根据表5-33，物质资本、人力资本存量以及人力资本水平的变化规律与只考虑社会资本整体时的变化规律基本一致。社会资本不同维度有所差异。首先是结构维度。除了模型4、模型6，结构维度的系数显著为正，后一阶段的系数大于前一阶段和整个研究期，说明结构维度对经济增长的影响变强。结构维度的滞后项系数没有通过显著性检验，不能判断结构维度的空间影响。其次是关系维度。研究期内，关系维度的系数显著为正，但是在不同的阶段，检验结果并不理想，滞后项的系数同样无法对关系维度的空间联系进行判断。最后是认知维度。虽然在研究期内，系数没有通过显著性检验，但是在前一阶段和后一阶段，回归结果较为理想，认知维度从负向影响变为正向影响。在不考虑显著性水平的情况下，认知维度的滞后项影响为正。

在对不同阶段的模型进行 Hausman 检验之后（见表5-34），分别选择 RE 和 FE 模型进行空间效应的分解。表5-35 报告了分解结果。

表 5-34　基于新增长理论的不同阶段 SDM 模型 Hausman 检验

阶段	统计量	模型
2007~2016 年	-36.12	RE
2007~2013 年	-69.87	RE
2010~2016 年	14.86	FE

表 5-35　基于新增长理论的不同阶段 SDM 模型效应分解

阶段	2007~2016 年			2007~2013 年			2010~2016 年		
效应	加总	直接	间接	加总	直接	间接	加总	直接	间接
lnK	-0.014 (0.920)	0.302*** (0.000)	-0.316** (0.022)	0.192* (0.058)	0.377*** (0.000)	-0.185* (0.059)	0.066 (0.641)	0.256*** (0.000)	-0.189 (0.174)
lnH	-1.456** (0.033)	0.145* (0.063)	-1.601** (0.012)	-0.116 (0.764)	0.241*** (0.002)	-0.356 (0.318)	-3.768*** (0.005)	-0.081 (0.408)	-3.687*** (0.004)
lnh	3.674*** (0.001)	0.197 (0.140)	3.477*** (0.001)	1.096** (0.020)	0.174 (0.100)	0.922** (0.040)	6.733*** (0.001)	0.207 (0.252)	6.525*** (0.001)
lnS₁	0.443* (0.068)	0.072*** (0.002)	0.370* (0.100)	0.138 (0.248)	0.035* (0.088)	0.103 (0.362)	0.622** (0.030)	0.099*** (0.000)	0.524* (0.053)
lnS₂	0.116 (0.147)	0.034** (0.016)	0.082 (0.273)	0.011 (0.770)	0.019* (0.068)	-0.008 (0.828)	-0.260 (0.307)	-0.015 (0.629)	-0.245 (0.290)
lnS₃	0.419 (0.150)	0.021 (0.498)	0.398 (0.140)	0.001 (0.993)	-0.042* (0.056)	0.043 (0.704)	0.603* (0.100)	0.087*** (0.010)	0.516 (0.141)

注：***、**、*分别表示在1%、5%、10%的水平下显著。

　　依次分析社会资本的三个维度。首先是结构维度。对于不同的阶段，结构维度的直接效应均显著，影响逐渐增强，研究期内和后一阶段的间接效应显著为正，并且通过系数可以判断该效应同样逐渐增强，前一阶段的间接效应不显著。结构维度的总效应系数中，整个研究期以及后一阶段的系数显著为正，从系数大小可以得出总效应增强。其次是关系维度。关系维度的直接效应在整个研究期以及前一阶段显著为正，后一阶段不显著，从系数来看关系维度的直接效应增强。间接效应和总效应并没有通过显著性检验，无法判断趋势和方向。最后是认知维度。前一阶段直接效应的影响显著为正，后一阶段直接效应和总效应显著为正。

　　表 5-36 报告了不同区域的基于人力资本外部性模型的 SDM 模型检验结果。

除了模型 5 的拟合系数不理想，其他模型的拟合系数、Log-L 和 δ² 各统计量均说明模型的拟合效果较好，总体回归可信度较高。LR 检验的 P 值均为 0，拒绝了原假设，说明 SDM 模型是恰当的。

表 5-36　基于新增长理论的三大区域 SDM 模型检验

区域	东部		中部		西部	
模型	（1）FE	（2）RE	（3）FE	（4）RE	（5）FE	（6）RE
$\ln K$	0.263***	0.279***	−0.155	0.217*	0.219***	0.284***
	（0.000）	（0.000）	（0.283）	（0.048）	（0.004）	（0.000）
$\ln H$	0.536***	0.597***	−0.971**	0.526***	−0.138	0.067
	（0.000）	（0.000）	（0.002）	（0.000）	（0.218）	（0.621）
$\ln h$	−0.360*	−0.314	1.514***	0.314	0.092	−0.079
	（0.080）	（0.123）	（0.000）	（0.371）	（0.690）	（0.751）
$\ln S_1$	0.052	0.080*	−0.028	0.050	0.073**	0.066*
	（0.202）	（0.067）	（0.536）	（0.333）	（0.039）	（0.079）
$\ln S_2$	0.016	0.021	−0.085*	−0.061	0.013	0.017
	（0.430）	（0.341）	（0.100）	（0.338）	（0.510）	（0.435）
$\ln S_3$	0.052	0.069*	0.088**	0.103*	−0.029	−0.001
	（0.177）	（0.100）	（0.047）	（0.058）	（0.545）	（0.988）
C		3.716**		−2.543		−2.246*
		（0.047）		（0.286）		（0.100）
$W\ln K$	−0.296**	−0.270***	0.182	0.113**	−0.143*	−0.238***
	（0.000）	（0.000）	（0.228）	（0.018）	（0.083）	（0.006）
$W\ln H$	0.232	0.048	−0.303	0.132**	0.043	0.070
	（0.285）	（0.807）	（0.557）	（0.013）	（0.816）	（0.706）
$W\ln h$	−0.109	−0.041	0.767	0.461	1.158***	1.090***
	（0.741）	（0.893）	（0.229）	（0.553）	（0.004）	（0.008）
$W\ln S_1$	−0.275**	−0.296***	0.086	0.061***	0.137***	0.134**
	（0.000）	（0.000）	（0.180）	（0.004）	（0.006）	（0.011）
$W\ln S_2$	−0.020	−0.028	0.162***	0.065**	0.152***	0.138***
	（0.529）	（0.423）	（0.003）	（0.012）	（0.000）	（0.001）
$W\ln S_3$	−0.072	−0.099	0.109	0.086**	0.061	0.067
	（0.310）	（0.194）	（0.124）	（0.039）	（0.453）	（0.437）

区域	东部		中部		西部	
模型	(1) FE	(2) RE	(3) FE	(4) RE	(5) FE	(6) RE
ρ	0.338***	0.277**	0.476***	0.103***	0.001	0.046
	(0.002)	(0.017)	(0.000)	(0.000)	(0.993)	(0.692)
R^2	0.887	0.921	0.568	0.915	0.072	0.539
Log-L	192.40	153.01	129.81	99.51	187.13	139.57
δ^2	0.002	0.002	0.002	0.003	0.002	0.002
LR spatial lag	57.47	59.43	24.24	27.12	42.01	41.51
	(0.00)	(0.00)	(0.00)	(0.00)	(0.00)	(0.00)
LR spatial error	48.75	51.88	34.02	21.20	47.83	43.76
	(0.00)	(0.00)	(0.00)	(0.00)	(0.00)	(0.00)
Obs	110	110	80	80	110	110

注：***、**、*分别表示在1%、5%、10%的水平下显著。

依次分析社会资本的三个维度。首先是结构维度。模型2、模型5、模型6的结构维度系数通过了显著性检验，以此判断东部和西部的结构维度作用方向为正，并且对西部的作用更为显著。从结构维度空间滞后项的系数来看，东部为负，中部和西部为正，说明西部的空间联系大于其他两个地区。其次是关系维度。相应的系数并没有通过显著性检验，无法判断作用方向和大小，需要通过进一步的空间效应分解来判断。滞后项的系数中，中部和西部显著为正。最后是认知维度。只有中部的系数显著为正，在不考虑显著性水平的情况下，可以确定东部的认知维度作用为正，西部为负。模型4的认知维度空间滞后项系数为正并通过了显著性检验。

在对不同大区的模型进行 Hausman 检验之后（见表5-37），分别选择 RE 和 FE 模型进行空间效应的分解。表5-38报告了分解结果。

表5-37　基于新增长理论的三大区域 SDM 模型 Hausman 检验

区域	统计量	模型
东部	-9.80	RE
中部	22.10	FE
西部	7.58	FE

表 5-38　基于新增长理论的三大区域 SDM 模型效应分解

区域	东部			中部			西部		
效应	加总	直接	间接	加总	直接	间接	加总	直接	间接
lnK	0.009 (0.919)	0.262*** (0.000)	0.262*** (0.001)	-0.097 (0.374)	0.180* (0.077)	-0.278** (0.026)	0.046 (0.312)	0.283*** (0.000)	-0.237*** (0.004)
lnH	0.893*** (0.009)	0.613*** (0.000)	0.279 (0.301)	0.351 (0.110)	0.499*** (0.000)	-0.148 (0.403)	0.165 (0.533)	0.066 (0.621)	0.099 (0.622)
lnh	-0.471 (0.339)	-0.305 (0.130)	-0.165 (0.684)	1.024 (0.115)	0.435 (0.159)	0.589 (0.343)	1.039*** (0.001)	-0.044 (0.855)	1.083*** (0.006)
lnS$_1$	-0.304*** (0.007)	0.055 (0.198)	-0.359*** (0.000)	0.393*** (0.001)	0.092* (0.066)	0.302*** (0.002)	0.210*** (0.000)	0.069* (0.064)	0.141*** (0.007)
lnS$_2$	-0.010 (0.844)	0.018 (0.379)	-0.028 (0.514)	0.184*** (0.002)	-0.029 (0.602)	0.213*** (0.001)	0.165*** (0.000)	0.018 (0.394)	0.147*** (0.000)
lnS$_3$	-0.044 (0.691)	0.064 (0.132)	-0.109 (0.246)	0.496** (0.032)	0.156** (0.024)	0.340* (0.053)	0.070 (0.540)	0.001 (0.985)	0.069 (0.460)

注：***、**、*分别表示在1%、5%、10%的水平下显著。

物质资本、人力资本存量和人力资本水平的各效应与只考虑社会资本整体时的区域特征基本一致。通过效应分解，可以更加直观地捕捉不同维度在不同区域对经济增长的影响差异。首先是结构维度。结构维度的直接效应在中部和西部显著为正，并且在中部对经济增长的促进作用更大。间接效应和总效应的值均通过了显著性检验，东部为负，西部和中部为正。其次是关系维度。这一维度的直接效应均不显著，无法判断作用方向，但中部和西部表现出显著的间接效应，并且中部大于西部。同样，中部和西部的总效应显著为正。东部区域可能因为内部差异过大的问题导致无法准确判断关系维度各项效应的方向与大小。最后是认知维度。只有中部的三个效应值正向显著，故无法进行区域间的比较。

本章小结

本章围绕社会资本对经济增长"有无影响"这一问题，将社会资本设定为投入品属性，基于新古典增长理论模型和新增长理论模型，综合利用传统计量模型和空间计量模型，对比分析了社会资本与其他资本形式的产出弹性、贡献水平以及空间溢出效应。得出的结论有以下四点：

第一，社会资本与传统资本形式对经济增长的影响对比。首先，从产出弹性来看，社会资本的产出弹性在 1 左右，远大于物质资本的 0.22 和劳动力资本的 0.76。通过不同阶段的对比，社会资本产出弹性呈现上升趋势。其次，从贡献水平来看，物质资本和社会资本贡献率略微上升，劳动力资本的贡献率出现下降，研究期内贡献率从高到低依次是物质资本、社会资本和劳动力资本。再次，从横向分区域来看，三大区域不同资本贡献水平的阶梯式分布明显，社会资本的贡献水平从高到低依次是东部、中部、西部，相应的物质资本排序是西部、中部和东部，劳动力资本排序是东部、西部和中部。最后，横向比较各大区域内部，发现均存在一定的差异，其中中部的内部差异最小。据此可以初步判断社会资本贡献与经济发展水平之间的正相关关系。

第二，社会资本与人力资本对经济增长的影响比较。首先，从整体来看，各因素产出弹性从高到低依次是人力资本水平、人力资本存量、社会资本以及物质资本。除物质资本外，其他因素的产出弹性均上升。其次，研究期内的不同资本贡献水平从高到低依次是物质资本、人力资本和社会资本，其中人力资本存量的贡献率高于人力资本水平。再次，从横向来看，人力资本贡献水平从高到低的排序是东部、西部、中部，社会资本的排序是中部、东部、西部，物质资本排序是中部、西部、东部。最后，不同区域内部比较，可以进一步判断，较发达地区更多依赖人力资本和社会资本，而欠发达地区更多依赖物质资本。

第三，社会资本不同维度对经济增长的影响对比。相比新增长理论的检验结果，新古典增长模型相对稳健。首先，从产出弹性来看，结构维度的产出弹性最高，关系维度和认知维度次之。研究期内，结构维度、关系维度的产出弹性上升。其次，从纵向来看，不同维度的贡献水平存在波动，不考虑贡献水平异常值的年度，三个维度贡献水平从高到低依次是结构维度、关系维度和认知维度。再次，从横向分区域来看，各个维度表现不同：结构维度贡献水平从高到低排序为东部、西部和中部，其中西部和中部为负；关系维度的排序为中部、东部和西部；认知维度的排序为中部、西部、东部。最后，具体到不同区域内部，三大区域内部省份中，结构维度贡献均有正有负，关系维度均为正，且在中部区域内部差异最小，认知维度贡献率最低，仅有天津、山西和内蒙古的认知维度贡献率为负。

第四，社会资本及不同维度的空间溢出效应。以新古典增长模型的检验结果说明研究结论。首先，物质资本、劳动力资本存在负向溢出效应，社会资本存在正向溢出效应，肯定了社会资本的空间溢出效应，具体表现为一个地理单元良好的社会资本环境同时促进本地区和邻近地区的经济增长。其次，比较不同的区域，社会资本的直接效应从高到低依次是东部、中部和西部，间接效应在东部区域为负，中部和西部为正。再次，就社会资本的不同维度来看，结构维度的总效应、直接效应、间接效应显著为正，其他两个维度的空间效应无法判断。最后，针对不同区域的比较来看，结构维度在三大区域的直接效应显著为正，间接效应东部为负，中、西部为正；关系维度在东部不显著，中部和西部的间接和总效应显著为正；认知维度仅在中部区域表现为不同效应显著。

第六章　社会资本对经济增长的作用机制检验

在肯定了社会资本对经济增长的正向影响之后，下一个问题是"如何影响"。尽管就社会资本对经济增长及经济活动方面的研究有一定的积累，但这些研究往往仅分析某一种影响机制，缺乏系统性，影响路径又往往是单向的、线性的。为了更加准确地描述影响机制，本章引入人力资本和技术创新，剖析社会资本对经济增长的作用机理，尝试解决的问题包括"人力资本与社会资本是否存在互动促进作用""社会资本的影响因素""社会资本与人力资本对技术创新的影响方向与程度""社会资本不同维度对人力资本的影响检验""社会资本不同维度对技术创新的影响检验"等。

利用不同的计量方法检验各个影响环节。人力资本与社会资本之间的作用关系将通过联立方程模型检验，两者对技术创新的影响通过面板数据模型检验。社会资本不同维度与人力资本和技术创新的关系利用面板数据模型检验。此外，本章还对比分析了不同阶段和不同区域的社会资本对经济增长的作用机制。

第一节　分析思路与研究假设

本节以第三章的分析为基础，分两部分讨论社会资本对经济增长的影响机制：一是主要概念之间的影响关系分析，以此构建从社会资本到经济增长的影响路径；二是社会资本不同维度对经济增长的影响。

一、社会资本与相关概念之间的关系分析

前文主要分析了社会资本对经济增长、人力资本、技术创新等变量的影响，而没有详细分析这些变量之间的相互作用关系。本章将通过分析不同概念之间的

关系，提出相应的假设，揭示社会资本对经济增长的影响机制。

1. 不同概念之间关系的理论分析

本部分分析不同概念之间的关系。需要说明的是，技术创新是影响机制中一个重要的传导变量，虽然技术创新对于不同发展水平的区域贡献率和作用力度存在差异（朱勇和张宗益，2005），但技术创新对于经济增长的正向作用是毋庸置疑的。另外，在实证研究中，针对人力资本代理变量的处理方法存在差异：一种是将人力资本水平，即区域的平均受教育年限作为研究对象（Dinda，2008；杨宇和郑垂勇，2008），另一种是将人力资本存量作为研究对象（刘长生和简玉峰，2009）。显然，社会资本主要影响的是劳动力的知识水平，即人力资本水平，所以选取人力资本水平作为本章研究对象，以下简称人力资本。

（1）人力资本与社会资本的双向影响。

在人力资本与社会资本的关系中，早期的研究集中于社会资本对人力资本的单向促进作用，代表性的研究有 Coleman（1988）。随后，部分学者关注到了人力资本对社会资本的影响（Dinda，2008），并通过实证检验肯定了高水平的人力资本能够有效促进社会资本的形成（Helliwell and Putnam，2007；Dinda，2008）。刘长生和简玉峰（2009）不再把人力资本和社会资本看作同等重要的要素投入生产过程中，而是突出了从人力资本到社会资本再到经济增长的链式关系，但没有考察社会资本对人力资本的作用。杨宇和郑垂勇（2008）的研究与之互补，即建立了从社会资本到人力资本再到经济增长的线性关系，但缺失人力资本对社会资本影响的研究。也有研究将两者同时作为经济增长或者技术创新的影响因素（Temple，2002；Denny，2003；Dinda，2008），但鲜有研究同时检验两者之间的双向影响。项保华和刘丽珍（2007）虽然提出了两者的互动关系，但只停留在理论分析层面。

在围绕单向关系的研究中，需要选取控制变量。当将两者分别作为因/自变量或自/因变量进行回归分析时，不同学者的处理方式不同。Denny（2003）、Helliwell 和 Putnam（2007）在分析教育对社会资本的影响时，选取年龄、离婚率、性别、电视一代[①]、居住环境、在职与否等特征变量。刘长生和简玉峰（2009）研究人力资本对社会资本的影响时，引入的影响因素包括政府培育社会信用的公共支出[②]和实物资本存量与名义 GDP 的比值[③]。杨宇和郑垂勇（2008）认为，人力资本受到上一年人力资本、信任水平和经济发展水平的影响。

---

① "电视一代"是指在个体性格形成阶段通过电视接触到媒介信息的人群，这是由于这份研究的时间段是 1972~1996 年，不同个体在接收电视信息方面存在差异。

② 以政府在司法、文化宣传中的公共支出额代理。

③ 反映实物资本和社会经济发展对社会资本积累的影响。

鉴于以上分析，提出以下假设：

H1：人力资本对于社会资本的培育起到促进作用，一个区域内高水平的人力资本有利于产生高水平的社会资本。

H2：社会资本正向作用于人力资本的形成，一个区域的社会资本越高，越有利于高水平的人力资本形成和作用发挥。

（2）经济增长对社会资本的促进作用。

大部分文献讨论了社会资本对经济增长的影响，而没有关注经济增长对社会资本的影响，本书弥补了这一不足。从已有的两者关系的研究中，可以发现经济增长对社会资本的正向影响。Harrison（2018）分析了贫困地区社会资本的匮乏现象，原因在于贫困地区的微观主体没有能力和资源去参加社会活动、增强主体联络、促进信任，这将最终导致社会资本的匮乏。同时考虑到社会规范在不同的阶层中是存在差异的，社会资本的稀缺同样不利于阶层融合，进一步不可避免地造成社会极化，形成"贫困→低社会资本→贫困"的恶性循环。Holtkamp 和 Weaver（2018）通过对阿巴拉契亚地区的研究，肯定了社会资本与经济表现在空间分布上的正相关。赵瑞和陈金龙（2015）提出区域经济的发展有利于优化社会资本，经济的发展促进了环境的改善、市场的规范、信任的提高，使社会网络的联系更加紧密，因此带来了社会资本的良性发展。Harrison 和 Montgomery（2019）构建了以社会资本为因变量、经济增长为自变量的理论模型。

鉴于以上分析，提出如下假设：

H3：一个区域的经济发展水平越高，越有利于社会资本的培育。

（3）社会资本、人力资本对技术创新的影响。

针对社会资本、人力资本与技术创新三者的关系，研究分为两种范式：一种是只考虑社会资本对技术创新的影响，另一种是同时考虑社会资本与人力资本对技术创新的影响。

部分研究聚焦于社会资本对区域技术创新的影响。如前面章节所述，针对社会资本对创新行为的影响的研究最早落脚于企业层面，随后区域技术创新才逐渐成为热点，而企业层面的微观研究也为区域层面的中观研究提供了基础。考虑到这方面的文献和理论在前面章节的相关部分已经进行了详细的说明，因此以下集中分析研究中涉及的具体方法。陈乘风和许培源（2015）在社会资本影响创新的模型中加入了研发经费投入和研发知识存量。李博阳等（2017）以区域技术创新水平为因变量、社会资本为自变量，添加了地区经济规模、企业规模及其平方、人口密度、开放程度、FDI 六个变量作为控制变量。Cho（2018）扩大了社会资本的范畴，构建了以技术创新为因变量，社会信任、社会网络、正式机构的信任、共同目标、包容程度等与社会资本有关的变量为自变量的影响模型，将反映国家特征的人均 GDP 和总人口作为控制变量，对比研究了中国、韩国、日本、新加坡、中国台湾、中国香港六个东亚地区。

部分研究同时检验了社会资本和人力资本对区域技术创新的影响。Dakhli 和 Clercq（2004）以 59 个国家的截面数据作为研究对象，将社会资本分为信任、协会活动和社会规范三个维度，研究了它们与人力资本对创新的影响方向与大小，另外将表示国家大小的总人口和表示社会极化水平的收入差距作为控制变量。Akçomak 和 Weel（2009）以申请专利密度代表技术创新，R&D 强度、以信任表征的社会资本和以教育投入为表征的人力资本作为影响因素。Bengoa 等（2017）将 R&D 存量、人力资本、社会资本作为全要素生产率的影响因素，通过对西班牙区域数据的检验肯定了三者对经济增长显著的正向影响。Peiró-Palomino（2019）将欧盟 28 个国家的 257 个 NUTS 区域作为研究对象，利用专利密度代理技术创新，因变量包括协会活动、R&D 强度、人力资本、人均 GDP，此外，将农林渔业增加值占比、工业增加值占比以及区域基础设施作为控制变量来体现区域异质性。

鉴于以上分析，提出以下假设：

H4：社会资本对区域技术创新表现为正向的促进作用。

H5：人力资本对区域技术创新表现为正向的促进作用。

2. 社会资本对经济增长影响机制

综合对不同概念之间关系的分析，将社会资本、人力资本、技术创新、经济增长置于同一框架下，绘制如图 6-1 所示的社会资本对经济增长的影响机制。

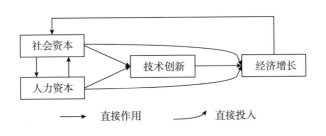

图 6-1　社会资本对经济增长影响机制

根据图 6-1 的分析，社会资本对经济增长的作用是一个复杂和多元的过程，可以分解为以下五条路径：一是"社会资本→人力资本→经济增长"；二是"社会资本→人力资本→技术创新→经济增长"；三是"社会资本→经济增长"；四是"社会资本→技术创新→经济增长"；五是"人力资本→社会资本→技术创新→经济增长"。

在这些环节中，已经被上一章证实的是"人力资本→经济增长""社会资本→经济增长"，被现有大多数研究证实的是"技术创新→经济增长"。需要通过本章的研究验证的环节包括"人力资本→社会资本""社会资本→人力资本""社会资本→人力资本→技术创新""人力资本→社会资本→技术创新"。想要尽可能检验到这些变量之间的相互关系，单一的模型显然存在局限性。本书将综合利用联立方程模型和面板数据模型，分析社会资本对经济增长的影响路径。

二、社会资本不同维度对经济增长影响机制分析

社会资本不同维度对经济增长影响机制的分析难度大于对社会资本整体的分析。从理论研究的视角来看，有三方面的原因：一是就已有的理论分析来看，基于社会资本整体的分析多于基于不同的维度。二是即使是分维度的分析，分类方法尚未统一。三是研究所用的分类方式来源于对企业行为的研究，而本书的研究对象是区域尺度，这进一步加大了理论分析的难度。本部分将探索性地分析社会资本不同维度对人力资本和技术创新的影响。

1. 社会资本不同维度对人力资本积累的影响

在针对社会资本与人力资本关系的研究中，大多没有将社会资本分维度考虑，少量分维度的研究缺少对影响机制的深入讨论。从理论研究来看，对微观机制的研究积累更多。这在一定程度上造成了不同维度社会资本对于人力资本影响机制的分析基础相当薄弱。以下从不同维度的内涵和特征出发进行分析。

首先是结构维度。结构维度是对社会资本形成网络的描述，回答了"区域信任来源于什么样的主体间联络结构"这一问题。由前文的分析可知，结构维度以中心度、联系强度以及合适的组织来衡量。中心度衡量了区域发展和经济运行过程中企业角色的重要性。企业的中心度越高，说明企业对于区域发展的影响越大，企业在不同经济活动中的参与度越强。这时，如果企业在人才招聘中提高了资本门槛，则可以传导给人才市场对高人力资本个体的需求信号，从而间接影响区域整体的人力资本水平。联系强度同样影响人力资本形成，主要体现在企业与人力资本培育机构的合作环节中。联系强度水平高在一定程度上意味着企业与高等院校和研发机构紧密合作，在合作过程中，形成了信息互通，发挥了各方优势。这些合作不仅体现在技术对接和应用环节，同样体现在人力资本培育环节，特别是高等院校与企业的合作[1]。同时，以企业为中心的合作有利于引入外部资源对员工进行培训，提升在职员工个体的人力资本水平。合适的组织对人力资本形成的影响机制与中心度类似，即合适的组织一般表现为智力密集型的服务业和生产型的服务业，这些产业有着较高的人力资本需求。

---

[1] 校企合作近年来在中国广泛应用，常见的有双导师制度、劳动就业引入制度等。

其次是关系维度。高水平的关系维度意味着地区良好的信任环境，这对于区域软环境建设是不可或缺的内容，也标志着地区的吸引力。从微观角度来看，最为经典和开创性的研究来自 Coleman（1988），其通过微观案例分析说明了存在于家庭内部和学校周边成人社区的社会资本有助于降低辍学率，从而提高人力资本。Burt（1992）发现，由于网络外部性，一些网络参与的回报被投资了社会联结的行为人获得，以此推理网络外部性可能提升经济整体的人力资本存量。杨宇和郑垂勇（2008）以中国省际层面为研究对象，肯定了以信任水平衡量的认知维度和以民间组织密度衡量的认知维度的社会资本对人力资本积累的促进作用。刘璐琳（2008）提出，普遍的信任氛围能够提高劳动者投资教育的积极性，使一个地区更容易吸引和留住人才，从而促进人力资本积累。可见，不论是对于微观的社区层面，还是中观的区域尺度，良好的信任关系对人力资本既存在吸引力，又有利于人力资本的进一步积累。

最后是认知维度。认知维度衡量了地区的文化凝聚力和目标方向一致性。从文化凝聚力来看，现有研究中针对企业文化凝聚力与人力资本的关系讨论较多，体现为一个企业所具有的独特的企业文化增强了员工的归属感，减少了员工的外流，提高了企业稳定性和产出效率，形成了对企业人力资本的保护。这一机制上升到区域尺度同样适用，即文化凝聚力和归属感可以提高区域人才对区域本身的认同感，形成凝聚力和向心力，减少人才流失，促进本地建设，最终促进人力资本的积累和提升。任务目标一致性有利于人力资本的培育和累积，在区域整体任务目标的实现过程中，既需要一定的人力资本作为基础，又需要在实现过程中加强对人力资本的针对性和专向性培育。

通过以上的分析，提出以下假设：

H6：地区高水平的社会资本结构维度有利于人力资本积累。

H7：地区高水平的社会资本关系维度有利于人力资本积累。

H8：地区高水平的社会资本认知维度有利于人力资本积累。

2. 社会资本不同维度对技术创新的影响

在第三章中，已经就不同维度与技术创新的关系进行了理论分析。结合图3-6的影响机理，提出如下假设：

H9：地区高水平的社会资本结构维度有利于技术创新。

H10：地区高水平的社会资本关系维度有利于技术创新。

H11：地区高水平的社会资本认知维度有利于技术创新。

第二节 模型设定与数据说明

为了验证社会资本对经济增长的影响机制，本章分三个部分利用不同的方法依次对相关的假设进行检验：一是针对社会资本与人力资本的互动关系，利用联立方程模型进行检验。二是检验社会资本与人力资本对技术创新的促进作用，方法是面板数据模型。三是检验社会资本不同维度对人力资本和技术进步的影响。

一、社会资本与人力资本互动关系检验的联立方程模型

首先建立简约表达式：

$$\begin{cases} h = k(X_h, \ S) \\ S = h(X_S, \ h, \ Y_{-1}) \end{cases} \qquad (6\text{-}1)$$

其中，Y_{-1}、h、S 分别表示滞后一期的经济增长、人力资本和社会资本，X_h、X_S 表示影响这些变量的其他因素。考虑到当期经济增长与社会资本的内生性问题，取滞后一期的经济增长。以下讨论其他因素：

首先是人力资本。直接影响因素包括公共教育投入强度和私人教育投入强度。公共教育投入强度反映了政府在教育投入方面的重视程度，重视程度越高，越有利于人力资本的培育。私人教育投入强度体现了除去国家投入之外的居民自愿投入部分，反映了区域居民整体对教育的重视程度。相应的预期为，公共教育投入强度、私人教育投入强度和人力资本积累正相关。考虑到教育投资的长效性和人力资本培育的学制年限，这两个变量取滞后三期。

选取地区贫富差距水平和地区 GDP 作为控制变量，体现区域差异。地区贫富差距水平影响着适龄人群受教育的公平程度，一个社会的贫富差距越严重，越容易造成教育资源分布的不平衡和知识贫困的代际传递。地区 GDP 越高，相应的财政收入越高，那么在同等公共教育支持强度下，可能在教育方面付出更高的成本。相应的预期是，贫富差距与人力资本负相关，地区 GDP 与人力资本正相关。考虑到影响的滞后效应，GDP 变量取滞后一期。

以此构建的人力资本决定方程为：

$$h = \tau S^{\alpha_1} PE_{-3}^{\alpha_2} OE_{-3}^{\alpha_3} PG^{\alpha_4} Y_{-1}^{\alpha_5} \qquad (6\text{-}2)$$

其中，τ 可以理解为人力资本积累的效率；S 为社会资本；PE、OE 分别为公共教育投入强度和私人教育投入强度；PG、Y 为控制变量，代表地区贫富差距

和地区 GDP；α 为各影响因素的作用方向和程度。

其次是社会资本。由于已有的文献中极少将此作为因变量，对自变量的设定只见于少量的已有研究和理论分析中。可以确定的自变量是人力资本和经济增长。除此之外，以下分析政府努力程度和企业规模对社会资本的影响。

第一，政府努力程度。政府的一些公共支出项目可以反映政府在社会资本培育方面的努力程度。刘长生和简玉峰（2009）选取的项目是司法、文化宣传支出。梁双陆（2018）提出了一些可以促进社会资本积累的政府支出项目，例如一般公共服务、公共安全、科学技术、文化体育与传媒、教育支出、节能环保等。研究认为，这两份研究分别存在缩小和放大政府在社会资本培育方面的努力程度的问题。就社会资本的形成来看，政府可以发挥两方面的作用：一是区域环境塑造，例如人文环境建设、居民兜底保障、基础设施建设等方面，这方面功能为社会资本的培育提供了基础。二是主导和主体作用，例如公共文化建设、区域科学技术发展、信用环境建设等方面。考虑到第二个方面的作用在社会资本评价指标中已有显现，因此利用政府在区域环境塑造方面的努力程度表征社会资本培育方面的努力，具体为政府财政中的社会保障和就业、医疗卫生与计划生育、环境保护、城乡社区事务、农林水事务、交通运输六项支出占财政总支出的比例。按照预期，政府的努力程度越高，越有利于区域社会资本的培育。

第二，企业规模。如前文的相关章节所述，社会资本研究的兴起与产业集聚类型有关，即在福特生产制下，产业集聚以垄断型大企业为主，随着后福特时代的到来，企业产生了垂直分离，导致了大批中小企业的出现。相比大规模的企业，中小规模的企业可能存在更广泛和密集的企业间联系，从而促进社会资本的形成。按照预期，规模较小企业的集聚可能更有利于塑造社会资本。

同样地，引入控制变量来说明区域异质性，包括地区劳动力人口和区域开放度。结合前面相应章节的理论分析，地区的劳动力人口越多，可能产生越多的关系线，越容易构建信任关系，相应的预期是劳动力人口与社会资本正相关。针对区域开放度，有研究在社会资本的基础上衍生出国际社会资本，用来描述一国的经济活动主体与其他国家的主体通过联系而形成的信任（Urzelai and Puig，2018）。同理，针对区域尺度，区域开放度可以成为区域外社会资本的一种描述方式，并且可能与区域本地的社会资本有着互补的关系。考虑到本书的重点是区域内的社会资本，所以仅将区域开放度作为反映区域差异的变量，同时在研究中也不考虑区域外社会资本这一概念。

以此建立如下的社会资本决定方程：

$$S = \delta Y_{-1}^{\beta_1} h^{\beta_2} G^{\beta_3} ES^{\beta_4} L^{\beta_5} O^{\beta_6} \tag{6-3}$$

其中，δ 表示被忽略的其他影响因素，G 和 ES 代表政府努力程度和企业规模，Y_{-1} 为滞后一期的经济增长，L 为劳动力人口，h 和 O 含义同前，β 为各影响因素的作用方向和程度。

分别对两个决定方程取对数，构建社会资本与人力资本互动关系的联立方程组：

$$\begin{cases} \ln h = C_1 + \alpha_1 \ln S + \alpha_2 \ln PE_{-3} + \alpha_3 \ln OE_{-3} + \alpha_4 \ln PG + \alpha_5 \ln Y_{-1} + \varepsilon \\ \ln S = C_2 + \beta_1 \ln Y_{-1} + \beta_2 \ln h + \beta_3 \ln G + \beta_4 \ln ES + \beta_5 \ln L + \beta_6 \ln O + \Delta \end{cases} \quad (6\text{-}4)$$

以上模型中，C_1、C_2 为常数项，ε、Δ 为随机误差项。模型中 S、h 为内生变量，其余变量为外生变量和控制变量。

二、社会资本与人力资本对技术创新影响的模型设定

以 Jaffe（1989）提出的知识生产函数为基础，同时参考社会资本影响技术创新方面文献的做法，确定其他影响因素。知识生产函数的一般形式为：

$$A = BK_q^{\gamma_1} L_q^{\gamma_2} \quad (6\text{-}5)$$

其中，A 为知识的产出，K_q 为研发经费投入，L_q 为研发人员投入，γ_1、γ_2 为两者的产出弹性，B 表示影响知识产出的其他因素。除了人力资本和社会资本之外，综合参考 Dakhli 和 Clercq（2004）、Bengoa 等（2017）、Peiró-Palomino（2019）、李博阳等（2017）、马茹（2017）的做法，将 R&D 存量、区域外知识溢出作为区域技术创新的影响因素，滞后一期的区域 GDP、区域劳动力人口作为控制变量来体现区域异质性和发展环境。考虑到知识生产的时滞，投入要素和直接影响因素取滞后一期。最终构建的知识生产模型为：

$$A = \theta K_{q-1}^{\gamma_1} L_{q-1}^{\gamma_2} RD_{-1}^{\gamma_3} KS_{-1}^{\gamma_4} S^{\gamma_5} h^{\gamma_6} Y_{-1}^{\gamma_7} L^{\gamma_8} \quad (6\text{-}6)$$

其中，θ 表示知识生产效率；K_q、L_q 为技术创新过程中的资本要素投入、人员投入；RD 表示 R&D 存量；KS 表示区域接收到的知识溢出水平，代表了区域对知识的吸收能力；L 为区域劳动力；Y、S、h、O 含义同前。按照预期，研发经费投入对知识创造有正向影响，R&D 存量对知识创造的影响并不明确，可能与发展的阶段有关，KS 有利于本地的知识创造，S、h 与知识创造正相关。经济增长、区域劳动力有利于区域创新产出。γ 代表了不同影响变量的作用方向和程度。

此外，为了避免回归结果的多重共线性，对样本变量进行相关性分析，结果表明，研发经费投入、研发人员投入和资本存量具有很强的相关性，因此在模型中不再考虑研发人员投入和资本存量，仅保留研发经费投入。最终构建的知识生产函数为：

$$A = \theta K_{q-1}^{\gamma_1} KS_{-1}^{\gamma_2} S^{\gamma_3} h^{\gamma_4} Y_{-1}^{\gamma_5} L^{\gamma_6} \quad (6\text{-}7)$$

上式两边分别取对数，得到知识生产模型为：

$$\ln A = C_3 + \gamma_1 \ln K_{q-1} + \gamma_2 \ln KS_{-1} + \gamma_3 \ln S + \gamma_4 \ln h + \gamma_5 \ln Y_{-1} + \gamma_6 \ln L + \vartheta \qquad (6-8)$$

其中，C_3 为常数项，ϑ 为随机误差项，其他符号含义同前。

三、社会资本不同维度对经济活动影响机制的模型设定

从实证检验的角度来看，针对不同维度建立决定方程理论基础不足。例如，通过已有的研究并不能说明人力资本对某一个维度的影响机制，因此并不能建立合理的联立方程模型来说明众多变量之间的互动关系。所以，本节将通过独立的决定方程来确定社会资本不同维度对人力资本和技术创新的影响。

1. 社会资本不同维度对人力资本的影响

以联立方程模型中的人力资本决定方程为基础，社会资本三个维度作为独立因素引入方程，建立社会资本维度化的人力资本决定方程如下：

$$h = {}_\tau S_1^{\alpha_1} S_2^{\alpha_2} S_3^{\alpha_3} PE_{-3}^{\alpha_4} OE_{-3}^{\alpha_5} PG^{\alpha_6} Y_{-1}^{\alpha_7} \qquad (6-9)$$

其中，S_1、S_2、S_3 分别代表社会资本的结构维度、关系维度及认知维度，α 代表不同因素对人力资本的影响程度，其他符号含义同前。

将式（6-9）进行对数化处理，构建模型如下：

$$\ln h = C_5 + \alpha_1 \ln S_1 + \alpha_2 \ln S_2 + \alpha_3 \ln S_3 + \alpha_4 \ln PE_{-3} + \alpha_5 \ln OE_{-3} + \alpha_6 \ln PG + \alpha_7 \ln Y_{-1} + \varepsilon$$

$$(6-10)$$

其中，C_5 为常数项，其他符号含义同前。

2. 社会资本不同维度对技术创新的影响

以联立方程模型中的技术创新决定方程为基础，社会资本三个维度作为独立因素引入方程，建立社会资本维度化的技术创新决定方程如下：

$$A = \theta K_{q-1}^{\gamma_1} KS_{-1}^{\gamma_2} S_1^{\gamma_3} S_2^{\gamma_4} S_3^{\gamma_5} h^{\gamma_6} Y^{\gamma_7} L^{\gamma_8} \qquad (6-11)$$

其中，S_1、S_2、S_3 分别代表社会资本的结构维度、关系维度及认知维度，γ 代表不同因素对技术创新的影响程度，其他符号含义同前。

将式（6-11）进行对数化处理，构建模型如下：

$$\ln A = C_6 + \gamma_1 \ln K_{q-1} + \gamma_2 KS_{-1} + \gamma_3 \ln S_1 + \gamma_4 \ln S_2 + \gamma_5 \ln S_3 + \gamma_6 \ln h + \gamma_7 \ln Y + \gamma_8 \ln L + \vartheta$$

$$(6-12)$$

其中，C_6 为常数项，其他符号含义同前。

四、模型估计方法说明

本节说明不同模型的估计方法。

1. 联立方程模型的估计

对于普通联立方程模型的估计一般有三种方法，即单一方程估计法（OLS、

RE、2SLS 等）、似乎不相关回归法（SUR）和系统估计法（3SLS）。由于存在内生变量，OLS 的估计是不一致的，但仍然可以作为参照系。2SLS 方法对每个方程进行单独的估计，而没有考虑各个方程之间的内在联系。SUR 的进步在于对多个方程进行了估计，考虑了扰动项之间的关联，但没有考虑各方程变量之间的内在联系。3SLS 估计效果最有效，不仅考虑了方程内生解释变量，同时也考虑了不同方程扰动项之间可能存在的相关性问题。考虑到从理论层面并不能说明社会资本和人力资本的扰动项之间存在相关性，经验检验部分将分别报告 RE、2SLS 和 3SLS 的检验结果。2SLS 方法中以被各个决定方程中排斥的所有外生变量作为对应解释变量的工具变量。

2. 普通面板模型的估计

分别使用 OLS、FE 和 RE 方法估计知识创造的基础模型，并利用 F 检验、LR 检验以及 Hausman 选取方程。同时，对比分析不同阶段和不同区域因变量对自变量的影响强度和方向。

五、变量选取及数据说明

本部分说明研究中涉及的主要变量以及其他影响变量、控制变量。

1. 主要变量

经济增长、社会资本的变量选取同第四章，人力资本以人力资本水平代理的计算方式同第五章。

技术创新标志着不同区域在知识创造和知识转化方面的能力。多数研究以专利授权总数或者专利密度指标所反映的知识创造水平来测度区域的技术创新能力，这种测度方式的优势在于数据可得性强，便于横纵向对比。另一种常用的衡量方式是企业新产品的销售收入，但在研究期内，存在数据统计口径不一致的问题。最终选取区域专利授权数作为技术创新的代理变量。数据来源于《中国科技统计年鉴》。

2. 其他变量

本部分就不同决定方程中的其他变量进行说明。

（1）人力资本决定方程。

公共教育支出强度常用的有两种度量方法，分别是教育支出占财政总决算数的比例和教育支出与 GDP 的比例，本书选用前者来说明地区对教育的投入强度和重视程度，数据来源于《中国财政年鉴》。

常见的私人教育投入强度有两种度量方法：一是以教育经费中除国家财政性教育经费的其他部分作为私人支出部分；二是以调研得来的居民教育支出或者利用官方统计数据中的居民人均支出中的教育文化娱乐金额代理。本书选用第二种方式。考虑到数据的可得性，选用城镇居民在教育方面的家庭人均支出水平度量，并以 2006 年为基年，利用全国的城市居民消费价格指数平减。数据来源为各省份相关年份统计年鉴和《中国统计年鉴》。

地区贫富差距水平可以利用地区基尼系数或者城镇居民人均可支配收入与农村居民人均可支配收入的比例来衡量。本书选用第二种方式，原始数据来源于各省份不同年份统计年鉴。

区域 GDP 数据来源于 CEIC 数据库，以 2006 年为基年进行平减处理。

（2）社会资本决定方程。

政府努力程度利用政府财政中社会保障与就业、医疗卫生与计划生育、环境保护、城乡社区事务、农林水事务以及交通运输六项支出占地区总财政支出决算数的比例表示，数据来源于《中国财政年鉴》。

常见的衡量企业规模的方式有企业平均从业人员和平均资产量，两者有较强的相关性[1]。考虑到地区规模以上工业企业从业人员总量数据有部分年份空缺，故选取区域规模以上工业企业平均资产数量衡量企业规模，具体为地区规模以上工业企业实际总资产/企业单位数，数据来源于《中国工业经济统计年鉴》和中经网数据库。

区域开放度的计算方式为进出口贸易总额/GDP，其中进出口贸易总额以境内目的地和货源地的数据为准，数据来源于《中国统计年鉴》。

劳动力人口来源于各省份统计年鉴。

（3）技术进步模型。

R&D 存量利用永续盘存法估算。此变量在最终的实证分析中并未被引入方程，但是需要通过计算其与相关变量的关联程度来说明为何去除这一变量，故仅说明计算过程。公式为：

$$R_t = (1-a) R_{t-1} + P_t \tag{6-13}$$

其中，R_t、R_{t-1} 代表当年和上一年的知识存量，P_t 为当年新产生的知识，一般利用专利授权量表示，a 为折旧率，折旧率取 15%。以 2006 年为基年，并且 $R_0 = P_{t0}/(a+g)$，g 为研究期内的专利授权量增长率，以全国水平的年平均几何增长率为准，取 22.68%。考虑到技术进步以最终产出衡量，而三大类型专利中，实用新型和外观设计专利是企业进行商业化转化的重要来源，因此专利授权量以三大类型专利的总量代理。这与一些研究中只选取专利发明申请授权量代理与创新或知识有关的变量之间关系的做法有所区别。

区域外知识溢出利用对外技术依存度衡量，对外技术依存度是指一个国家

---

① 对研究期内不存在数据缺失的年份对应的规模以上工业企业总从业人员和总资产进行相关性分析的结果是 0.9933。

对他国技术的依赖程度。马茹（2017）将区域外的知识溢出分为空间知识溢出和国外知识溢出，前者利用对各区域专利存量的地理加权表示，后者利用各省份进出口贸易总额和实际利用外商直接投资额体现。在进行区域层面的研究时，所接收到的来自国内、国外的知识溢出本身是无差异的，都能说明技术应用的开放程度，因此以对外技术依存度来表示区域外的知识溢出水平。计算公式为：

$$区域对外技术依存度 = \frac{国外技术引入+国内其他地区技术引入}{国外技术引入+国内其他地区技术引入+区域 R\&D 经费内部支出} \qquad (6-14)$$

其中，国外技术引入变量选取各地区国外技术引进合同金额，并且利用历年《中国金融年鉴》年平均汇率换算。国内其他区域科研经费支出为其他区域流向本地区的技术合同金额。区域 R&D 经费支出为各地区的内部支出总额。这些数据均来自《中国科技统计年鉴》。

此外，研发经费投入利用区域 R&D 内部经费投入代理，以 2006 年为基期做平减处理，研发人员投入利用 R&D 全时当量代理。这两项数据来源于《中国科技统计年鉴》。

3. 统计性描述

表 6-1 报告了模型中相关变量对数值的统计性描述。

表 6-1　主要变量对数值的统计性描述

	变量	单位	对数	均值	标准差	极小值	极大值
主要变量	人力资本	年·100	$\ln H$	6.8	0.1	6.5	7.2
	社会资本	—	$\ln S$	5.0	0.2	4.5	5.7
	技术创新	个	$\ln A$	9.3	1.5	5.4	12.5
不同维度	结构维度	—	$\ln S_1$	3.9	0.31	2.6	4.7
	关系维度	—	$\ln S_2$	3.9	0.4	1.1	4.7
	认知维度	—	$\ln S_3$	3.9	0.3	3.2	4.6
人力资本	公共教育投入	元/年	$\ln PE_{-3}$	1.1	0.4	0.3	2.2
	私人教育投入	元/年	$\ln OE_{-3}$	7.1	0.3	6.5	8.1
社会资本	经济增长滞后一期	亿元	$\ln Y_{-1}$	8.9	0.9	6.5	10.4
	政府努力程度	%	$\ln G$	3.9	0.1	3.4	4.1
	企业规模	万元/个	$\ln ES$	9.6	0.6	8.5	10.9
技术创新	研发经费投入	万元	$\ln K_{q-1}$	13.6	1.3	10.0	15.9
	区域外知识溢出	%	$\ln KS_{-1}$	3.7	0.4	2.7	4.5

续表

	变量	单位	对数	均值	标准差	极小值	极大值
控制变量	贫富差距水平	—	lnPG	1.1	0.2	0.6	1.6
	劳动力资本	万人	lnL	7.6	0.8	5.7	8.8
	区域开放度	%	lnO	2.9	1.0	0.3	5.1

第三节　社会资本与人力资本互动的经验检验

本节分为体现纵向变化的阶段比较分析和体现横向差异的区域比较分析，检验社会资本与人力资本的互动影响关系。模型估计借助 Stata15.1。

一、基于不同阶段的检验

表 6-2 报告了 2007～2016 年分别利用 RE、2SLS 和 3SLS 方法估计的联立方程模型结果。

表 6-2　2007～2016 年社会资本与人力资本互动机制的经验检验

变量	lnh			lnS		
模型	（1）RE	（2）2SLS	（3）3SLS	（4）RE	（5）2SLS	（6）3SLS
lnh				0.798 *** (0.000)	1.805 *** (0.000)	1.028 *** (0.002)
lnS	0.153 *** (0.000)	0.520 *** (0.001)	0.194 *** (0.004)			
$lnPE_{-3}$	0.124 *** (0.000)	0.041 (0.262)	0.104 *** (0.000)			
$lnOE_{-3}$	0.018 (0.220)	−0.014 (0.544)	−0.024 ** (0.032)			
lnY_{-1}	0.081 *** (0.000)	0.041 * (0.073)	0.151 *** (0.000)	0.142 *** (0.002)	−0.098 (0.336)	0.118 ** (0.044)
lnG				0.264 *** (0.000)	0.297 *** (0.009)	0.260 *** (0.000)

续表

变量	lnh			lnS		
模型	(1) RE	(2) 2SLS	(3) 3SLS	(4) RE	(5) 2SLS	(6) 3SLS
lnES				-0.032 (0.237)	-0.132*** (0.006)	0.025 (0.514)
lnPG	-0.106*** (0.000)	-0.090** (0.026)	-0.026 (0.276)			
lnL				-0.150*** (0.001)	0.016 (0.840)	-0.172** (0.028)
lnO				-0.027* (0.079)	-0.015 (0.407)	-0.046*** (0.008)
C	5.215*** (0.000)	4.044*** (0.000)	4.619*** (0.000)	-1.225* (0.082)	-5.696*** (0.002)	-2.014 (0.169)
R^2	0.608	0.622	0.815	0.521	0.421	0.563
Obs	300	300	300	300	300	300

注：***、**、*分别表示在1%、5%和10%的水平下显著。

通过表6-2可知，人力资本决定方程的各模型的拟合优度均在0.6以上，基本满意。社会资本决定方程的估计结果拟合优度略低于前者，在0.5左右，这可能是由于在解释社会资本时，未能捕捉到更多的关键影响因素，但拟合结果并不影响对主要解释变量的分析。同时，主要解释变量及其他大部分解释变量在不同的估计方法下，系数符号没有发生明显变化，只有少数变量存在符号和显著性水平的变化，后文将对这种情况做出解释。整体而言，模型稳健性尚可。从回归方程结果中可以得到以下结论：

首先是社会资本对人力资本的影响。在不同的估计方法下，前者均表现为对后者显著的正向影响。以3SLS的估计为例，社会资本水平1%的变化，将带来人力资本水平0.194%的变化。以此肯定了H1。

人力资本的直接影响因素分别是公共教育投入强度和私人教育投入强度。从影响方向来看，公共教育投入强度始终表现为正向，只是在模型2中结果并不显著。公共教育投入每提升1%，人力资本水平将提升0.1%。按照预期，私人教育投入对人力资本有着促进作用，但通过估计结果的比较并不能判断私人教育投入对人力资本的影响方向和大小。这有两方面原因：一是相比公共教育投入，私人教育投入的重要性偏弱；二是变量选取的问题，更加理想的变量是利用居民平均教育支出来衡量，但是这一数据的获取存在极大的困难，部分省份只统计了教育文化和娱乐整体支出数额，没有单独统计教育支出一项，部分省份缺失农村居民数据。考虑到从理论上无法否定私人教育投入对人力资本的促进作用，所以以下实证研究仍然保留了该变量。经济增长和社会贫富差距的影响方向和预期保持一致。经济增长对人力资本表现为促进作用，贫富差距阻碍着人力资本的提升。

其次是社会资本的影响因素。模型4、模型5、模型6肯定了人力资本对社会资本的促进作用，社会资本水平提升1%，人力资本可以提升1%左右。前文H2得到验证。社会资本的直接影响因素中，忽略模型5并不显著的负系数，经济增长表现为显著的正向影响，说明经济增长正向促进社会资本，H3得到验证。政府努力对社会资本影响显著为正。不考虑模型6的结果，企业规模对社会资本有着负向作用，说明企业规模越大，企业内联系强度大于企业间联系强度，导致社会资本水平越低，结论基本符合预期。

社会资本决定方程有两个控制变量：其一，不考虑模型5的结果，区域劳动力资本对社会资本有着显著的负向影响，这一结论与预期是不符合的，即区域的劳动力资本越多，越容易建立联系，从而促进社会资本的形成。可能的原因有两个：首先，从社会资本的内涵出发，劳动力人口越多，相应地区人口也越多，这在无形中提高了区域在信用水平和凝聚力水平建设中的难度，体现为社会资本的关系维度和认知维度；其次，涉及企业的分布，区域社会资本形成来源于不同的经济活动主体，以主体为主的联系强于以人为主的联系，在研究期间内，大部分省份的平均企业规模是提升的，从而抵消了劳动力人口在理论上的正向作用。其二，区域开放度对社会资本的影响为负向，这与理论预期一致。

将研究期分为2007~2013年和2010~2016年两个阶段。为了便于比较，仅报告了考虑内生性的2SLS和3SLS检验结果，如表6-3所示。

表6-3　分阶段社会资本与人力资本互动机制的经验检验

阶段	2007~2013年				2010~2016年			
变量	lnh		lnS		lnh		lnS	
模型	(1) 2SLS	(2) 3SLS	(3) 2SLS	(4) 3SLS	(5) 2SLS	(6) 3SLS	(7) 2SLS	(8) 3SLS
lnh			2.057***	1.681***			2.128*	1.796**
			(0.000)	(0.000)			(0.065)	(0.014)
lnS	0.243*	0.002			1.039***	0.654***		
	(0.064)	(0.974)			(0.000)	(0.000)		
$lnPE_{-3}$	0.143***	0.158***			0.054	0.013		
	(0.000)	(0.000)			(0.207)	(0.605)		

续表

阶段	2007~2013 年				2010~2016 年			
变量	lnh		lnS		lnh		lnS	
模型	(1) 2SLS	(2) 3SLS	(3) 2SLS	(4) 3SLS	(5) 2SLS	(6) 3SLS	(7) 2SLS	(8) 3SLS
$lnOE_{-3}$	-0.026 (0.484)	-0.045** (0.036)			-0.080 (0.105)	-0.007 (0.651)		
lnY_{-1}	0.063*** (0.000)	0.228*** (0.000)	-0.160 (0.168)	-0.098 (0.429)	-0.003 (0.905)	0.012 (0.845)	-0.121 (0.583)	0.075 (0.661)
lnG			0.097 (0.381)	0.242*** (0.008)			-0.111 (0.640)	0.107 (0.619)
lnES			-0.156*** (0.004)	-0.142*** (0.009)			-0.111* (0.091)	-0.149** (0.013)
lnPG	-0.228*** (0.000)	-0.095** (0.017)			-0.094** (0.026)	-0.119** (0.027)		
lnL			0.070 (0.464)	0.004 (0.980)			0.035 (0.831)	-0.034 (0.633)
lnO			-0.035 (0.135)	-0.059** (0.029)			-0.008 (0.737)	-0.026 (0.610)
C	4.989*** (0.000)	5.068*** (0.000)	-6.983*** (0.001)	-5.079*** (0.006)	2.407** (0.014)	3.536*** (0.000)	-7.265 (0.198)	-1.673 (0.775)
R^2	0.669	0.836	0.331	0.482	0.506	0.209	0.382	0.301
Obs	210	210	210	210	210	210	210	210

注：***、**、*分别表示在1%、5%和10%的水平下显著。

由表6-3可知，除了模型2的拟合优度较为满意，其他模型的拟合优度均不及整个研究期，这与分阶段压缩了时间长度，样本量减少不无关系。在不考虑显著性水平的情况下，各个影响因素符号与整个研究期的检验结果基本一致。以下通过比较不同阶段的系数和显著性水平来说明自变量对因变量的历史变化。

首先是人力资本。主要解释变量社会资本在模型1中的系数显著为正，在模型2中的系数并不显著，虽然通过系数可以判断社会资本对人力资本的正向影响，但前一阶段的作用强度可能较低。到了后一阶段，模型5和模型6的系数显著为正，并且影响系数大幅度增大，这一情况与社会资本对经济增长的影响变化相似。直接影响因素中，公共教育投入强度在前一阶段表现出显著的正向影响，并且系数大于整个研究期，到了后一阶段，影响系数虽然为正，但不再显著，以此可以推断，公共教育投入强度的重要性在研究期内下降。通过计算得出，公共教育投入强度在研究期内收敛，即省与省之间差异缩小，这是该变量在后一阶段不再显著的重要原因。私人教育投入的检验结果与整个研究期的结果基本一致，即为负且不显著。经济增长对人力资本的影响与公共教育投入强度一致，同样与区域之间经济增长收敛有关。贫富差距在不同的阶段保持了对因变量的抑制作用，但无法通过系数来判断影响强度的变化。

其次是社会资本。主要解释变量人力资本在不同的阶段、不同的估计方法中，均表现为显著的正向影响，并且影响强度有小幅度的提升，再次肯定了前文的 H2。对不同阶段的检验无法判断经济增长、贫富差距、劳动力资本以及区域开放度对社会资本影响的变动趋势。但可以得出的结论是，企业规模对社会资本有着较为显著的负向影响，区域开放度对社会资本影响为负。

二、基于不同区域的检验

本节通过对不同区域的检验，对比分析人力资本与社会资本互动关系的区域差异。表 6-4 报告了东部区域的检验结果。

表 6-4　东部区域社会资本与人力资本互动机制的经验检验

变量	lnh			lnS		
模型	(1) RE	(2) 2SLS	(3) 3SLS	(4) RE	(5) 2SLS	(6) 3SLS
lnh				1.353*** (0.000)	0.933* (0.072)	0.753* (0.100)
lnS	0.161*** (0.000)	0.633*** (0.007)	0.190*** (0.010)			
$lnPE_{-3}$	0.161*** (0.000)	0.070* (0.100)	0.141*** (0.000)			
$lnOE_{-3}$	0.060*** (0.000)	-0.043 (0.528)	0.007 (0.754)			
lnY_{-1}	0.016 (0.319)	-0.005 (0.844)	0.093** (0.016)	0.100 (0.271)	0.182 (0.144)	0.091 (0.541)
lnG				0.059 (0.638)	0.162* (0.100)	0.336** (0.017)
lnES				-0.076* (0.100)	-0.031 (0.636)	0.045 (0.385)

变量	lnh			lnS		
模型	(1) RE	(2) 2SLS	(3) 3SLS	(4) RE	(5) 2SLS	(6) 3SLS
lnPG	0.006 (0.906)	−0.037 (0.665)	0.059 (0.215)			
lnL				−0.093 (0.335)	−0.166* (0.100)	−0.078 (0.550)
lnO				−0.043 (0.377)	−0.036 (0.464)	−0.063 (0.296)
C	5.385*** (0.000)	4.048*** (0.000)	4.872*** (0.000)	−3.852*** (0.006)	−1.982 (0.410)	−0.149 (0.948)
R^2	0.784	0.802	0.841	0.794	0.787	0.537
Obs	110	110	110	110	110	110

注：***、**、*分别表示在1%、5%和10%的水平下显著。

虽然样本数量低于全国整体和不同阶段的分析，但东部区域的检验整体拟合优度优于其他三者，揭示了所选变量在经济发达地区有着更强的解释力。从各个解释变量的系数和显著性水平来分析，既有共性，又存差异。下面依次进行分析。

首先是人力资本。与全国整体检验结果一致的结论有：第一，社会资本对人力资本表现出显著的促进作用，系数整体略高于全国整体，以3SLS的估计结果为例，1%的社会资本水平提升可以使人力资本提高0.190%；第二，公共教育投入对人力资本的影响显著为正，并且整体显著性优于全国整体；第三，经济增长对人力资本的影响为正，但显著性水平弱于全国整体，说明在经济发达地区，经济发展水平对人力资本的影响弱化。与全国整体检验结果存在差异的结论有：第一，私人教育投入的影响可能为正；第二，贫富差距的影响不再显著，可能的解释是，经济发达地区有更强的实力实现城乡统筹发展，缩小城乡差距，这不仅体现在均衡收入水平方面，也体现在对教育资源的分配上。

其次是社会资本。与全国整体检验结果一致的结论有：第一，人力资本对社会资本表现出显著的促进作用，1%的人力资本变动可以使社会资本变动1%左右；第二，企业规模、劳动力人口、区域开放度对社会资本的影响为负。与全国整体检验结果存在差异的结论有：第一，经济增长的影响虽然依然为正，但不再显著，这与经济增长对人力资本的影响一致，也与后一阶段的结果一致，可以认为，经济增长水平越高，对社会资本培育和建设的作用越弱，反过来分析，这一阶段社会资本培育已经不再依赖于经济增长；第二，政府努力程度的影响依然为正，但不再显著，这可能是由于政府努力程度存在边际效应递减的规律，在初期，政府努力可能带来社会资本大幅度的提升，但在发展的后一阶段，政府努力更为重要的作用在于维持已有的高水平。

表6-5报告了中部区域的检验结果。

表6-5　中部区域社会资本与人力资本互动机制的经验检验

变量	lnh			lnS		
模型	（1）RE	（2）2SLS	（3）3SLS	（4）RE	（5）2SLS	（6）3SLS
lnh				0.880***	1.607***	0.673*
				(0.004)	(0.010)	(0.100)
lnS	0.101**	−0.037	−0.004			
	(0.014)	(0.755)	(0.953)			
$lnPE_{-3}$	0.103***	0.132***	0.075***			
	(0.000)	(0.000)	(0.002)			
$lnOE_{-3}$	0.014	0.020	0.021			
	(0.650)	(0.539)	(0.422)			
lnY_{-1}	0.079***	0.100***	0.193***	0.005	−0.160	0.333
	(0.003)	(0.003)	(0.000)	(0.959)	(0.322)	(0.143)
lnG				0.463***	0.342*	0.404**
				(0.002)	(0.055)	(0.031)
lnES				−0.032	−0.066	−0.114
				(0.457)	(0.197)	(0.224)
lnPG	−0.073	−0.077	−0.034			
	(0.237)	(0.246)	(0.574)			
lnL				0.006	0.117	−0.194
				(0.946)	(0.330)	(0.571)
lnO				−0.051	−0.036	−0.062
				(0.219)	(0.424)	(0.131)
C	5.501***	5.918***	4.927***	−2.583*	−6.197	0.544
	(0.000)	(0.000)	(0.000)	(0.100)	(0.448)	(0.878)
R^2	0.365	0.311	0.802	0.428	0.787	0.648
Obs	80	80	80	80	80	80

注：***、**、*分别表示在1%、5%和10%的水平下显著。

针对中部区域的检验是样本量最小的，这在一定程度上影响了模型的拟合优度。与全国整体相比，中部区域的检验结果表现出不同的特征，以下进行详细分析。

首先是人力资本。与全国整体检验存在一致的结论有：第一，公共教育投入强度的正向影响强于全国整体，1%的公共教育投入强度提升带来0.1%左右的人力资本提升；第二，经济增长的影响同样为正，并且不论是显著性水平还是系数大小，都高于全国整体，结合公共教育投入强度，可以认为，中部区域目前人力资本培育对公共教育投入的依赖程度高于全国整体。与全国整体检验存在差异的结论有：第一，社会资本对人力资本的影响较为模糊，无法通过系数和显著性水平进行判断；第二，私人教育投入的影响为正，但并不显著；第三，虽然回归系数肯定了贫富差距的负向影响，但是显著程度弱于全国整体，说明对于中等发展水平的地区而言，贫富差距对于人力资本水平的负向影响减弱。

其次是社会资本。与全国整体检验存在一致的结论有：第一，不同于社会资本对人力资本影响的模糊性，人力资本对于社会资本存在显著的正向促进作用，但无法通过系数大小来判断与其他地区的强度差异；第二，政府努力程度的作用显著为正，并且系数整体高于全国水平，说明中部区域在社会资本建设方面，政府仍然可以通过加大基础环境供给来促进社会资本提升；第三，虽然显著性水平不高，但可以判定企业规模、区域开放程度的影响为负。与全国整体检验存在差异的结论有：第一，经济增长的影响不再显著，并且无法判断方向；第二，劳动力资本的影响既不显著，也无法判断方向。

表6-6报告了西部区域的检验结果。

表6-6　西部区域社会资本与人力资本互动机制的经验检验

变量	lnh			lnS		
模型	（1）RE	（2）2SLS	（3）3SLS	（4）RE	（5）2SLS	（6）3SLS
lnh				0.661***	2.073***	1.286***
				（0.002）	（0.000）	（0.006）
lnS	0.126***	0.930***	0.173			
	（0.007）	（0.000）	（0.420）			
lnPE$_{-3}$	0.147***	-0.064	0.093**			
	（0.000）	（0.305）	（0.031）			
lnOE$_{-3}$	-0.004	-0.034	-0.035			
	（0.884）	（0.541）	（0.104）			

续表

变量	lnh			lnS		
模型	(1) RE	(2) 2SLS	(3) 3SLS	(4) RE	(5) 2SLS	(6) 3SLS
lnY_{-1}	0.103*** (0.000)	-0.036 (0.759)	0.185** (0.011)	0.155** (0.035)	-0.181 (0.205)	-0.049 (0.698)
lnG				0.164 (0.192)	0.057 (0.713)	0.081 (0.432)
lnES				0.005 (0.930)	-0.194** (0.044)	0.077 (0.402)
lnPG	-0.108* (0.057)	0.018 (0.759)	-0.083* (0.067)			
lnL				-0.140** (0.046)	0.063 (0.550)	-0.240* (0.078)
lnO				-0.023 (0.289)	0.009 (0.758)	-0.037 (0.123)
C	5.255*** (0.000)	2.366*** (0.028)	4.604*** (0.000)	-0.409* (0.100)	-6.359*** (0.009)	-2.014 (0.169)
R^2	0.306	0.428	0.840	0.470	0.240	0.541
Obs	110	110	110	110	110	110

注：***、**、*分别表示在1%、5%和10%的水平下显著。

通过表6-6可得，除了模型3的拟合系数满意，其他估计结果的拟合优度均在0.4左右。可见，同样的样本量下，西部区域的整体拟合优度低于东部区域，再次说明模型对于经济发达的地区更加适用。通过系数方向和显著性水平可以判断，西部区域是与全国整体检验结果相似度最高的区域，同时也表现出以下一些独有的特征：

首先是人力资本。检验结果与全国整体基本一致：第一，综合考虑显著性水平和系数方向，可以判断社会资本对人力资本存在正向影响，但影响强度不及全国整体；第二，不考虑模型2的结果，公共教育投入强度对人力资本的影响显著为正；第三，虽然部分系数并不显著，但可以判断私人教育投入的影响为负；第四，不考虑模型2的结果，经济增长的影响显著为正，且影响强度大于全国整体；第五，不考虑模型2的结果，贫富差距的影响为负。

其次是社会资本。与全国整体检验存在一致的结论有：第一，人力资本提升对于社会资本具有很强的促进作用，大部分系数高于全国整体，说明通过提高人力资本来培育西部区域社会资本是一个不错的选择；第二，不考虑不显著的系数，经济增长的影响显著为正，且影响强度大于全国水平，以 RE 模型的估计结果为例，1%的经济增长变动带来西部区域 0.155%的变动、全国整体 0.142%的变动；第三，就企业规模的回归结果来看，西部区域与全国整体在系数方向和显著性方面基本一致，可以认为，企业规模同样存在显著的负向影响。与全国整体检验存在差异的结论有：第一，政府努力的影响虽然为正，但显著性水平欠佳；第二，无法判断地区开放度的影响，这与西部区域整体对外开放程度低有关，从不同区域的开放度的对数均值来看，东部、中部、西部分别为 3.932、2.361、2.223，西部区域较低的开放水平没有对本地化的社会资本造成影响。

三、对比分析

通过对不同阶段和区域的对比分析，可以得出如下结论：

第一，不论是分阶段的检验，还是分区域的检验，均肯定了 H1 和 H2，即在区域层面，人力资本和社会资本存在互相促进的关系。从时间层面来看，两者对彼此的促进作用强度变大，显著程度提高。从空间差异来看，社会资本对人力资本的促进作用在东部区域强度最大，显著程度最高，中部和西部区域次之。以三个方程系数的均值作为判断，人力资本对社会资本的促进作用从高到低依次是西部、中部和东部，说明经济发展水平越低的地区，人力资本对社会资本的作用效果越明显。

第二，部分变量的影响程度与经济增长水平呈现负相关。例如，公共教育投入强度对人力资本的正向影响，在时间层面表现为影响力度和显著程度下降，在空间层面表现为对中部和西部区域的影响强度大于东部区域。又如，经济增长对人力资本的影响，在时间层面表现为影响力度和显著程度下降，在空间层面表现为在西部和中部区域显著为正，在东部区域整体不显著的格局。经济增长对人力资本的影响体现出同样的特征，即时间层面显著程度下降，空间层面对中部和西部区域的影响可以判断为显著为正，但对东部区域的影响并不显著。地区贫富差距的作用差异表现为，时间层面负向作用强度减弱，空间层面对西部区域的作用显著为负，但对东部和中部区域的作用不再显著。

第三，部分自变量对相应因变量的影响较为明确。按照前文 H3，经济增长对于社会资本的培育有着正向的作用，虽然 2007~2016 年中国数据检验部分仅仅肯定了这一假设，但针对不同阶段和不同区域的检验结果未能验证该假设，以此判断经济增长对社会资本影响有限。企业规模对社会资本的负向影响得到了验证，按照预期，企业规模越大，企业内部联系越多，企业间的联系越少，从而不利于区域社会资本的形成，根据回归结果，大部分系数验证了这一假设，极少数系数虽然为正，但并不显著。针对区域开放度，虽然存在系数不显著的情况，但基本上可以判定对社会资本的影响为负。

第四，部分自变量的影响较为模糊，无法准确判断作用方向和强度。首先是私人教育投入。该变量在大部分的模型中检验结果并不显著，且方向不稳定，无法验证理论假设的正向预期。其次是劳动力资本。劳动力作为控制变量被引入社会资本的决定方程，这一变量对社会资本的影响系数在方向和显著性方面均不稳定，由于该变量并非研究重点，故不进行深入讨论。

第五，部分自变量的影响可能存在非线性特征。例如政府努力程度，对于中国研究期内而言，政府努力程度表现为显著的正向影响，但分阶段和分区域的检验结果表现出不同的特征。在时间层面，政府努力程度的作用不再显著，并且方向不稳定；在空间层面，对中部区域的影响显著为正，对东部和西部区域的影响虽然为正，但仅仅有部分结果显著。因此，以经济增长为 X 轴，政府努力程度的影响强度和显著程度可能呈现倒"U"型，但由于该变量并非主要研究变量，故不做深入讨论。

第四节 社会资本和人力资本对技术创新影响的经验检验

利用普通面板数据模型检验社会资本与人力资本对技术创新的影响，同时比较二者对不同阶段、不同区域的影响差异。

一、基于不同阶段的检验

表 6-7 报告了不同阶段社会资本和人力资本对区域技术创新的影响检验。估计方法包括 OLS、FE 和 RE。

表 6-7 不同阶段社会资本和人力资本对技术创新的影响检验

阶段	2007~2016 年			2007~2013 年			2010~2016 年		
模型	(1) OLS	(2) FE	(3) RE	(4) OLS	(5) FE	(6) RE	(7) OLS	(8) FE	(9) RE
lnS	0.506 * (0.080)	0.326 * (0.100)	0.474 ** (0.032)	0.198 (0.547)	0.508 ** (0.027)	0.595 ** (0.011)	0.222 (0.520)	0.060 (0.831)	0.246 (0.398)

续表

阶段	2007~2016 年			2007~2013 年			2010~2016 年		
模型	(1) OLS	(2) FE	(3) RE	(4) OLS	(5) FE	(6) RE	(7) OLS	(8) FE	(9) RE
lnh	1.519***	3.123***	4.230***	0.632	2.741***	3.486***	−0.260	1.973***	3.100***
	(0.001)	(0.000)	(0.000)	(0.227)	(0.000)	(0.000)	(0.724)	(0.004)	(0.000)
lnK_{q-1}	0.756***	0.447***	0.530***	0.773***	0.388***	0.510***	0.994***	0.502***	0.549***
	(0.000)	(0.001)	(0.000)	(0.000)	(0.010)	(0.000)	(0.000)	(0.010)	(0.000)
$lnKS_{-1}$	0.391***	0.089	0.223***	0.231	−0.033	0.060	0.452***	0.226*	0.448***
	(0.003)	(0.265)	(0.006)	(0.132)	(0.697)	(0.498)	(0.005)	(0.035)	(0.000)
lnY_{-1}	0.048	1.297***	0.456**	0.319	1.133***	0.461*	−0.088	1.544***	0.562**
	(0.804)	(0.000)	(0.029)	(0.149)	(0.000)	(0.059)	(0.740)	(0.000)	(0.036)
lnL	0.607***	1.033***	0.573***	0.261*	1.161**	0.497**	0.488**	1.387***	0.542**
	(0.000)	(0.001)	(0.001)	(0.097)	(0.012)	(0.014)	(0.011)	(0.002)	(0.011)
C	−20.379***	−39.475***	−38.453***	−12.306***	−36.080***	−32.619***	−7.979*	−35.790***	−31.305***
	(0.000)	(0.000)	(0.000)	(0.000)	(0.000)	(0.000)	(0.099)	(0.000)	(0.000)
R^2	0.894	0.872	0.877	0.900	0.854	0.883	0.902	0.734	0.879
Obs	300	300	300	210	210	210	210	210	210

注：***、**、*分别表示在1%、5%和10%的水平下显著。

正如前文所言，围绕区域技术创新影响因素的研究相比人力资本以及社会资本影响因素的研究更为成熟，影响因素的选择方面理论基础深厚，这从表6-7模型的拟合优度可以见得。除了模型8之外，其他模型的拟合优度均超过0.850，显示出所建模型对现实较强的解释力。通过 F 检验、LM 检验以及 Hausman 检验选取模型来判断历史趋势，表6-8报告了检验结果，最终选取不同阶段的 FE 模型作为基准。

表6-8　不同阶段社会资本和人力资本对技术创新影响的模型检验

阶段	2007~2016 年			2007~2013 年			2010~2016 年		
检验	统计量	P 值	模型	统计量	P 值	模型	统计量	P 值	模型
F	33.23	0.00	FE	27.85	0.00	FE	24.25	0.00	FE
LM	467.48	0.00	RE	238.81	0.00	RE	233.01	0.00	RE
Hausman	48.44	0.00	FE	32.67	0.00	FE	39.82	0.00	FE

以下分析不同变量对区域技术创新影响的历史变动趋势特征。

首先是主要变量。在整个研究期以及研究的前一阶段，社会资本正向影响显著，1%的社会资本水平变动将分别导致研究期内和前一阶段的技术创新水平变动 0.326% 和 0.508%。但是到了研究的后一阶段发现，社会资本对技术创新的影响虽然依然为正，但是不再显著，并且通过研究期和前一阶段的系数比较发现，社会资本的影响强度是下降的。虽然在不考虑显著性水平的情况下，可以肯定 H4，但针对后一阶段社会资本的影响不再显著这一问题，可能的原因是，随着社会资本水平提升，促进作用存在边际递减，即相同的提高幅度对于技术创新的影响变小，另外还需要考虑背景环境的变化，例如正式制度。人力资本对技术创新的影响显著为正，肯定了 H5。比较相应的系数可以发现，人力资本对技术创新的作用强度是下降的，前一阶段的系数为 2.741，后一阶段下降到 1.973，这与人力资本的省际趋同不无关系，具体而言，2007 年，人力资本的变异系数为 0.1280，2016 年下降到 0.1016。

其次是直接影响因素。R&D 经费投入对于任何阶段的技术创新水平均表现出显著的正向作用，并且弹性系数有上升的趋势，表明边际产出提升，单位经费投入的产出效率优化。以模型 2 为基准，区域外知识溢出在整个研究期并不显著，但模型 1 和模型 3 的系数正向影响显著，可以判定区域外知识溢出对本区域创新具有促进作用。前一阶段，该变量的影响虽然可以判断为正，但是并不显著，到了后一阶段，该变量的影响显著为正，并且和研究期内相比，系数整体有大幅度的提升。这背后涉及对区域外知识的吸收、消化以及再创新能力的提升，单纯利用外溢的知识并不能大幅度提高创新水平，只有具备对外部知识一定的吸收转化条件，为己所用，才能通过对外的知识联系，提高本地的创新水平。

最后是控制变量。就经济增长来看，虽然存在系数为负的情况，但并不显著，可以肯定经济增长对于技术创新的促进作用。从各基准模型来看，经济增长变量的系数均显著为正，并且影响强度变大，从前一阶段的 1.297 提升到后一阶段的 1.544，从另一个角度说明经济增长的质量得到提升。劳动力资本对于技术创新表现出显著的正向影响，从前一阶段到后一阶段，影响系数同样上升，可以说明两个问题：一是劳动力整体质量有所提升，同样的劳动力资本带来了更多的创新产出；二是考虑到劳动力资本和 R&D 人员投入 0.75 以上的相关系数，影响系数提升同样可以说明 R&D 人员投入的产出效率有所提升。

二、基于不同区域的检验

表 6-9 报告了三大区域的检验结果。检验方法同样包括 OLS、FE 和 RE。

表6-9 三大区域社会资本和人力资本对技术创新的影响检验

区域	东部			中部			西部		
模型	(1) OLS	(2) FE	(3) RE	(4) OLS	(5) FE	(6) RE	(7) OLS	(8) FE	(9) RE
lnS	-0.073	-0.031	-0.068	1.276***	0.528*	1.004**	-0.148	-0.018	0.095
	(0.889)	(0.912)	(0.807)	(0.009)	(0.100)	(0.034)	(0.785)	(0.964)	(0.811)
lnh	2.919***	4.297***	5.232***	0.687	1.854	2.051*	3.629***	3.164***	3.725***
	(0.003)	(0.000)	(0.000)	(0.560)	(0.106)	(0.086)	(0.000)	(0.000)	(0.000)
lnK_{q-1}	0.301	0.464**	0.440**	1.305***	0.765***	1.304***	0.957***	0.129	0.389**
	(0.153)	(0.022)	(0.012)	(0.000)	(0.006)	(0.000)	(0.000)	(0.538)	(0.030)
$lnKS_{-1}$	-0.163	0.042	0.092	0.030	0.143	0.152	0.900***	0.195	0.354**
	(0.584)	(0.710)	(0.409)	(0.843)	(0.312)	(0.379)	(0.000)	(0.208)	(0.016)
lnY_{-1}	1.136***	0.950**	0.588	0.071	0.948*	0.038	0.808***	1.642***	0.811**
	(0.006)	(0.027)	(0.126)	(0.863)	(0.050)	(0.934)	(0.001)	(0.000)	(0.027)
lnL	-0.003	0.992**	0.774**	0.144	4.430***	0.331	1.168***	0.652	0.361
	(0.993)	(0.027)	(0.016)	(0.629)	(0.000)	(0.296)	(0.000)	(0.224)	(0.281)
C	-23.905***	-42.749***	-43.788***	-21.384***	-60.700***	-30.289***	-32.895***	-33.707***	-32.991***
	(0.000)	(0.000)	(0.000)	(0.001)	(0.000)	(0.000)	(0.000)	(0.000)	(0.000)
R^2	0.888	0.902	0.880	0.834	0.911	0.830	0.885	0.873	0.809
Obs	110	110	110	80	80	80	110	110	110

注：***、**、*分别表示在1%、5%和10%的水平下显著。

针对不同区域的检验模型拟合优度均在0.830以上，比较满意。表6-10报告了模型检验结果，依据该结果，东部和西部区域以RE模型为基准，而中部以FE模型为基准，考虑到东部和西部区域模型检验的Hausman系数在15%以下，并且为了便于不同区域的对比分析，仍然选取不同区域的FE模型作为基准。

表6-10 三大区域社会资本和人力资本对技术创新的模型检验

区域	东部			中部			西部		
检验	统计量	P值	模型	统计量	P值	模型	统计量	P值	模型
F	59.78	0.00	FE	19.63	0.00	FE	23.42	0.00	FE
LM	239.75	0.00	RE	38.56	0.00	RE	143.40	0.00	RE
Hausman	11.23	0.13	RE	42.16	0.00	FE	11.18	0.13	RE

首先是主要变量。除了针对中部区域的检验，社会资本变量的检验结果均不显著，且方向存在差异。在不考虑显著性水平的情况下，对东部影响为负，对中部影响为正，对西部影响无法判断。这说明，针对不同发展水平的区域，社会资本的作用效果存在空间差异。一个可能的解释是，社会资本并非水平越高越好的变量，超过一定的阈值，反而容易造成社会形态的固化，具体表现为强联系多于弱联系、区域内部联系多于与区域外部联系，而创新的过程是需要思想撞击的过程，当社会形态固化导致知识交流受阻时，便会对创新产出和创新效率起到阻碍作用。另外一个原因可能是，社会资本与正式制度具有一定的替代关系，对于制度建设相对完备的区域，正式制度的作用可能弱化。从模型 4 和模型 6 的结果可得，社会资本对中部区域的影响显著为正，并且相应的系数大于全国整体，中部区域的检验结果强烈地支持了 H5。针对西部区域，社会资本的影响尚不明确，结合已有的观点，社会资本只有在其他无形资本充裕的地区，才能更好地发挥要素联结和经济运行"润滑剂"的作用，提高这些无形资本的配置效率，而作为欠发达地区，显然存在无形资本提升优化的空间，这一现状造成了社会资本无法很好地发挥作用。

人力资本对不同区域的技术创新都表现为正向拉动作用，但存在强度的空间差异。其中，人力资本对东部区域技术创新的带动作用最强，以模型 2 为例，1%的人力资本水平上升带来技术创新产出 4.297%的提升，产出弹性大于其他变量。拉动作用力位于第二的是西部区域，以模型 8 为例，1%的人力资本水平上升带来技术创新产出 3.725%的提升。而同样的人力资本提升对中部区域技术创新的影响为 2%左右，处于较低水平。结合各个区域的特征分析，人力资本对东部区域带动作用最强有两方面的原因：第一，东部区域人力资本处于高位，以人力资本的对数值为例，东部区域为 10.30，中部和西部分别为 9.34 和 8.36，所以同样百分比的人力资本相对值的提升意味着更大的绝对值提升，在其他因素不变的情况下，必然带来更高的创新产出；第二，与东部区域的创新效率高有关，马俊杰和和军（2018）对 2005~2015 年中国省际大中型工业企业的技术创新效率测算时，得出东部存在明显的优势，而中部和西部技术创新效率偏低的结论。人力资本对西部区域的拉动作用处于中位水平，相比中部区域有着更高的边际产出水平，这与西部区域人力资本技术低有关。

其次是直接影响因素。除了模型 1 和模型 8，R&D 经费投入的估计结果均显著为正，但产出弹性存在区域差异。中部的产出弹性最高，并且影响显著程度最高，1%的经费投入变化使技术创新提高 1%左右。西部次之，产出弹性在 0.6%左右。东部最低，产出弹性不到 0.5%。产出弹性的差异与不同区域投入强度有关，三大区域省际平均 R&D 经费投入对数值分别为 14.478、13.707 和

12.665，两者结合可以证实 R&D 经费投入边际产出递减特征。区域外知识溢出的影响存在区域差异。该变量对东部和中部区域的影响并不显著，仅仅从系数符号分析而不考虑显著性水平的情况下，可以认为对技术创新的影响方向为正。该变量对于西部区域的影响为正且显著。回归结果的背后是技术创新模式的变化。对于创新能力不足、发展较为初期的经济体来说，引进消化吸收再创新是最主要的模式，而对于有一定的技术基础和创新资源的经济体来说，创新模式可以实现从引进到独立自主创新的转变，这意味着减少了对区域外知识的依赖，从而造成区域外知识溢出对技术创新的影响不再显著。

最后是控制变量。经济增长对于各个区域的影响均为正，但影响强度存在空间差异，具体表现为对西部区域的影响强度最高也最为显著。以基准模型的估计结果为例，1% 的经济增长可以带来西部区域技术创新水平 1.642% 的提升，而对东部和中部的拉动效果分别为 0.950% 和 0.948%，基本可以判定，经济增长对欠发达地区技术创新的促进作用强于较发达地区。劳动力资本对技术创新的影响为正，但存在影响不显著的情况。另外，模型 1 的估计结果虽然为负，但显著程度很低，可以忽略。最终无法通过系数来判断对不同区域的影响差异。

三、对比分析

通过对不同阶段和不同区域社会资本和人力资本对区域技术创新影响的检验，得出以下结论：

第一，人力资本、社会资本对技术创新的影响表现出不同的特征。首先是人力资本。对于任何阶段和任何区域，人力资本均表现出对技术创新的促进作用，时间层面，拉动强度有下降的趋势，系数变化与人力资本的边际产出下降有关，也与中国省际人力资本趋同有关。空间层面，同等水平的人力资本提升对东部区域的创新产出拉动作用最强，西部和中部区域次之。社会资本对技术创新的影响只得到了部分肯定。其次，虽然前文的理论部分说明了社会资本对技术创新的正向作用，但实证检验结果表明，社会资本产生作用需要有一定的背景条件，可能的因素有经济发展水平、不同类型资本充裕程度、制度环境等。具体而言，在整个研究期和前一阶段，检验结果肯定了社会资本对技术进步的正向作用，但在后一阶段，社会资本的影响虽然为正，但是不再显著。对于不同的区域而言，社会资本对中部区域技术创新的促进作用最为显著，而对东部和西部不再显著，这背后有着不同的原因。东部区域的社会资本对技术创新的拉动效果不显著甚至为负与社会资本处于高位导致的联系固化有关，也可能受到东部区域较为完备的制度环境影响。西部区域的社会资本对技术创新的拉动效果较弱，这与该区域的资源、资本分布情况有关，特别是在一些无形资本的存量方面，可能处于劣势，从而不利于社会资本发挥作用。

第二，直接影响因素包括 R&D 经费投入和区域外知识溢出。R&D 经费投入的影响显著为正，但对于不同的阶段和区域存在强度的差异。时间层面，R&D 经费投入的产出弹性有一定幅度的提升。空间层面，与人力资本投入的产出弹性恰恰相反，产出弹性最大的是中部区域，说明中部区域的区域创新对实物和传统资本的依赖性较强。区域外知识溢出的影响基本可以判定为正，但同样存在时空差异。时间层面，区域外知识溢出的影响强度变大，显著性提高，背后体现出对区域外知识吸收消化能力的提升。空间层面，区域外知识溢出对西部区域的影响为正且显著，对另外两个区域的影响虽然可以判定为正，但是不再显著，背后涉及创新模式的差异，即消化吸收再创新以及自主创新。

第三，控制变量包括经济增长和劳动力资本。经济增长对技术创新存在正向拉动作用。时间层面，拉动力度增强，说明随着经济增长，有更多的资源投入创新环节，这也符合当下高质量发展的要求。空间层面，相同幅度的经济增长变化对西部区域技术创新的带动效果最明显，对中部和西部的带动差异不大。劳动力资本的影响同样为正。时间层面，劳动力资本的拉动作用有上升的趋势。空间层面，虽然可以判定对不同区域技术创新的影响为正，但是无法通过系数判断影响的相对大小。

第五节　不同维度社会资本对人力资本及技术创新影响的经验检验

本节检验社会资本不同维度对人力资本以及技术创新的影响。

一、不同维度社会资本对人力资本的影响检验

首先检验不同维度社会资本对人力资本的影响，同时通过不同阶段和不同区域的对比来讨论时空差异。

1. 基于不同阶段的检验

表 6-11 报告了不同阶段社会资本和人力资本对区域技术创新的影响检验，估计方法包括 OLS、FE 和 RE。

表 6-11　分阶段社会资本不同维度对人力资本的影响检验

阶段	2007~2016 年			2007~2013 年			2010~2016 年		
模型	(1) OLS	(2) FE	(3) RE	(4) OLS	(5) FE	(6) RE	(7) OLS	(8) FE	(9) RE
$\ln S_1$	0.030 **	0.036 ***	0.052 ***	0.017	−0.003	−0.001	0.021	0.032 **	0.052 ***
	(0.026)	(0.004)	(0.000)	(0.245)	(0.641)	(0.918)	(0.224)	(0.031)	(0.000)
$\ln S_2$	0.097 ***	0.021 ***	0.041 ***	−0.021 **	0.005	0.005	0.172 ***	0.048 ***	0.072 ***
	(0.000)	(0.002)	(0.000)	(0.016)	(0.483)	(0.479)	(0.000)	(0.003)	(0.000)
$\ln S_3$	0.052 ***	0.023	0.032 **	0.030 *	−0.010	−0.010	0.035 **	0.002	0.020
	(0.001)	(0.123)	(0.047)	(0.077)	(0.252)	(0.281)	(0.040)	(0.915)	(0.238)
$\ln PE_{-3}$	0.037 ***	0.125 ***	0.126 ***	0.163 ***	0.159 ***	0.214 ***	−0.024	0.066 ***	0.053 ***
	(0.004)	(0.000)	(0.000)	(0.000)	(0.000)	(0.000)	(0.146)	(0.001)	(0.000)
$\ln OE_{-3}$	0.091 ***	−0.008	0.031 **	0.152 ***	−0.042 *	0.075 ***	0.083 ***	0.012	0.037 **
	(0.000)	(0.597)	(0.046)	(0.000)	(0.100)	(0.001)	(0.000)	(0.450)	(0.022)
$\ln PG$	−0.289 ***	−0.028	−0.136 ***	−0.383 ***	−0.110 **	−0.271 ***	−0.182 ***	−0.049	−0.142 ***
	(0.000)	(0.372)	(0.000)	(0.000)	(0.019)	(0.001)	(0.000)	(0.209)	(0.000)
$\ln Y_{-1}$	0.005	0.172 ***	0.070 ***	0.025 ***	0.227 ***	0.082 ***	−0.004	0.144 ***	0.038 ***
	(0.311)	(0.000)	(0.000)	(0.000)	(0.000)	(0.000)	(0.525)	(0.000)	(0.001)
C	5.735 ***	4.967 ***	5.530 ***	5.693 ***	5.120 ***	5.686 ***	5.642 ***	5.157 ***	5.790 ***
	(0.000)	(0.000)	(0.000)	(0.000)	(0.000)	(0.000)	(0.000)	(0.000)	(0.000)
R^2	0.765	0.831	0.540	0.710	0.837	0.543	0.751	0.606	0.602
Obs	300	300	300	210	210	210	210	210	210

注：***、**、*分别表示在 1%、5% 和 10% 的水平下显著。

除去模型 3、模型 6 的结果，其他模型的拟合优度均在 0.6 以上，部分模型的拟合优度在 0.8 以上，说明所选取自变量的解释力尚可。下面分不同类型的影响因素进行分析。利用 F 检验、LM 检验以及 Hausman 检验对表 6-11 模型的检验结果如表 6-12 所示，最终选取 FE 模型作为基准模型。

表 6-12　分阶段社会资本不同维度对人力资本的模型检验

阶段	2007~2016 年			2007~2013 年			2010~2016 年		
检验	统计量	P 值	模型	统计量	P 值	模型	统计量	P 值	模型
F	32.07	0.00	FE	34.33	0.00	FE	23.30	0.00	FE
LM	317.90	0.00	RE	267.28	0.00	RE	178.94	0.00	RE
Hausman	84.14	0.00	FE	56.44	0.00	FE	52.41	0.00	FE

首先是主要考察变量。依据前文对社会资本整体的检验结果，社会资本对人力资本的正向促进作用表现为影响力度和显著性同时增强的特征，而对不同维度的检验结果表明，这一特征同样适用于社会资本的不同维度。第一，结构维度。在研究期内，该维度对人力资本的影响显著为正，结构维度1%的变动可以使人力资本变动0.036%，但是在前一阶段，该维度的影响并不显著，到了后一阶段，影响再次变得显著，但强度没有大的变化。第二，关系维度。这一维度的强度变化最为明显，研究期内，关系维度的影响显著为正，但在前一阶段，并没有对人力资本有促进作用，甚至出现模型4系数显著为负的情况，到了后一阶段，影响再次显著为正并且有较大幅度的上升，体现为1%的关系维度变化使研究期内的人力资本变动0.021%，后一阶段变动0.048%。第三，认知维度。以OLS的估计结果为例，认知维度1%的变化将使人力资本变动0.04%左右，但相比前两个维度，无论是显著性水平还是强度，时间层面都表现为对人力资本的影响越来越弱。

其次，其他影响因素的系数表现与只考虑社会资本整体时的结论基本一致，因此只做简要分析。公共教育投入强度依然表现为显著的正向促进作用，但作用强度有所下降，系数从前一阶段的0.159下降到后一阶段的0.066。私人教育投入的影响并不稳定，部分模型结果显著为正，也有模型系数显著为负，但依然无法通过系数分析变动趋势。贫富差距依然表现为负向作用，影响有减弱的趋势，只是部分模型的系数不显著。经济增长对人力资本的促进作用显著，但影响同样有减弱的趋势。

2. 基于不同区域的检验

表6-13报告了不同区域的社会资本不同维度对人力资本的影响。

表6-13　分区域社会资本不同维度对人力资本的影响检验

区域	东部			中部			西部		
模型	(1) OLS	(2) FE	(3) RE	(4) OLS	(5) FE	(6) RE	(7) OLS	(8) FE	(9) RE
$\ln S_1$	0.137*** (0.000)	0.053** (0.016)	0.117*** (0.000)	0.043* (0.050)	0.054*** (0.007)	0.043 (0.112)	-0.069** (0.011)	-0.021 (0.352)	-0.008 (0.759)
$\ln S_2$	0.105*** (0.000)	0.040*** (0.000)	0.067*** (0.000)	0.032 (0.124)	0.016 (0.210)	0.032 (0.170)	0.065*** (0.007)	0.011 (0.340)	0.037*** (0.009)
$\ln S_3$	-0.011 (0.537)	0.002 (0.930)	0.002 (0.938)	0.080* (0.066)	-0.004 (0.864)	0.080* (0.063)	0.061** (0.024)	0.057* (0.052)	0.082*** (0.007)
$\ln PE_{-3}$	0.137*** (0.000)	0.153*** (0.000)	0.152*** (0.000)	0.066** (0.048)	0.082*** (0.002)	0.066* (0.063)	0.039** (0.042)	0.112*** (0.000)	0.123*** (0.000)

续表

区域	东部			中部			西部		
模型	(1) OLS	(2) FE	(3) RE	(4) OLS	(5) FE	(6) RE	(7) OLS	(8) FE	(9) RE
$lnOE_{-3}$	0.082***	0.029	0.094***	0.050	0.032	0.050	0.129***	−0.051**	0.018
	(0.000)	(0.252)	(0.000)	(0.288)	(0.270)	(0.274)	(0.000)	(0.047)	(0.510)
$lnPG$	−0.154***	0.013	−0.092**	−0.126*	−0.042	−0.126*	−0.366***	−0.088	−0.211***
	(0.000)	(0.806)	(0.037)	(0.083)	(0.528)	(0.087)	(0.000)	(0.142)	(0.001)
lnY_{-1}	−0.014*	0.102	−0.011	0.019	0.163***	0.019	0.012	0.224***	0.070***
	(0.064)	(0.014)	(0.283)	(0.420)	(0.000)	(0.455)	(0.162)	(0.000)	(0.000)
C	5.560***	5.235***	5.551***	5.796***	4.855***	5.796***	5.951***	5.044***	5.742***
	(0.000)	(0.000)	(0.000)	(0.000)	(0.000)	(0.000)	(0.000)	(0.000)	(0.000)
R^2	0.896	0.866	0.882	0.487	0.826	0.487	0.670	0.856	0.472
Obs	110	110	110	80	80	80	110	110	110

注：***、**、*分别表示在1%、5%和10%的水平下显著。

除模型4、模型6、模型9外，其他模型的拟合优度均在0.65以上，并且大部分模型的拟合优度在0.85左右，说明所选取变量对人力资本有较强的解释力。利用F检验、LM检验以及Hausman检验对表6-13模型的检验结果如表6-14所示，根据检验结果，东部区域应选RE模型作为基准，而中部和西部应选FE模型作为基准，为了便于不同区域之间的系数比较，仍然选取FE模型作为基准模型。

表6-14 分区域社会资本不同维度对人力资本的模型检验

区域	东部			中部			西部		
检验	统计量	P值	模型	统计量	P值	模型	统计量	P值	模型
F	17.99	0.00	FE	34.48	0.00	FE	28.09	0.00	FE
LM	45.63	0.00	RE	0.00	1.00	OLS	67.78	0.00	RE
Hausman	7.13	0.62	RE	56.72	0.00	FE	39.94	0.02	FE

首先是主要考察因素。以前文中社会资本整体对人力资本影响检验时的RE模型的估计结果为准，社会资本对人力资本均表现为显著的促进作用，系数从大到小依次是东部、西部和中部。对于社会资本的不同维度而言，各个维度表现出不同的特征。第一，结构维度。结构维度对不同区域的影响方向存在差异，对东部和中部表现为正向，对西部表现为负向，这说明，企业的中心性和相关的组织

越多，东部和中部的人力资本就越高。西部的检验结果表现为抑制作用，究其原因，可能与产业的知识密集程度有关，即企业在与其他行为主体进行人力资本方面的合作时，将劳动力的适用性作为考虑因素，而不是将提升人力资本水平作为主要目的，如果一个区域集聚了知识密集型的企业，那么必然强化对高人力资本的需求，而一个区域若集聚了劳动力密集型的企业，那么对高人力资本的需求就不会很旺盛，而需要加大对异质性相对较弱的普通劳动力的需求，这在一定程度上阻碍了人力资本整体的提升。第二，关系维度。不考虑显著性水平，关系维度对人力资本的作用表现为促进，但对东部和西部区域的作用显著，而对中部的作用效果显著性较差，说明良好的普遍信任环境对于发达和欠发达区域的人力资本有显著的促进作用，而对于中度发达的区域作用不明显。第三，认知维度。不考虑显著性水平，认知维度的作用为正，但是部分检验结果显著性较差，甚至并无影响。对于东部区域而言，认知维度不存在影响，对于中部和西部，认知维度有一定的影响，说明认知维度对落后区域人力资本的提升作用显著，而对达到一定发展水平的区域不再有影响。可能的原因有两个：一是经济发展到一定的水平，包容性更强，特别是对于开放程度高的区域，包容性同样体现在文化上；二是经济水平高的区域，容易在第三产业上获得比较优势，而创意阶层对高端服务业的发展起到关键作用，这一阶层的集聚需要较强的包容氛围（张可云和赵文景，2017）。任务目标的一致性对于发达和欠发达区域同样有着不同的影响方式，这源于政府作用方式的差异：相比发达地区，欠发达地区的政府对于经济发展的干预和引导作用较强，容易达成一致性的任务目标，而发达地区的市场化程度较高，政府往往承担着环境建设和服务功能。

其次是对其他影响因素做检验的分析。公共教育投入强度依然表现为显著的促进作用，并且对东部的影响大于西部和中部，这一排序与不考虑社会资本不同维度时一致。除了模型8，私人教育投入均为正，但无法通过系数比较该变量对不同区域的影响程度。除了模型2，贫富差距的系数均为负，再次肯定了贫富差距对不同区域人力资本的负向影响。以 FE 估计的系数为准，经济增长对三大区域均表现为正向影响，影响强度从大到小依次是西部、中部和东部。

3. 对比分析

本节将社会资本分为结构维度、关系维度、认知维度，分不同的阶段以及区域考察了三者对人力资本的影响。就三大维度对人力资本的影响，主要结论包括：

第一，结构维度。检验结果部分肯定了H6。时间层面，结构维度正向作用表现为增强，从侧面说明企业与其他主体在人才培养方面得到强化，并且相应的组织增多对人力资本的提升具有强化作用。空间层面，结构维度对东部和中部表现为促进作用，对西部表现为抑制作用。结构维度测度值高，意味着区域内，企业的主体地位较强，相应的起到主体之间联系作用和科技服务的组织机构数量多。在理论分析环节并没有考虑是何种类型的企业占主导。当对人力资本需求门槛高的企业集聚时，会带动人力资本提升；当对人力资本需求门槛低的企业集聚时，反而会抑制人力资本的提升。

第二，关系维度。时间层面，关系维度对人力资本的影响强度提升，显著性增强。空间层面，关系维度对东部和西部的影响显著为正，对中部的影响虽然为正，但不显著。这一结论验证了 H7，即区域高水平的信任程度有助于人力资本的提升。从区域这一中观尺度来分析，普遍的良好信任水平为人力资本培育提供了良好的环境。正如前文所述，无论是在微观的社区层面，还是中观的区域尺度，良好的信任关系对人力资本既存在吸引力，又有利于人力资本的进一步积累。

第三，认知维度。相比其他两个维度，认知维度对人力资本的促进作用最不显著，方向也不稳定，现有的结果无法对 H8 做出验证。在研究期内，认知维度表现出较为显著的正向影响，但在前一阶段，影响的方向模糊，并且显著性水平较差，后一阶段同样如此。从不同区域来看，认知维度对人力资本的促进作用较强的区域在中部、西部区域。

二、不同维度社会资本对技术创新的影响检验

本部分分不同维度，研究社会资本对技术创新的影响方向与强度，并且通过不同阶段和不同区域的对比来分析时空差异。

1. 基于不同阶段的检验

表 6-15 报告了不同阶段社会资本和人力资本对区域技术创新的影响检验，估计方法包括 OLS、FE 和 RE。

表6-15　分阶段不同维度社会资本对技术创新的影响检验

阶段	2007~2016 年			2007~2013 年			2010~2016 年		
模型	(1) OLS	(2) FE	(3) RE	(4) OLS	(5) FE	(6) RE	(7) OLS	(8) FE	(9) RE
lnS_1	−0.021 (0.861)	−0.154 (0.128)	−0.179 * (0.083)	−0.099 (0.514)	−0.216 * (0.092)	−0.231 * (0.073)	0.105 (0.491)	−0.173 (0.171)	−0.100 (0.434)
lnS_2	0.078 (0.509)	−0.084 (0.161)	−0.063 (0.324)	0.074 (0.580)	−0.019 (0.753)	0.001 (0.987)	−0.253 (0.181)	−0.349 ** (0.018)	−0.344 ** (0.026)
lnS_3	0.253 * (0.059)	0.649 *** (0.000)	0.657 *** (0.000)	0.010 (0.948)	0.548 *** (0.000)	0.500 *** (0.000)	0.119 (0.431)	0.486 *** (0.002)	0.552 *** (0.000)

续表

阶段	2007~2016 年			2007~2013 年			2010~2016 年		
模型	(1) OLS	(2) FE	(3) RE	(4) OLS	(5) FE	(6) RE	(7) OLS	(8) FE	(9) RE
lnh	1.569***	3.199***	4.257***	0.538	2.858***	3.653***	0.234	2.239***	3.425***
	(0.001)	(0.000)	(0.000)	(0.354)	(0.000)	(0.000)	(0.748)	(0.001)	(0.000)
lnK_{q-1}	0.792***	0.411***	0.525***	0.806***	0.422***	0.547***	1.004***	0.407**	0.535***
	(0.000)	(0.001)	(0.000)	(0.000)	(0.004)	(0.000)	(0.000)	(0.030)	(0.000)
$lnKS_{-1}$	0.428***	0.111	0.240***	0.239	0.009	0.108	0.472***	0.155	0.347***
	(0.003)	(0.149)	(0.002)	(0.179)	(0.910)	(0.211)	(0.003)	(0.138)	(0.001)
lnY_{-1}	0.039	1.248***	0.497**	0.324	1.101***	0.479**	-0.131	1.474***	0.583**
	(0.842)	(0.000)	(0.014)	(0.150)	(0.000)	(0.047)	(0.616)	(0.000)	(0.027)
lnL	0.609***	1.215***	0.652***	0.225	1.271***	0.543***	0.508***	1.543***	0.565***
	(0.000)	(0.000)	(0.000)	(0.199)	(0.004)	(0.007)	(0.007)	(0.000)	(0.007)
C	-19.957***	-40.500***	-38.835***	-10.864***	-36.730***	-33.013***	-10.089**	-36.766***	-32.512***
	(0.000)	(0.000)	(0.000)	(0.007)	(0.000)	(0.000)	(0.036)	(0.000)	(0.000)
R^2	0.894	0.887	0.876	0.900	0.870	0.879	0.903	0.759	0.877
Obs	300	300	300	210	210	210	210	210	210

注：***、**、*分别表示在 1%、5%和 10%的水平下显著。

根据表 6-15，除模型 8 以外，其他模型的拟合优度均在 0.870 以上，说明了所选取因变量对现实具有较好的解释力。表 6-16 报告了模型的检验结果。通过 F 检验、LM 检验和 Hausman 检验，选取 FE 模型的检验结果作为基准。

表 6-16　分阶段不同维度社会资本对技术创新的模型检验

阶段	2007~2016 年			2007~2013 年			2010~2016 年		
检验	统计量	P 值	模型	统计量	P 值	模型	统计量	P 值	模型
F	38.37	0.00	FE	25.66	0.00	FE	26.92	0.00	FE
LM	494.28	0.00	RE	194.47	0.00	RE	246.77	0.00	RE
Hausman	48.64	0.00	FE	41.99	0.00	FE	38.50	0.00	FE

首先分析社会资本的不同维度。根据前文的分析，社会资本整体对区域技术创新的影响在不同的阶段均表现为正向，但是存在影响不显著的情况，特别是针对后一阶段的检验。社会资本的不同维度在影响方向和显著性水平上存在较大的

差异。

第一，结构维度。与社会资本整体一致的是，结构维度在前一阶段影响显著，在后一阶段不再显著；不一致的是，结构维度对技术创新的作用方向为负，这与理论预期截然相反，否定了 H9。

但检验结果的负向系数不代表对理论的否定，而可能与研究期所处的发展阶段有关。本书的研究期为中国整体企业主体性逐渐强化的阶段，这一过程是漫长的，也是具有探索性的。1995 年，中央首次提出"促进企业逐步成为技术开发的主体"。2006 年，《国家中长期科学和技术发展规划纲要（2006—2020 年）》明确提出"建设以企业为主体、产学研结合的技术创新体系，支持鼓励企业成为技术创新主体"。2017 年，党的十九大要求"深化科技体制改革，建立以企业为主体、市场为导向、产学研深度融合的技术创新体系"。可见，从政策制定角度出发，研究期处于过渡阶段，在这一时期，企业的主体地位正在逐渐强化，而在探索过程中，由于主体地位尚未形成，与其他行为主体间的联结合作方式还在探索优化，正向的作用尚未激发出来。同时，从系数大小来看，负向作用强度是减弱的。

第二，关系维度。研究期内以及研究的前一阶段，关系维度的影响不显著且方向不明确，研究的后一阶段，该维度的影响显著为负。该结论未能支持 H10，即信任水平越高的区域，越有利于技术创新，但实证结果表明，信任环境反而阻碍了创新。可能的解释是，对于中观尺度来说，信用环境并不直接影响企业的创新行为，区域整体的创新来源于各个主体的创新，而区域尺度的信用水平与各个主体的创新行为可能没有必然联系，而与企业之间的信用和互惠水平相联系，这就导致出现关系维度对区域整体创新绩效影响不显著甚至为负的结果。

第三，认知维度。该维度是三大维度中唯一对技术创新产生显著正向影响的，也是社会资本整体对技术创新产生促进作用的主要来源。认知维度的评价指标彰显了政府在文化认同和任务目标认同方面的努力。可见，至少在本书的研究期内，政府对于技术创新都有着重要的作用，例如政策引导、资金补贴等。这也从另外一个角度说明，政府对于区域整体技术创新的影响较大。

其次，就其他自变量的影响方向和显著性来看，与只考虑社会资本时的结果差异不大，故只做简要分析。人力资本对技术创新表现为促进作用，但在时间层面的作用强度下降。R&D 经费投入的作用为促进，但是产出弹性有微小的下降趋势。区域外知识溢出在前一阶段影响不显著，后一阶段和研究期内可以判断为有着显著的正向影响，并且影响强度上升。以 FE 模型的结果为准，经济增长对技术创新的影响强度上升。劳动力资本表现为显著的正向影响，并且影响强度上升。

2. 基于不同区域的检验

表6-17报告了不同区域社会资本不同维度对区域技术创新的实证检验结果。

表6-17　分区域不同维度社会资本对技术创新的影响检验

区域	东部			中部			西部		
模型	(1) OLS	(2) FE	(3) RE	(4) OLS	(5) FE	(6) RE	(7) OLS	(8) FE	(9) RE
lnS_1	-0.736***	-0.158	-0.231	-0.375***	0.193	-0.375**	0.214	-0.157	0.002
	(0.004)	(0.387)	(0.179)	(0.004)	(0.379)	(0.025)	(0.363)	(0.348)	(0.991)
lnS_2	-0.414**	-0.009	-0.022	0.157	-0.127	0.157	-0.024	-0.199**	-0.227**
	(0.016)	(0.922)	(0.815)	(0.157)	(0.305)	(0.273)	(0.898)	(0.037)	(0.022)
lnS_3	0.897***	0.168	0.174	1.091***	0.577***	1.091***	-0.321*	0.888***	0.697***
	(0.001)	(0.356)	(0.330)	(0.000)	(0.005)	(0.000)	(0.085)	(0.000)	(0.002)
lnh	4.125***	4.363***	5.095***	2.341***	1.709	2.341**	4.109***	2.642***	3.509***
	(0.000)	(0.000)	(0.000)	(0.002)	(0.128)	(0.027)	(0.000)	(0.000)	(0.000)
lnK_{q-1}	0.377*	0.399*	0.407**	1.116***	0.843***	1.116***	0.977***	0.121	0.440***
	(0.063)	(0.055)	(0.025)	(0.000)	(0.002)	(0.000)	(0.000)	(0.544)	(0.010)
$lnKS_{-1}$	-0.061	0.028	0.066	0.103	0.213	0.103	0.838***	0.235	0.459***
	(0.820)	(0.807)	(0.550)	(0.509)	(0.125)	(0.506)	(0.000)	(0.112)	(0.001)
lnY_{-1}	0.853**	0.982**	0.693*	-0.466	0.837*	-0.466	0.908***	1.620***	0.708**
	(0.023)	(0.023)	(0.070)	(0.150)	(0.075)	(0.255)	(0.000)	(0.000)	(0.039)
lnL	0.389	1.040**	0.801**	1.200***	4.848***	1.200***	1.188***	1.051**	0.513*
	(0.155)	(0.020)	(0.018)	(0.000)	(0.000)	(0.000)	(0.000)	(0.038)	(0.099)
C	-33.322***	-43.012***	-43.442***	-30.979***	-63.212***	-30.979***	-35.663***	-35.192***	-34.270***
	(0.000)	(0.000)	(0.000)	(0.000)	(0.000)	(0.000)	(0.000)	(0.000)	(0.000)
R^2	0.906	0.904	0.887	0.890	0.923	0.890	0.892	0.901	0.793
Obs	110	110	110	80	80	80	110	110	110

注：***、**、*分别表示在1%、5%和10%的水平下显著。

通过表6-17可知，针对不同区域的回归拟合优度基本满意，除了模型9之外，其他模型的拟合优度均在0.88以上。通过F检验、LM检验和Hausman检验对基准模型进行判断，结果如表6-18所示。东部为模型3，中部为模型5，西部为模型8，为了便于不同区域的比较分析，选取FE模型的检验结果作为基准。

表 6-18　分区域不同维度社会资本对技术创新的模型检验

区域	东部			中部			西部		
检验	统计量	P 值	模型	统计量	P 值	模型	统计量	P 值	模型
F	48.92	0.00	FE	12.60	0.00	FE	29.39	0.00	FE
LM	212.13	0.00	RE	0.00	1.00	OLS	113.57	0.00	RE
Hausman	7.13	0.62	RE	41.14	0.00	FE	19.83	0.02	FE

首先考虑社会资本的不同维度。依据对社会资本整体进行考察时的结果，对于不同的区域而言，社会资本对中部区域技术创新的促进作用最为显著，而对东部和西部不再显著。对于不同区域，社会资本的不同维度对技术创新的作用方向和显著性存在差异。仅从系数判断，结构维度对东部区域的影响为负，对中部区域的影响大概率为负，对西部区域的影响方向无法判断，这与全国层面的结果基本一致。关系维度对于东部和西部区域的影响为负，对于中部区域的影响无法判断。认知维度对于东部、中部区域的影响为正，并且部分显著，对于西部区域的影响大概率为正，并且显著。

其次，其他变量的作用方向和显著程度与只考虑社会资本整体时基本一致，因此只做简要分析。人力资本的影响显著为正，影响强度从大到小依次为东部、西部和中部。R&D 投入的产出弹性显著为正，中部和西部的边际产出要大于东部区域。区域外知识溢出依然表现为对西部区域的影响显著为正，对其他两个区域的影响虽然为正，但并不显著。综合考虑显著性水平和方向，经济增长对不同的区域影响均为正，以 FE 模型的估计结果为基准，对西部区域的影响大于东部区域，对中部区域的影响强度最低。劳动力资本的影响显著为正，从影响强度来看，中部区域最大，其次是西部和东部区域。

3. 对比分析

通过对社会资本不同维度对技术创新影响的检验，可以看出，前文的 H9、H10、H11 只得到部分验证，这与研究期所处的发展阶段有关，也与研究的尺度有关。得出的主要结论如下：

第一，结构维度。无论是针对分阶段的检验，还是分区域的检验，都未能肯定 H9。这与研究期所处的阶段有关，即社会主义市场经济建设的过渡期，在这一阶段，企业的主体性逐步强化，企业在区域的主导性也不断强化，在资源配置方面的作用逐步凸显决定性。探索阶段，不可避免地弱化了结构维度的作用，甚至改变了作用的方向。这也从侧面说明，市场的有效程度需要不断强化。

第二，关系维度。无论是针对分阶段的检验，还是分区域的检验，均未能验证 H10。这可能与研究的尺度有关，即从理论上无法说明从微观的企业间信用到宏观信用水平的关联，因为两者形成的机制不同，前者源于企业之间的反复交流，而后者更多地体现在政府对区域环境的建设方面。

第三，认知维度。该维度是唯一被证明在研究期内对技术创新起到显著正向作用的。但这从侧面反映了至少在研究期内，政府在创新行为中依然担当着重要的责任，这与"大市场小政府"的建设目标不符，但是对于处于过渡期的经济体制，政府有必要发挥一定的引导甚至干预作用。特别是对于现阶段区域的技术创新行为来说，政府投入和引导发挥着重要作用。

本章小结

本章在第三章已有的理论分析基础上，进一步分析了社会资本对经济增长的影响机制，表现为五条影响链，即"社会资本→人力资本→经济增长""社会资本→人力资本→区域技术创新→经济增长""社会资本→经济增长""社会资本→区域技术创新→经济增长""人力资本→社会资本→区域技术创新→经济增长"。这一循环机制是非线性的、动态的、循环的。以这一影响机制为基础，本章提出了社会资本及其不同维度对人力资本和技术创新影响的11条假设，建立了相应的联立方程模型和面板数据模型进行经验检验。主要结论如下：

第一，社会资本与人力资本的互动关系。首先，以人力资本为因变量，证明了社会资本对人力资本的显著正向影响，此外公共教育投入的正向影响显著，私人教育投入强度的影响不明确，经济增长对人力资本表现出促进作用，贫富差距阻碍着人力资本的提升。其次，以社会资本为因变量，人力资本存在显著正向影响，经济增长、政府努力程度也存在显著正向影响，企业规模、劳动力资本、区域开放度负向影响显著。再次，分阶段地看，社会资本对人力资本的影响在研究的后一阶段更加显著，人力资本对社会资本的影响在研究的前一阶段和后一阶段均显著，并且拉动效应小幅度提升。最后，比较不同的区域，社会资本对人力资本的促进作用在东部区域强度最大，显著程度最高，中部和西部区域次之，人力资本对社会资本的促进作用从高到低依次是西部、中部和东部。

第二，社会资本与人力资本对技术创新的影响。首先，研究期内，社会资本和人力资本对技术创新有着显著的正向影响。其次，通过分阶段的对比发现，随着经济增长，两者对技术创新的影响系数小幅度下降，显著性也表现为下降；与此同时，研发资金投入、区域外知识溢出、经济增长、劳动力资本的影响系数均略微上升。最后，通过分区域的对比发现，社会资本对中部区域的影响显著为正，对其他区域的影响并不显著，人力资本对东部和西部区域的影响程度较高，对中部区域的影响程度较低。这一结论与社会资本、人力资本的边际效益下降，社会资本过高导致的区域联系固化，欠发达地区无形资源相对有限等原因有关。

第三，不同维度社会资本对人力资本的影响检验。按照预期，不同维度的社会资本对人力资本的影响均为正。首先是结构维度。时间层面，该维度对人力资本影响的正向作用不断强化。空间层面，结构维度对东部和中部的作用表现为促进，对西部表现为抑制，说明社会资本对人力资本的作用方向与经济增长水平、企业集聚类型有关。其次是关系维度。时间层面，关系维度对人力资本的影响强度提升，显著性增强。空间层面，关系维度对东部和西部的影响显著为正，对中部的影响虽然也为正，但不显著。最后是认知维度。针对不同阶段，认知维度在部分检验结果中显著，显著的正向影响仅体现在西部区域。

第四，不同维度社会资本对技术创新的影响检验。按照预期，不同维度的社会资本对技术创新的影响均为正，但实证检验结果并没有予以支持。首先是结构维度。该维度的正向影响未能得到验证，甚至大部分模型的检验结果出现了显著的负向影响。其次是关系维度。正向影响同样未得到检验，可能与研究的尺度有关，即从理论上无法说明从微观的企业间信用到中观信用水平的关联。最后是认知维度。该维度是唯一被证明在研究期内对技术创新起到显著正向作用的，这从侧面反映了至少在研究期，政府在创新行为中依然承担着重要责任。

第七章 社会资本的门槛效应检验

——以正式制度为门槛变量

社会资本在不同发展阶段和不同区域的作用效果有较大的差异。这种状况源于中国经济的时空差异，表现为时间层面的动态变化和空间层面的不协调、不平衡。在不同的环境下，社会资本对相关经济变量所起的作用方向和作用大小不尽相同。在诸多环境变量中，最重要也最具有代表性的是正式制度。

本章基于社会资本对不同区域差异化影响的现实情况，围绕社会资本"何时影响"这一问题，选取既有区域异质性又与社会资本存在互补替代关系的正式制度作为环境变量，将经济增长以及技术创新作为因变量，以正式制度作为门槛变量，研究社会资本的门槛效应。

第一节 问题的提出

"何时影响"这一问题的解决需要考虑两大前提，分别是社会资本与正式制度的关系以及社会资本作用的区域差异。

一、社会资本与正式制度的关系分析

社会资本与正式制度的关系研究中存在两种角度：一种是将社会资本视为非正式制度。王廷惠（2002）直言，非正式制度是制度体系不可或缺的构成内容，是正式制度产生、发展和有效运行的前提，合适的制度安排是正式制度和非正式制度的统一，并且非正式制度对正式制度起到补充、扩展、修正等作用。Forte等（2015）提出，社会资本可以作为非正式的法律框架。另一种研究中并未说明社会资本的属性，但是肯定了其作用的发挥受到区域环境影响，如制度环境、法治环境、政府治理系统等，其中制度环境是目前研究较多的环境变量。结合本章

的主要变量和前面章节研究中涉及的相关变量，下面简要回顾社会资本与正式制度对经济增长、技术创新的影响。

需要说明的是，本节并没有分析社会资本与正式制度对人力资本的影响，这出于两方面的考虑：第一，现有研究中多将人力资本作为影响经济活动的因变量，将正式制度作为门槛研究社会资本对人力资本的影响存在理论不足的问题。第二，现实地看，发展人力资本显然是有利于促进经济增长的，但是人力资本的培育受到与其直接相关的政策的影响，而无从发现人力资本与制度环境的直接关系，因此以人力资本为因变量、制度环境为门槛变量现实意义不足。

较多的研究关注了社会资本与正式制度对经济增长的影响。Baliamoune-Lutz（2011）以 39 个非洲国家为研究对象的实证检验结果表明，社会资本和正式制度对收入水平表现出稳健的促进作用，并且两者互为补充，同时提出了可能的作用机制，即当正式制度较弱时，社会资本作为替代；当正式制度较强时，社会资本作为补充。Ahlerup 等（2009）验证了社会资本在不同的制度环境下对经济增长的作用不同，1 个标准差社会资本的变动使尼日利亚的经济增长变动 1.8 个百分点，而只能使加拿大的经济增长变动 0.3 个百分点。杨宇和沈坤荣（2010）分析，在中国环境下，社会资本对经济增长的作用强度受到制度水平影响，具体表现为在制度水平最高的东部区域，社会资本对经济增长几乎不存在促进作用，在中部，认知维度和结构型社会资本变得显著，在西部，信任对经济增长的促进作用最强，而结构型社会资本几乎没有作用，两者的关系也呈现出区域差异，东部和西部为替代关系，中部为补充关系。

少数研究关注到社会资本与正式制度对技术创新的影响。刘炜和李郇（2012）肯定了非正式制度对中国技术创新的重要作用，这是由于大多数区域内企业之间的创新联系仍以非正式联系为主，例如企业衍生、技术人员之间的非正式交流、人才流动等，而这些因素对创新和创新的传播具有促进作用。苏勇等（2013）利用区域信用代理非正式制度水平，以《中国市场化指数报告》① 中的市场化指数衡量区域正式制度的差异，肯定了两者对研发过程的正向调节作用，但并没有讨论两者的关系。彭晖等（2017）将地区法律水平作为环境变量，通过引入社会资本和法律水平的交互性验证了两者的相互替代关系，这是由于在法律体系不完善的地区，社会资本发挥了声誉监督、降低信息不对称、化解个人投机行为的作用，弥补了正式制度的缺陷。Lee 和 Law（2017）选取了 62 个国家作为样本，研究结果表明，就重要性而言，社会资本相比正式制度可以对创新活动发

---

① 该报告始于 2000 年，由中国市场化指数课题组完成，系统地分析评价了全国各省份的市场化相对进程，2011 年的报告以"中国市场化指数报告"为题，2016 年和 2018 年的报告以"中国分省份市场化指数报告"为题。该报告的测算值在有关正式制度、市场化水平的研究中广为应用。

挥更大的作用。对于创新水平较低的国家，除了逐步改善正式制度外，还应在促进创新活动中丰富社会资本。

上述研究讨论了社会资本和正式制度两者之间的作用关系以及两者对相关因变量的影响，但还存在两个问题：一是大部分研究对象是区域或者国家，但是描述社会资本时，并没有体现区域特征；二是部分研究虽然从实证层面揭示了社会资本和正式制度之间的替代或者互补关系，但用到的工具多是交互项或者分组检验，模型设定多为线性，未能体现正式制度作为环境变量对社会资本作用的影响，也未能捕捉可能存在的分阶段的、非线性的关系。基于此，本书将正式制度作为门槛变量，研究社会资本对技术创新和经济增长的门槛效应，尝试回答社会资本"何时影响"的问题。

二、社会资本作用的时空差异分析

由前文的分析结果可知，社会资本作用于经济增长和技术创新时，针对不同区域以及不同的阶段，作用强度存在差异，具体表现如下：

第一，社会资本对经济增长影响的时空差异。根据前文的研究，社会资本对中国整体经济增长的贡献率呈现出逐步上升的趋势。以新古典增长理论视角的分析为例，2007~2016 年社会资本的贡献率为 27.9%，不考虑极大值，社会资本贡献率从 2008~2009 年的 28.58% 上升到 2015~2016 年的 30.07%，对经济增长的贡献水平有所上升。分区域看，社会资本贡献率呈现出阶梯分布，表现为经济越发达，社会资本的贡献率越高，东部、中部、西部三大区的贡献率依次为 29.07%、26.91%、21.07%。

第二，社会资本对技术创新影响的时空差异。与对经济增长的作用相反，社会资本对技术创新的影响表现为从正向显著到正向不显著。以前文中人力资本和社会资本对技术创新作用机制的 FE 估计结果为例，2007~2016 年和 2007~2013 年两个阶段，社会资本对技术创新的影响系数分别为 0.326 和 0.508，显著程度分别为 0.100 和 0.027，到了 2010~2016 年这一阶段，影响系数下降为 0.060，P 值为 0.831，影响极其不显著。

社会资本对技术创新的影响表现为对东部影响为负，中部影响为正，西部影响无法判断。这说明两个问题：一是针对不同发展程度的区域，社会资本的作用效果存在空间差异；二是社会资本对经济变量并不总是起到正向促进作用，也可能起到阻碍作用。

这些检验结果可以说明，在肯定社会资本对相关变量有影响以及如何影响的基础上，讨论社会资本"何时影响"有着十分重要的现实意义，这有助于辨析社会资本作为政策工具的适用场景，以对不同发展阶段以及不同类型的区域分类施策。

第二节　模型、数据及估计方法

门槛面板模型属于非线性计量模型，选取门槛变量，研究变量处于不同的取值区间时，自变量对因变量的作用存在程度或者方向差异。其基本思想是将门槛值作为一个未知量纳入实证模型中，构建分段函数，并针对门槛值和门槛效应进行检验。本章选取门槛面板模型作为研究工具，分别介绍模型、数据以及估计方法。

一、基础模型

门槛模型最早由 Hansen（1999）提出，基础模型形式为：

$$y_{it} = \mu_i + \beta_1' x_{it} I(q_{it} \leqslant \gamma) + \beta_2' x_{it} I(q_{it} > \gamma) + e_{it} \tag{7-1}$$

其中，i 代表不同的个体，t 为时间，y_{it} 为因变量，x_{it} 为自变量，q_{it} 为门槛变量，β 为系数，e_{it} 为随机扰动项，I(·) 为指标函数。式（7-1）的另一种形式为：

$$\begin{cases} y_{it} = \mu_i + \beta_1' x_{it} + e_{it}, & q_{it} \leqslant \gamma \\ y_{it} = \mu_i + \beta_2' x_{it} + e_{it}, & q_{it} > \gamma \end{cases} \tag{7-2}$$

显然，该模型相当于分段函数，在 q_{it} 不同的取值区间，因变量 x_{it} 有不同的系数。

Hansen 同时提出了包含多个门槛值的模型，以两个门槛值为例，形式如下：

$$y_{it} = \mu_i + \beta_1' x_{it} I(q_{it} \leqslant \gamma_1) + \beta_2' x_{it} I(\gamma_1 < q_{it} \leqslant \gamma_2) + \beta_3' x_{it} I(q_{it} > \gamma_2) + e_{it} \tag{7-3}$$

其中，$\gamma_1 < \gamma_2$，其他符号含义同前。

二、模型改造

以基础的门槛面板模型为基准，分别考虑社会资本整体和社会资本不同维度构建门槛检验模型。

1. 考虑社会资本整体的模型改造

以 Hansen（1999）提出的门槛模型为基础，针对不同的研究问题对模型进行改造。由于具体门槛值数目的确认需要通过门槛效应的检验，所以只说明经过改造的单门槛模型。

首先是社会资本对经济增长作用的检验模型。本章按照第五章的做法，分新古典增长理论和新增长理论分别建立了社会资本对经济增长的检验模型，从两种理论视角切入。

基于新古典增长理论的门槛效应检验模型为：

$$\ln Y = c + \alpha_1 \ln K + \alpha_2 \ln L + \alpha_3 \ln S(\,IN \leqslant \omega_1\,) + \alpha_4 \ln S(\,IN > \omega_1\,) + \varepsilon \qquad (7\text{-}4)$$

其中，Y、K、L、S、IN 分别代表经济增长、资本存量、劳动力投入、社会资本以及正式制度，ω_1 为正式制度门槛值，$I(\,\cdot\,)$ 为指标函数，ε 为随机扰动项，α 为待估计参数。

同理，基于新增长理论的门槛效应检验模型为：

$$\ln Y = c + \beta_1 \ln K + \beta_2 \ln H + \beta_3 \ln h + \beta_4 \ln S(\,IN \leqslant \omega_1\,) + \beta_5 \ln S(\,IN > \omega_1\,) + \varepsilon \qquad (7\text{-}5)$$

其中，H、h 分别为人力资本存量和人力资本水平，β 为待估计参数，其他符号含义同上。考虑到本章的研究并不主要讨论人力资本的外部性，并且在人力资本存量中已经包含了人力资本水平因素，所以将模型修正为：

$$\ln Y = c + \beta_1 \ln K + \beta_2 \ln H + \beta_3 \ln S(\,IN \leqslant \omega_1\,) + \beta_4 \ln S(\,IN > \omega_1\,) + \varepsilon \qquad (7\text{-}6)$$

其次是社会资本对技术创新作用的门槛检验模型，设定模型如下：

$$\ln a = c + \delta_1 \ln K_{q-1} + \delta_2 \ln KS_{q-1} + \delta_3 \ln S(\,IN \leqslant \omega_1\,) + \delta_4 \ln S(\,IN > \omega_1\,) + \delta_5 \ln h + \delta_6 \ln Y_{-1} + \delta_7 \ln L + \varepsilon \qquad (7\text{-}7)$$

其中，K_{q-1}、KS_{q-1} 分别为滞后一期的 R&D 经费投入和滞后一期的区域外知识溢出，δ 为待估计参数，其他符号含义同前。

2. 考虑社会资本不同维度的模型改造

从前文的分析看，不同维度的社会资本对因变量的作用效果并非一致，有些维度可能表现为显著的负向效应，有些维度表现为显著的正向效应，有些维度的作用无法判断正负。选取影响显著的不同维度的社会资本作为主要考察变量，以正式制度为门槛变量，考察它们对因变量影响的阶段性特征。模型构建与只考虑社会资本整体时基本一致，只是将社会资本换作不同维度，故不赘述具体模型。

三、模型处理

除了估计方法的选择，门槛面板模型处理中涉及门槛值的确定以及门槛效应的检验。

第一，估计方法选取。对于理论上不存在内生性问题的模型，可以利用传统的估计方法进行估计，包括社会资本对经济增长的门槛模型、社会资本对技术创新的门槛模型以及社会资本不同维度对不同因变量的门槛模型。

第二，门槛值的确定。根据 Hansen（1999）的面板门槛回归理论，假设门槛值是已知的，可以通过参数估计得到系数估计值，进一步得到模型中的残差平方和。回归中的门槛值越接近真实的门槛值，则残差平方和越小。因此，可以通过连续给出门槛值，通过观察残差平方和的变化，来选取残差平方和最小时的值作为门槛值。

对于单门槛模型的门槛值的确定，运用网格搜索法，将样本平均分为300个网格，对候选门槛值进行网格化处理。在实际操作中，将门槛变量按照从小到大的顺序排列，并且去除最小的2.5%和最大的2.5%作为异常值，取剩余95%的观察值作为门槛变量待选值，分别进行回归，计算相应的残差平方和，最后选取残差平方和最小的候选门槛值作为真实门槛值。

对于双门槛模型的门槛值的确定，分为三个步骤：首先确定单门槛模型的门槛值；其次以单门槛模型的门槛值为临时的第一门槛值，代入双门槛模型中，利用栅格搜索法，以残差平方和最小为标准，确定第二个门槛值；最后将确定的第二个门槛值再次代入双门槛模型中，再次利用栅格搜索法，并以残差平方和最小为标准，确认第一门槛值。

第三，门槛效应的检验。门槛效应检验包括两方面：一是显著性检验，二是真实性检验。

显著性检验用以说明针对不同的门槛变量取值区间，因变量的系数存在显著差异。门槛变量估计值为 $\hat{\gamma}$，检验的原假设为 H_0：$\beta_1 = \beta_2$，备择假设为：H_1：$\beta_1 \neq \beta_2$，相应的检验统计量表示为：

$$F_1 = \frac{S_0 - S_1(\hat{\gamma})}{\hat{\sigma}^2} \tag{7-8}$$

其中，S_0 为不存在门槛效应时的残差平方和，$S_1(\hat{\gamma})$ 为存在门槛效应时的残差平方和，$\hat{\sigma}^2$ 为不存在门槛效应时的残差方差。由于门槛值 γ 并非预知的，所以 F_1 统计量的分布非标准，因此，需要通过其他办法来获取其渐进分布。具体利用 Hansen（1999）提出的 F 统计量和"自抽样法"（bootstrap）得到的 P 值确认，一般的自举抽样数目在 300~500 次，自举次数过多容易使有偏的统计量偏差更大，自举次数过少容易降低估计量的精度。本书取自举抽样数为 300 次。

真实性检验是针对估计值与真实值一致性的检验，检验方法为极大似然法。原假设为 H_0：$\gamma_1 = \gamma_2$，备择假设为：H_1：$\gamma_1 \neq \gamma_2$，相应的似然比统计量为：

$$LR(\gamma) = \frac{S_1(\gamma) - S_1(\hat{\gamma})}{\hat{\sigma}^2} \tag{7-9}$$

Hansen 提供了公式来计算出非拒绝域，当 $LR(\gamma) \leqslant c(\alpha)$ 时，不能拒绝原假设，$c(\alpha) = -2\ln(1 - \sqrt{1-\alpha})$，$\alpha$ 为显著性水平。当 LR 统计量大于临界值时，拒绝候选门槛值等于真实值的原假设；当 LR 统计量小于临界值时，接受候选门槛值等于真实值的原假设。一般而言，取 α 为 0.05，LR 统计量的临界值为 7.35。

四、数据说明

本章只有正式制度是新出现的变量，以下说明变量选取和数据来源。需要说明的是，现有研究中针对正式制度采用了不同的表达方式，例如制度环境、制度、正式制度环境等。

根据杨宇和沈坤荣（2010）的总结，不同的学者将制度划分为不同层次：一是分为三个层面，分别是市场化程度（全社会固定资产投资中非国有、集体投资占总投资的比重）、非国有化水平（非国有经济增加值占 GDP 的比重）、对外开放度（外贸依存度，即进出口总额占 GDP 的比重）；二是分为四个层面，包括产权制度（非国有化率）、市场化程度（市场化指数）、分配格局（市场化收入分配/GDP）、对外开放度（外贸依存度）；三是建立综合指标评价，典型的例如中国市场化指数课题组利用 23 个指标分五个层次评价制度，包括政府与市场的关系、非国有经济发展状况、产品市场发育、要素市场发育、市场中介组织发育以及法律制度环境。在雷钦礼（2017）看来，这些评价方法反映的是制度作用的结果，而非制度本身，波动性较大，与制度的持续性和耐久性并不符，他在对中国数据进行检验时，将制度变量处理为离散变量，改革开放前的中央计划经济体制为 0 值，改革开放后的市场化经济体制为 1 值，但这种做法不适合短期研究。

本书认为，只描述正式制度的作用结果和对制度类型进行过于简单的划分都是不全面的。但相比而言，对作用结果进行刻画能从侧面反映政府在区域环境塑造方面的努力，具有可比性和数据可得性强的优势。在本书的制度变量选取中，还需要考虑正式制度与社会资本及前面章节所选变量的关联性问题。例如，正式制度或制度环境变量中常出现的法制制度环境在社会资本关系维度的指标中有所体现。又如，利用政府扶持力度作为反映经济制度的一个维度（李梅等，2014），这与社会资本中认知资本衡量的方式存在共性。

选取非国有经济发展水平和金融市场发达程度作为衡量正式制度的一级指标。其中，非国有经济发展的二级指标参考《中国市场化指数报告》的做法，以非国有经济在工业企业总资产中所占比例、非国有经济在全社会固定资产总投资中所占比例以及非国有经济就业人员占城镇总就业人数比例三个指标刻画。金融市场发达程度二级指标选取参考了张薄洋和牛凯龙（2005）的早期综述性研究，选取各地区贷款余额占 GDP 的比重以及股市市值/GDP 两个指标衡量，这些指标均为正向指标。数据来源于《中国统计年鉴》《中国工业经济统计年鉴》《中国劳动统计年鉴》《中国金融年鉴》以及各省份相关年份统计年鉴。

指标处理同样利用熵值法，方法详见第四章相关部分。

正式制度的指标体系及权重见表7-1。

表7-1 正式制度指标体系及权重

一级指标	二级指标	权重
非国有经济发展	非国有经济在工业企业总资产中所占比例	0.205
	非国有经济在全社会固定资产总投资中所占比例	0.209
	非国有经济就业人员占城镇总就业人数比例	0.209
金融市场发达程度	贷款余额/GDP	0.199
	股票市值/GDP	0.178

按照熵值法计算的正式制度数值区间为 $[-1.349, 1.978]$，按照 $IN = 100 + 100 \times [in - min(in)] / [max(in) - min(in)]$ 将制度值转换到 $[100, 200]$ 的区间内，其中 i 表示按照熵值法计算的正式制度测度值，IN 为转化后的值，$min(in)$、$max(in)$ 分别为测度的最小值和最大值。表7-2说明了正式制度的统计性特征。

表7-2 变量的统计性描述

变量	符号	均值	方差	极小值	极大值	样本量
正式制度	IN	140.55	19.26	100	200	300
对数值	lnIN	4.94	0.14	4.61	5.30	300

第三节 社会资本对经济增长的门槛效应检验

本节说明社会资本整体以及不同维度对经济增长的门槛效应检验结果。

一、社会资本整体的检验

首先考察社会资本分别基于新古典增长理论和新增长理论的检验结果。

1. 基于新古典增长理论

本部分基于新古典增长理论的模型检验社会资本整体的门槛效应，表7-3报告了依次存在一个、两个和三个门槛的模型的检验结果。以正式制度为门槛变量的单门槛效应比较显著，相应的门槛效应 P 值为 0.07，双门槛和三门槛效应均不显著，故选取单门槛效应模型。

表 7-3　基于新古典增长理论的社会资本门槛变量的检验

门槛变量	模型	F 值	P 值	BS 次数	10%	5%	1%
正式制度	单一门槛	26.36	0.07	300	24.04	26.94	33.68
	双重门槛	1.14	1.00	300	10.42	12.37	15.16
	三重门槛	9.10	0.23	300	12.19	14.39	19.36

　　进一步地，绘制相应的似然比函数图，如图 7-1 所示。纵轴为 LR 统计量，横轴为门槛变量，门槛变量的似然比用实线表示，虚线表示 5% 的显著性水平下的临界值（7.35）。由图 7-1 可知，正式制度门槛估计值对应的 LR 统计量明显小于 7.35 的临界值，因此可以判定该门槛值是真实的。

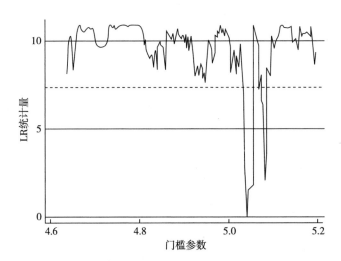

图 7-1　基于新古典增长理论的社会资本单门槛估计值 LR 检验

　　表 7-4 报告了单门槛值的估计结果，为 5.0524，对应的正式制度值为 156.3974，以该值为界限，社会资本对经济增长的作用强度存在显著差异。这一结果肯定了社会资本对经济增长的影响表现为非线性。

表 7-4　基于新古典增长理论的社会资本门槛值估计

门槛变量	门槛个数	门槛估计值	95%置信区间
lnIN	1	5.0524	[5.0357, 5.0530]

表 7-5 报告了系数检验结果，模型的拟合系数为 0.573，与不考虑门槛效应时的固定效应检验结果近似。

表 7-5　基于新古典增长理论的社会资本单门槛模型的参数检验

解释变量	系数估计值	T 统计量	P 值
lnK	0.212	15.18	0.000
lnL	−0.034	−0.41	0.684
lnS(IN≤5.0524)	0.129	2.32	0.021
lnS(IN>5.0524)	0.118	2.12	0.035
C	6.325	10.45	0.000

结果表明，在不同的正式制度水平下，投入同样多的社会资本，经济增长的变动有所差异。当正式制度的对数值在 5.0524 以下时，社会资本的系数为 0.129，显著性水平在 5% 以下，1% 的社会资本变动可以使经济增长变动 0.129%。正式制度水平提升时，当 IN 值超过 5.0524 的门槛值、测度值超过 156.40 时，社会资本对经济增长的拉动作用显示为下降，相应的系数值为 0.118，显著性水平在 5% 以下，影响程度下降 0.011，影响幅度下降 8.53%。相对应的经济意义是，社会资本对经济增长的拉动作用在正式制度水平低的地区大于正式制度水平高的地区。

以门槛值 156.3974 对不同的区域进行分类，低于该值的地区为正式制度低水平区域，高于该值的地区为正式制度高水平区域。研究期内不同年份正式制度水平分类如表 7-6 所示。

表 7-6　不同年份正式制度水平分类

年份	低水平区域				高水平区域			
	东部	中部	西部	合计	东部	中部	西部	合计
2007	7	8	11	26	4	0	0	4
2008	8	8	11	27	3	0	0	3
2009	7	8	11	26	4	0	0	4
2010	6	8	11	25	5	0	0	5
2011	5	8	11	24	6	0	0	6
2012	5	8	11	24	6	0	0	6
2013	3	8	11	22	8	0	0	8

续表

年份	低水平区域				高水平区域			
	东部	中部	西部	合计	东部	中部	西部	合计
2014	2	7	11	20	9	1	0	10
2015	2	5	11	18	9	3	0	12
2016	3	8	11	22	8	0	0	8

根据表 7-6 的统计结果，研究期内，正式制度的低水平区域远多于高水平区域，但高水平区域有上升趋势。2007 年，30 个省份中，只有 4 个高水平区域，2016 年上升到 8 个，2015 年的高水平区域为峰值 12。从东、中、西部的分布来看，2013 年以前，高水平区域全部集中于东部区域，2007 年为 4 个，2015 年上升为 9 个，2016 年变动为 8 个。仅在 2014 年和 2015 年，中部区域分别有 1 个和 3 个高水平省份。观察期内，西部任何年份均不存在高水平区域。可见，对于中国的大部分省份，特别是中部和西部，提高社会资本水平对经济增长有显著作用。

2. 基于新增长理论

本部分基于新增长理论的模型检验社会资本整体的门槛效应，表 7-7 报告了存在一个、两个和三个门槛的模型的检验结果。结果显示，以正式制度为门槛变量的单门槛效应比较显著，相应的门槛效应 P 值为 0.03，双门槛和三门槛效应均不显著，所以选取单门槛效应模型进行检验。

表 7-7　基于新增长理论的社会资本门槛变量检验

门槛变量	模型	F 值	P 值	BS 次数	10%	5%	1%
正式制度	单一门槛	27.65	0.03	300	22.10	25.41	32.97
	双重门槛	4.51	0.91	300	10.34	11.71	16.71
	三重门槛	12.37	0.25	300	12.98	16.40	20.01

进一步地，绘制相应的似然比函数图，如图 7-2 所示。由图 7-2 可知，正式制度门槛估计值对应的 LR 统计量明显小于 7.35 的临界值，因此可以判定该门槛值是真实的。

表 7-8 报告了单门槛值的估计结果，为 5.0410，对应的正式制度值为 154.6246，以该值为界限，社会资本对经济增长的作用强度存在显著差异。这一结果肯定了社会资本对经济增长的影响呈现出显著的非线性关系。

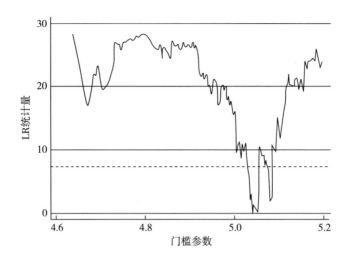

图 7-2 基于新增长理论的社会资本单门槛估计值 LR 检验

表 7-8 基于新增长理论的社会资本门槛值的估计

门槛变量	门槛个数	门槛估计值	95%置信区间
lnIN	1	5.0410	[5.0331, 5.0418]

表 7-9 报告了系数检验结果，模型的拟合系数为 0.8326，与不考虑门槛效应时的固定效应检验结果相近，并且明显大于基于新古典增长理论的模型检验结果，说明改进的新增长模型对现实的解释力更强。

表 7-9 基于新增长理论的社会资本单门槛模型的参数检验

解释变量	系数估计值	T 统计量	P 值
lnK	0.173	9.73	0.000
lnH	0.176	2.46	0.014
lnS（IN≤5.0410）	0.117	2.15	0.032
lnS（IN>5.0410）	0.107	1.94	0.053
C	4.834	8.30	0.000

实证结果表明，以新增长理论为基础，在不同的正式制度水平下，投入同样多的社会资本，经济增长的变动同样有所差异。当正式制度的 IN 值在 5.0410 以下时，社会资本的系数为 0.117，显著性水平在 5%以下，1%的社会资本变动可

以使经济增长变动 0.117%。IN 值跨过 5.0410 的门槛值之后，社会资本对经济增长的拉动作用显示为下降，相应的系数值为 0.107，显著性水平在 10% 以下，影响程度下降 0.010，影响幅度下降 8.55%。

按照新增长理论模型的门槛值对研究期内不同区域的正式制度水平进行分类，时序变动和空间分布特征与新古典理论模型差异并不大，极小的差异表现在 2008 年东部区域增加 1 个高水平区域，2015 年西部区域增加 1 个高水平区域。故不再列出具体省份。

二、社会资本不同维度的检验

本小节检验社会资本的不同维度，以探索它们对于拉动经济增长是否存在门槛效应。考虑到以新增长理论为基础的模型对现实有更强的解释力，因此在对社会资本不同维度的门槛效应进行检验时，仅利用新增长理论的模型。另外，依据第五章的结论，社会资本的认知维度对经济增长的影响并不显著，关系维度部分显著，所以本小节只考虑结构维度和关系维度的门槛效应。

1. 结构维度

以经济增长为因变量，将结构维度作为被考察变量，以正式制度为门槛变量，物质资本存量、人力资本存量以及社会资本的关系维度作为因变量，依次进行一个、两个和三个门槛的模型检验，结果如表 7-10 所示。单一门槛的估计结果表现为显著，P 值为 0.02，其他门槛的估计结果均不显著，选取单一门槛模型作为分析工具。

表 7-10　基于新增长理论的结构维度门槛变量检验

门槛变量	模型	F 值	P 值	BS 次数	10%	5%	1%
正式制度	单一门槛	26.94	0.02	300	20.34	24.23	30.98
	双重门槛	3.78	0.80	300	10.85	13.30	16.99
	三重门槛	9.13	0.24	300	12.43	15.71	20.53

进一步地，绘制相应的似然比函数图，如图 7-3 所示。由图 7-3 可知，正式制度门槛估计值对应的 LR 统计量明显小于 7.35 的临界值，该门槛值是真实的。

表 7-11 报告了单门槛值的估计结果，为 5.0524，对应的正式制度值为 156.3974，以该值为界限，社会资本的结构维度对经济增长的作用强度存在显著差异。这一结果肯定了社会资本对经济增长的影响呈现出显著的非线性关系。

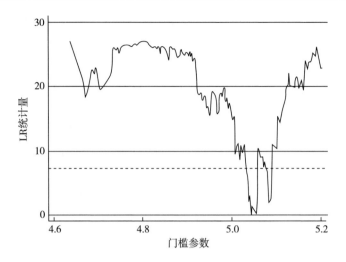

图7-3 基于新增长理论的结构维度单门槛估计值 LR 检验

表7-11 基于新增长理论的结构维度门槛值估计

门槛变量	门槛个数	门槛估计值	95%置信区间
lnIN	1	5.0524	[5.0357, 5.0530]

表7-12 报告了系数检验结果，模型的拟合系数为 0.8397。

表7-12 基于新增长理论的结构维度单门槛模型参数检验

解释变量	系数估计值	T 统计量	P 值
lnK	0.188	11.11	0.000
lnH	0.147	2.06	0.040
lnS_2	0.024	1.45	0.149
lnS_1(IN≤5.0524)	0.097	3.54	0.000
lnS_1(IN>5.0524)	0.084	3.04	0.003
C	5.092	9.13	0.000

根据表7-12，当正式制度处于低水平区间时，结构维度的系数为 0.097，显著性水平为 0.000，正式制度跨越门槛值达到高水平区间时，系数变为 0.084，显著性水平为 0.003。可见，结构维度在低水平区域对经济增长的拉动作用大于高水平区域。结构维度体现了企业的中心程度和相关第三方机构的多寡。这说明在制度水平较低的地区，适当地提升企业在经济活动方面的地位，增加体现经济

活力的第三方组织，可以显著地带动经济增长。而在正式制度良好的区域，虽然结构维度的提升依然对经济增长有着拉动作用，但作用强度不及正式制度水平低的区域。

2. 关系维度

以经济增长为因变量，将关系维度作为被考察变量，以正式制度为门槛变量，物质资本存量、人力资本存量以及社会资本的结构维度作为因变量，进行一个、两个和三个门槛的模型检验，结果如表 7-13 所示。单一门槛的估计结果表现为显著，P 值为 0.05，其他门槛的估计结果均不显著，选取单一门槛模型作为分析工具。

表 7-13 基于新增长理论的关系维度门槛变量检验

门槛变量	模型	F 值	P 值	BS 次数	10%	5%	1%
正式制度	单一门槛	26.79	0.05	300	23.20	28.07	35.99
	双重门槛	3.21	0.86	300	10.61	13.01	16.16
	三重门槛	10.02	0.23	300	14.03	15.94	21.13

进一步地，似然比函数图同图 7-3，说明门槛值是真实的。单门槛值的估计结果同表 7-11，对应的正式制度值为 156.3974，以该值为界限，社会资本的关系维度对经济增长的作用强度存在显著差异。这一结果肯定了关系维度对经济增长的影响呈现出显著的非线性关系。

表 7-14 报告了系数检验结果，模型的拟合系数为 0.8267，说明解释力尚可。

表 7-14 基于新增长理论的关系维度单门槛模型参数检验

解释变量	系数估计值	T 统计量	P 值
$\ln K$	0.188	11.10	0.000
$\ln H$	0.144	2.02	0.044
$\ln S_1$	0.093	1.45	0.149
$\ln S_2 I(IN \leq 5.0524)$	0.033	2.11	0.036
$\ln S_2 I(IN > 5.0524)$	0.020	1.20	0.230
C	5.104	9.15	0.000

以正式制度对数值 5.0524 为界，当正式制度处于低水平区间时，关系维度的影响系数为 0.033，显著性水平小于 0.05。当正式制度处于高水平区间时，关

系维度的系数出现了强度和显著性水平的双降，系数变为 0.020，下降 0.013，下降幅度为 39%，显著性水平为 0.230，这意味着虽然关系维度对经济增长的影响依然为正，但不再显著。相应的经济意义是，在低正式制度水平的地区，适当地提高各方面信任水平，有利于区域环境建设，提升区域吸引力，进一步促进经济增长，而在高正式制度水平的区域，提高信任环境对经济增长不再具有明显的意义。

第四节　社会资本对技术创新的门槛效应检验

社会资本对技术创新的作用同样存在时空差异。本节讨论社会资本及其不同维度在不同的正式制度水平下对区域技术创新的作用差异。根据前面章节的分析，结构维度和认知维度在大部分模型的检验中显著为正，而关系维度并不显著，因此本节只考察结构维度和认知维度。

一、社会资本整体的检验

表 7-15 报告了依次存在一个、两个和三个门槛的模型的检验结果，检验结果显示，以正式制度为门槛变量的单门槛效应比较显著，相应的门槛效应 P 值为 0.03，而双门槛和三门槛效应均不显著，所以选取单门槛效应模型进行检验。

表 7-15　社会资本对技术创新影响的门槛变量检验

门槛变量	模型	F 值	P 值	BS 次数	10%	5%	1%
正式制度	单一门槛	22.40	0.03	300	17.07	20.77	29.82
	双重门槛	7.38	0.29	300	10.41	12.94	18.92
	三重门槛	3.04	0.82	300	11.11	15.20	20.34

进一步地，绘制相应的似然比函数图，如图 7-4 所示。由图 7-4 可知，正式制度门槛估计值对应的 LR 统计量明显小于 7.35 的临界值，因此可以判定该门槛值是真实的。

表 7-16 报告了单门槛值的估计结果，为 5.0723，对应的正式制度值为 159.5408，以该值为界限，社会资本对区域技术创新的作用强度存在显著差异。这一结果肯定了社会资本对区域创新的影响呈现出显著的非线性关系。

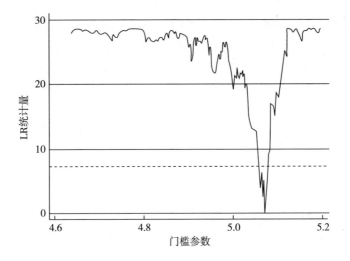

图 7-4　社会资本对技术创新影响的单门槛估计值 LR 检验

表 7-16　社会资本对技术创新影响的门槛值估计

门槛变量	门槛个数	门槛估计值	95%置信区间
lnIN	1	5.0723	[5.0550, 5.0769]

表 7-17 报告了系数检验结果，模型的拟合系数为 0.8637，模型解释力尚可。

表 7-17　社会资本对技术创新影响的单门槛模型参数检验

解释变量	系数估计值	T 统计量	P 值
lnh	3.001	15.18	0.000
lnK_{q-1}	0.482	3.84	0.000
$lnKS_{-1}$	0.161	2.06	0.041
lnY_{-1}	1.274	5.24	0.000
lnL	0.934	3.09	0.002
$lnS(IN \leqslant 5.0723)$	0.460	2.23	0.026
$lnS(IN > 5.0723)$	0.499	2.41	0.017
C	-39.130	-15.18	0.000

从回归结果来看，以正式制度对数值 5.0723 为界限，正式制度 159.5408 为界限，社会资本整体对区域技术创新表现为有显著差异的作用强度，但差异并不大。在低正式制度区间，社会资本的系数为 0.460，显著性水平低于 5%；在高

正式制度区间，社会资本的系数为 0.499，显著性水平低于 5%。两者相比，绝对值差为 0.039，相对值差为 8.4%。这一结论与社会资本在不同的制度环境下对经济增长的影响大小恰恰相反。这是由于社会资本在影响技术创新时，更多地体现在对资源的整合上，在高水平的正式制度下，意味着高水平的市场化环境、高效率的资源配置效率，同样程度的社会资本存在于这种环境下时，能更好地作用于各类资源，促进资源的整合与利用效率。

二、社会资本不同维度的检验

根据前面章节的分析，社会资本的不同维度在不同的阶段以及不同的区域作用方向和显著性水平有所差异。例如，结构维度在前一阶段显著为负，在后一阶段并不显著，对中部区域影响显著，而对其他区域影响不显著；认知维度在任何阶段都可以判定为显著；而关系维度在大部分检验中都不显著。因此，不再考虑关系维度，仅仅检验结构和认知两个维度的门槛效应。

1. 结构维度

以技术创新作为因变量，人力资本、社会资本的关系和认知维度以及 R&D 经费投入、区域外知识溢出、经济增长、劳动力投入为因变量，社会资本的结构维度作为主要考察变量，正式制度作为门槛变量来检验结构维度的门槛效应。表 7-18 报告了依次存在一个、两个和三个门槛的模型的检验结果，检验结果显示，以正式制度为门槛变量的单门槛效应比较显著，相应的门槛效应 P 值为 0.06，而双门槛和三门槛效应均不显著，所以选取单门槛效应模型进行检验。

表 7-18　结构维度对技术创新影响的门槛变量检验

门槛变量	模型	F 值	P 值	BS 次数	10%	5%	1%
正式制度	单一门槛	15.20	0.06	300	13.74	16.31	23.34
	双重门槛	9.27	0.14	300	10.30	12.17	14.61
	三重门槛	2.82	0.89	300	13.05	16.70	24.34

进一步地，绘制相应的似然比函数图，如图 7-5 所示。由图 7-5 可知，正式制度两个门槛估计值对应的 LR 统计量明显小于 7.35 的临界值，因此可以判定该门槛值是真实的。

表 7-19 报告了双门槛模型检验的门槛值结果。门槛值估计结果为 5.0723，对应的正式制度值为 159.5408。这说明结构维度作用于技术创新时可以分为两个阶段，即在低水平正式制度和高水平正式制度下，结构维度对技术创新的作用存在差异。

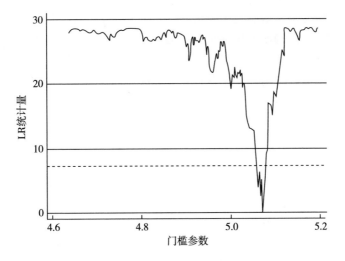

图 7-5 结构维度对技术创新影响的单门槛估计值 LR 检验

表 7-19 结构维度对技术创新影响的门槛值估计

门槛变量	门槛个数	门槛估计值	95%置信区间
lnIN	1	5.0723	[5.0535, 5.0769]

表 7-20 报告了系数检验结果，模型的拟合系数为 0.8523。

表 7-20 结构维度对技术创新影响的单门槛模型的参数检验

解释变量	系数估计值	T 统计量	P 值
$\ln h$	3.136	6.81	0.000
$\ln S_3$	0.603	5.23	0.000
$\ln K_{q-1}$	0.420	3.50	0.001
$\ln KS_{-1}$	0.150	1.75	0.041
$\ln Y_{-1}$	1.264	5.66	0.000
$\ln L$	1.125	3.83	0.000
$\ln S_1$ (IN≤5.0723)	-0.166	-1.71	0.089
$\ln S_1$ (IN>5.0723)	-0.127	-1.31	0.190
C	-39.525	-16.22	0.000

从表 7-20 来看，不论是在低正式制度水平的区域，还是在高正式制度水平的区域，结构维度对技术进步都有着负向影响。从系数大小看，对高制度水平区

域的负向影响强度小于低制度水平区域，前者的系数为-0.127，后者为-0.166。存在变化的还有系数的显著性水平，后者的为0.089，说明在低正式制度水平区域，结构维度对技术创新的影响显著为负，而在高正式制度水平区域，影响变小，并且不再显著。结构维度主要以企业的中心程度衡量，对创新的影响方向和强度与企业的集聚类型有关。

2. 认知维度

以技术创新为因变量，人力资本、社会资本的结构和关系维度以及 R&D 经费投入、区域外知识溢出、经济增长、劳动力投入为因变量，社会资本的认知维度作为主要考察变量，正式制度作为门槛变量来检验结构维度的门槛效应。门槛变量检验结果表明，关系维度作用于技术创新时，存在单门槛效应。表 7-21 报告了门槛变量的检验结果。

表 7-21 认知维度对技术创新影响的门槛变量检验

门槛变量	模型	F 值	P 值	BS 次数	10%	5%	1%
正式制度	单一门槛	16.70	0.06	300	15.31	18.02	22.54
	双重门槛	7.63	0.29	300	11.12	13.16	16.49
	三重门槛	2.92	0.85	300	10.08	12.24	20.35

似然比函数图和门槛值检验结果分别同图 7-5 和表 7-19，说明认知维度作用于技术创新时同样可以分为两个阶段，即在低水平正式制度和高水平正式制度下，认知维度对技术创新的作用存在差异。

表 7-22 报告了系数检验结果，模型的拟合系数为 0.8530。

表 7-22 认知维度对技术创新影响的单门槛模型参数检验

解释变量	系数估计值	T 统计量	P 值
$\ln h$	3.092	6.67	0.000
$\ln S_1$	-0.161	-1.63	0.098
$\ln K_{q-1}$	0.421	3.56	0.001
$\ln KS_{-1}$	0.154	2.06	0.035
$\ln Y_{-1}$	1.259	5.37	0.000
$\ln L$	1.118	3.88	0.000
$\ln S_3$（IN≤5.0723）	0.592	-0.71	0.000
$\ln S_3$（IN>5.0723）	0.632	0.00	0.000
C	-39.546	-16.27	0.000

从表7-22检验结果看，认知维度对于高水平正式制度区域和低水平正式制度区域均表现出显著的正向影响，并且对高值区域的影响强度更大。具体而言，正式制度对数值小于5.0723时，影响系数为0.592；超过5.0723时，影响系数变为0.632。认知维度反映了区域发展的任务目标和文化一致性，一致性越强，越有利于创新发展。

<h1 style="text-align:center">本章小结</h1>

本章利用门槛面板模型，以正式制度作为门槛变量，回答了社会资本对经济增长以及技术创新"何时影响"的问题。主要结论有两方面：

第一，社会资本对经济增长影响方面。首先，社会资本在正式制度水平低的地区对经济增长的拉动作用大于正式制度水平高的地区。以基于新古典增长理论模型检验的门槛值作为节点，研究期内，中国大部分省份属于低水平区域，以2016年为例，低正式制度水平区域有22个，所有高水平区域位于东部区域。其次，社会资本的结构维度和认知维度对经济增长的门槛效应检验结果显示，结构维度、关系维度在低水平区域对经济增长的拉动作用大于高水平区域，说明在低正式制度水平的区域，适度提升企业的中心度、强化主体之间联系、增加相关的第三方组织、提升区域的信任信用氛围，对经济增长有一定的促进作用。

第二，社会资本对技术创新影响方面。首先，社会资本在正式制度水平较高的区域对技术创新的带动作用力度略强，与社会资本在不同的制度环境下对经济增长的影响大小相反，这是由于创新需要各种资源的整合流通，高制度环境意味着有健全的市场化制度和丰富的资源要素，社会资本在这种环境下更有利于知识流动、资源整合和创新生成。其次，对于结构维度的社会资本，无论是在低水平正式制度的区域，还是高水平正式制度的区域，对技术进步的影响均为负，但对高水平正式制度区域的影响强度小于低水平正式制度区域。最后，认知维度对于高水平正式制度区域和低水平正式制度区域均表现出显著的正向影响，并且对高水平正式制度区域的影响强度更大。

第八章 结论、政策启示及展望

本书围绕"社会资本对经济增长的影响",从理论分析和实证检验两方面进行研究。本书从社会资本的概念和属性出发,充分参考已有成果,构建了社会资本对经济增长影响的理论框架,将社会资本分为结构、关系、认知三个维度,按照"投入品属性""功能性属性""制度性属性"的属性分类,研究社会资本对经济增长及其他经济活动的影响。本章作为全书的收尾环节,将归纳总结主要结论,提出相关的政策启示,展望未来的研究方向。

第一节 主要结论

本书围绕"社会资本对区域经济增长影响"的问题,遵循"提出问题""分析问题""解决问题"的研究主线,进行理论分析和实证检验。本书基于三大现实背景和两大理论背景展开研究。按照空间尺度依次降级的顺序,面临的三大现实环境依次是全球面临着的知识经济时代大环境、中国所处的从追求发展速度到追求发展质量的过渡阶段以及中国区域尺度存在的发展不协调现状;理论环境包括经济增长影响因素从传统有形因素转向无形因素、经济地理学中的分支学科——关系经济地理学面临着发展薄弱的问题。面对纷繁复杂、不成体系地存在于诸多学科领域的研究成果,本书从社会资本和区域社会资本概念出发,构建理论分析框架,解决了社会资本对经济增长"有无影响""如何影响""何时影响"三大核心问题。

主要的研究成果和结论体现为理论和经验检验两部分,其中理论方面的贡献有以下三点:

第一,对社会资本理论发展的贡献。"社会资本"这一概念最早由 Hanifan 于 1916 年提出,但直至 20 世纪 80 年代末期才开始获得广泛关注,并陆续在政治学、经济学、社会学等多个学科中取得一定的研究成果。目前，针对社会资本的概念界定、属性特征等问题，学术界依然是众说纷纭。不同学者根据自己的研究侧重点和学科特征，对社会资本进行了不同的界定。本书在对社会资本进行界定时，充分考察了经典研究中对社会资本特征的描述以及研究所基于的区域尺度，将社会资本界定为"存在于特定的地域空间之中，由活动主体交互所形成的网络和信任关系，这一关系在经济活动中可以作为一种资源被使用"，将区域社会资本界定为"存在于特定区域空间，基于不同经济行为主体的关系网络，表现为区域信任、区域凝聚力等无形环境，并且可以作为一种资源投入到区域内部的经济运行过程中"。

第二，对关系经济地理学的发展的贡献。关系经济地理学出现于 20 世纪 90 年代初期，当时区域科学、经济地理学等学科正在发生分化，"关系"转向是经济地理学的转向之一。就目前的发展态势而言，相比新经济地理学、制度经济地理学、演化经济地理学等同期出现的其他分支学科，关系经济地理学的发展相对薄弱，这与缺少合适的概念工具不无关系。经过对关系经济地理学特征与社会资本概念的对比分析，研究认为社会资本可以作为关系经济地理学的一个概念工具。具体而言，关系经济地理学的研究特色在于将区域看作一个透镜，来分析特定区域内部社会、经济两者之间的互动关系，大多数分析将行为主体确定为区域内的企业，具体的"关系"可以表现为企业间的关系以及社会氛围和经济活动之间的关系。这一特征与社会资本的概念不谋而合。

第三，打开社会资本影响经济增长的理论"黑箱"。大部分研究从实证检验的角度肯定了社会资本对经济增长的积极作用，对于影响机制的讨论各抒己见、众说纷纭。本书从这些研究中抽丝剥茧，尝试在影响机制的描述中更加贴近现实，也更为系统。为此，本书将现有的机制研究分为三种，分别是直接投入作用、存在传导变量的间接影响以及不存在传导变量的间接影响。直接投入指社会资本作为一种资本形式与物质资本、人力资本等同时投入生产过程中；存在传导变量的间接影响机制涉及人力资本和技术创新两个变量；不存在传导变量的间接影响机制指社会资本作为一种非正式制度影响经济增长和其他经济活动。结合社会资本的属性特征，将这三种影响机制分别对应社会资本的三个特征，即"投入品属性""功能性属性"以及"制度性属性"。此外，本书将社会资本分为结构、关系、认知三大维度，分析了不同维度对经济活动的影响机理，构建了区域尺度的系统性的指标体系。可以说，这一系统性的分析框架将那些零散理论的"砖瓦"构建成了社会资本对经济增长影响的理论"大厦"。

对中国数据进行统计描述和经验检验的主要结论有以下六个方面：

第一，社会资本在中国空间布局和变化特征的问题。本书以 2007～2016 年中国大陆除西藏外30个省份为研究对象，讨论了社会资本的空间布局和历史变化特征。首先，各个省份的社会资本在研究期内的测度值均表现为上升，社会资本的区域差异水平在研究期内几乎无变化，主要的差异来源为东部区域的内部差异。其次，从空间分布看，社会资本的高值区域主要分布在东部区域。最后，从空间的关联关系来看，全局关系表现为社会资本整体的正相关分布或离散分布，社会资本的局部聚类特征表现为分散化程度上升。

第二，"有无影响"的问题。不论是社会资本与传统资本形式的对比，还是与以人力资本为代表的无形资本的比较分析，均肯定了社会资本为经济增长带来的积极作用，但不同维度的作用强度存在差异，从高到低依次是结构维度、关系维度和认知维度。此外，针对贡献水平的时序、省际差异以及空间溢出，主要有三方面的结论。首先，社会资本的贡献率高于劳动力投入，但低于物质资本和人力资本。社会资本、结构维度、关系维度的产出弹性表现为上升趋势，三个维度中，产出弹性从高到低依次是结构维度、关系维度和认知维度。其次，针对不同的区域，社会资本的贡献水平从高到低依次是东部、中部、西部；结构维度贡献水平从高到低排序为东部、西部和中部，其中西部和中部为负；关系维度为中部、东部和西部；认知维度为中部、西部、东部。最后，社会资本存在正向溢出效应，物质资本、劳动力投入则存在负向溢出，比较不同的区域，社会资本的直接效应从高到低依次是东部、中部和西部，间接效应在东部区域为负，中部和西部为正，社会资本的不同维度溢出效应表现不同。

第三，"如何影响"的问题。本书通过理论分析，分析了从社会资本到经济增长的不同渠道的影响，表现为以五条链式关系构建而成的非线性的、动态的、循环的链式关系。本书以链式关系中社会资本与人力资本的关系以及两者对技术创新的影响作为重点进行检验。

首先，肯定了人力资本与社会资本之间在区域尺度的正向促进作用，并且在时间层面和空间层面表现出不同的特征。分阶段，社会资本对人力资本的影响在研究的后一阶段更加显著，人力资本对社会资本的影响在研究的前一阶段和后一阶段均表现为显著，并且拉动效应小幅度提升。分区域，社会资本对人力资本的促进作用在东部强度最大，显著程度最高，中部和西部区域次之。此外，不同维度社会资本对人力资本的影响均为正，但不同维度在空间层面和时间层面对经济增长的拉动作用有差异。

其次，社会资本与人力资本对技术创新的影响均显著为正。分阶段的对比研究显示，随着经济增长，两者对技术创新的影响系数小幅度下降，显著程度下降。与此同时，研发资金投入、区域外知识溢出等因素的影响系数均略微上升。分区域，社会资本对中部区域的影响显著为正，对其他区域的影响并不显著；人力资本对东部和西部区域的影响程度较高，对中部区域的影响程度较低。这一结论与社会资本、人力资本的边际效益下降，社会资本过高导致的区域联系固化，欠发达地区无形资源相对有限等原因有关。三个维度中，只有认知维度对技术创新的正向影响得到肯定，这也从侧面反映了至少在研究期，政府在创新行为中依然起到重要作用。结构维度表现出负向作用，可能的原因是企业在区域创新方面的主体作用尚未有效发挥。关系维度与技术创新的关系尚不明确。

第四，"何时影响"的问题。本书利用门槛面板模型，以正式制度为环境变量，分析了社会资本作用于经济增长以及技术创新时的门槛效应。结论有两个方面：首先，社会资本、结构维度和关系维度在正式制度水平低的地区对经济增长的拉动作用大于正式制度水平高的地区，说明在低水平正式制度的区域，适当地提升企业的中心度、强化主体之间联系、增加相关的第三方组织、提升区域的信任信用氛围，可以对经济增长起到促进作用。其次，社会资本、结构维度以及认知维度在正式制度水平较高的区域对技术创新的带动作用力度略强，这是由于创新需要各种资源的整合流通，高正式制度水平意味着拥有健全的市场化制度和丰富的资源要素，社会资本在这种环境下更有利于知识流动、资源整合和创新生成。

第五，社会资本的形成问题。已有的研究大多将社会资本作为自变量，而很少关注社会资本的影响因素问题。本书同样将社会资本看作自变量，但在研究过程中还关注了"什么样的区域环境更有利于社会资本形成"这一问题。首先，人力资本对社会资本表现为促进作用，并且在研究期内，人力资本对社会资本的拉动作用有轻微的上浮趋势。其次，经济增长对社会资本的作用表现为正向拉动，但在某些阶段和区域，影响并不稳定。再次，政府努力程度对社会资本表现为正向影响，在后一阶段影响不再显著；分区域看，中部区域最为显著，并且系数大于全样本。最后是企业规模，部分检验结果证实了企业规模对社会资本的影响为负，即企业规模越大，越不利于区域社会资本的培育。

第六，社会资本与欠发达区域的关系问题。本书在整体的结构安排中并没有对此进行单独分析，但在各章的区域比较部分可以初步判断社会资本与欠发达区域的关系。将中部和西部区域归为欠发达区域，可以发现如下规律：

首先，社会资本在欠发达地区的分布。社会资本、结构维度和关系维度在中、西部区域测度值较低，并且与东部区域差距较大。认知维度则表现出不同的特征，即在西部区域测度值最高，区域中高值省份有陕西、青海、甘肃，说明这些省份的政府在目标共享和区域的文化共享方面努力程度高。

其次，社会资本对经济增长的贡献。和人力资本一致，社会资本对欠发达区域的贡献水平低于发达区域。空间效应检验表明，中部和西部的社会资本直接效应和间接效应均为正且显著。社会资本各维度中，结构维度对于欠发达区域的贡献水平为负，关系维度和认知维度大部分为正，但无法分大区比较，需要进一步按照经济水平分级比较。

再次，社会资本对人力资本和技术创新的影响。社会资本对人力资本的促进作用中，欠发达区域强度低于发达区域。社会资本对中部区域技术创新的促进作用最为显著，而对东部和西部不再显著。可能的解释是，东部区域的正式制度对区域创新的促进作用更大，导致社会资本这种非正式制度发挥作用的空间有限；西部在人力资本、金融资本等高端要素存量方面处于劣势，不利于社会资本发挥作用。

最后，社会资本对经济增长及技术创新"何时影响"。中国大部分省份处于低水平正式制度环境，以 2016 年为例，本书样本的 30 个省份中欠发达区域全部属于低正式制度水平区域。社会资本对经济增长的拉动强度在低正式制度水平区域更强，对技术创新的拉动作用表现为在欠发达区域更弱。

第二节　政策启示

本书整体基于现实背景开篇，最终落脚于现实问题的解决。社会资本并不能作为一项单独的政策来影响现实，而是需要嵌入其他专项政策之中，来实现社会资本水平的提升，从而进一步促进人力资本水平提升、区域技术创新生成以及区域的高质量发展。以主要结论为依据，提出以下四个方面的政策建议：

第一，政策制定环节加大对社会资本等无形资本的关注。长期以来，中国一直将有形资本作为促进经济增长和发展的主要因素，例如在创新驱动发展中，相应的政策将加大对科技研发的资金投入等作为核心抓手。尤其是中国经济发展进入转型期以来，虽然政府认识到创新在经济发展中的重要作用，并采取了多种政策予以促进，但主要的措施仍然是针对有形要素，对无形要素可以说刚刚起步。2018 年一批政策的密集出台，说明了政策制定环节对无形要素的关注。《国务院办公厅关于抓好赋予科研机构和人员更大自主权有关文件贯彻落实工作的通知》中强调了人力资本的重要性，《国家科学技术秘密持有单位管理办法》中提到以专利为代表的知识资本，《关于进一步加强科研诚信建设的若干意见》彰显了对区域环境和社会资本的重视。未来应该加大对无形资本的关注，尤其是社会资本。

第二，强化企业在区域技术创新和区域经济增长中的主体地位。结构维度的社会资本以中心度、联系强度、合适的组织三个二级指标衡量，这些指标都显示出企业在区域经济活动中的主体地位，彰显着市场活力。中心度以企业在创新行为和创新成果中的占比表示；联系强度同样以企业为中心，显示了企业与其他行为主体之间的紧密程度；合适的组织则包括了与技术服务相关的人员多寡和市场规模大小。结果表明，结构维度的产出弹性最高，并且在研究期内产出弹性上升，但结构维度的贡献水平在大部分年份表现为负值，在中部和西部区域同样表现为负值。产出弹性和贡献水平的差异说明，对于大部分年度和省份，结构维度对经济增长的拉动作用并未显现，企业在经济活动中的主体作用需要继续强化。此外，结构维度对于人力资本培育显示出了正向的促进作用，但并未显示出对技术创新的拉动作用，这从侧面说明，在中国环境下，企业主体地位、创新引领作用亟待提升，微观主体活力还存在较大提升空间。

第三，塑造更优良的区域信用氛围和区域发展凝聚力。这两大内容分别表现为社会资本的关系维度和认知维度。前者意为区域信用体系的建设，后者表示了基于区域的文化认同和目标认同的凝聚力。经验检验的部分结果表明，这两个维度对经济活动的促进作用并没有结构维度明显，但对于当下来说，仍然是区域环境建设的主要任务和抓手。社会信任体系包括信用体系、诚信的社会风气等。信用体系的建设需要依靠互联网，建立个人和组织的信用网络。政府应推动建立相应的信用体系，强化个人和组织的守信意愿，提高整个社会的信任程度。应提升国家和区域的治理体系和治理能力，厘清政府的权力和管理范围，将政府不应涉及的领域开放给相应的社会组织，推动各类非政府组织建立并发挥作用。加强文化教育是必不可少的环节。在有条件的地区，应强化文化建设，可能的途径包括适当适时增加图书馆、文化馆等公共文化设施的数量，丰富图书馆、文化馆的馆藏，举办文化活动等。

第四，提升欠发达区域的社会资本水平。结果显示，欠发达区域普遍存在社会资本水平低的问题，这将阻碍经济增长和技术创新，检验结果中社会资本对欠发达区域的贡献水平低于发达区域便是最好的证明。同时，欠发达地区多数是低正式制度水平的区域，相比高正式制度水平的区域，同等幅度的社会资本提升将带来更大幅度的经济增长，这充分肯定了社会资本对于拉动欠发达区域经济增长的积极作用。结构维度方面，在提升企业主体角色以及相关组织数量的前提下，还需要促进产业和企业升级，逐步从劳动力、资源密集型产业升级到智力密集型产业，否则会阻碍人力资本的培育，同时释放结构维度对创新绩效的正面影响。关系维度方面，研究期内欠发达地区逐步追赶发达地区，在信用环境建设方面有所作为，但仍有较大的提升空间。认知维度方面，欠发达区域表现良好，一些地区在文化共享方面有天然的优势，一些地区的政府在区域目标共享方面取得成果，说明欠发达区域的市场化程度不足，对政府的依赖性高，随着市场主体地位的提升，认知维度或许会出现一定程度的下降，同时带来结构维度的提升。

第三节　研究展望

研究整体虽然在已有的基础上，从理论方面和实证分析方面均有一定的突破，但限于笔者的知识结构局限及精力问题，研究仍存在多方面的不足。今后可以从三个方面深化"社会资本对经济增长的影响机制"的研究。

第一，关注社会资本对经济增长质量的影响。社会资本对社会经济发展的影响是综合性的，涉及方方面面。本书在界定区域经济增长时，在明确其包括经济增长的数量和经济增长的质量之后，利用数量单维度描述经济增长。显然，这是不全面的。虽然大多数的研究关注了社会资本与生产的关系，但社会资本对艺术、宗教、文化、民主、政治、健康、投资行为、国际贸易模式等都有影响（Inkeles，2000；Paldam and Svendsen，2000；Thöni et al.，2012；Álvarez and Romaní，2017）。在对经济增长质量的影响方面，相关研究已初露头角，Bartolini 和 Bonatti（2008）、Tovar 和 Tavares（2014）、罗能生和曾克强（2018）关注的是狭义的经济增长质量，Sabatini（2008）、Bronisz 和 Heijman（2010）、周瑾等（2018）关注到了广义的经济增长质量。这些研究或许存在理论基础薄弱的问题，但针对社会资本对经济增长质量的影响研究仍然是一个可取的方向。

第二，研究方法的选取方面，加大对空间经济学相关方法的利用。空间计量模型的使用着眼于区域之间的互相影响作用，而这在现实中是经常存在的，一个区域的经济增长会对周边有辐射作用，从而带动周边区域的发展，一个区域良好的社会风气也会形成示范效应，影响邻近区域。在实证研究方法的选用方面，全书仅在第五章针对社会资本对经济增长的溢出效应使用了空间杜宾模型，分析社会资本对本区域和邻近区域经济增长的效应，但在第六、第七章依然使用了传统的计量模型，没有对研究对象的空间特征进行分析。两方面的原因造成这一局面：一是理论基础支撑不足，二是笔者对技术方法的掌握有限。在未来对社会资本进行研究时，可以适当增加对空间效应的考虑，同时在理论和实证方面进行研究应用。

第三，研究的空间尺度向县市下沉。本书围绕中观尺度，将中国大陆除西藏地区外的 30 个省份作为研究对象。虽然这种研究样本的选取方式在诸多研究中出现过，特别是针对欧洲区域的研究中，但不可否认的是，存在空间尺度过大的问题。更加有说服力也更加理想的方式是选取更小的区域进行专项研究，地域缩小有助于对社会资本进行更加准确的刻画和描述，例如尺度下沉到县市一级。本书之所以没有以县市为研究对象，原因在于作为一个全国整体的研究，若以县市为研究对象，数据量和工作量均极其庞大，而且存在诸多数据不可得的情况。下一步，可以以某个大区内或者某个省内的不同区域作为研究对象，依然从社会资本的本质属性出发，构建适合县市层级的指标体系，对比研究小区域的经济发展中社会资本的重要程度。

参考文献

[1] Ahlerup P, Olsson O, Yanagizawa D. Social Capital vs Institutions in the Growth Process [J]. European Journal of Political Economy, 2009, 25 (1): 1-14.

[2] Akçomak I, Weel B T. Social Capital, Innovation and Growth: Evidence from Europe [J]. European Economic Review, 2009, 53 (5): 544-567.

[3] Amin A. Globalisation and Regional Development: A Relational Perspective [J]. Competition & Change, 1998, 3 (1): 145-165.

[4] Baliamoune-Lutz M. Trust-based Social Capital, Institutions, and Development [J]. Journal of Socio-Economics, 2011, 40 (4): 335-346.

[5] Barrutia J M, Echebarria C, et al. Municipal Managers Engagement in Multi-level Governance Arrangements: An Empirical Analysis Grounded in Relational Economic Geography [J]. Geoforum, 2013 (50): 76-87.

[6] Bartolini S, Bonatti L. Endogenous Growth, Decline in Social Capital and Expansion of Market Activities [J]. Journal of Economic Behavior and Organization, 2008, 67: 917-926.

[7] Bathelt H, Glückler J. The Relational Economy: Geographies of Knowing and Learning [M]. New York: Oxford University Press, 2011.

[8] Bathelt H, Glückler J. Toward a Relational Economic Geography [J]. Journal of Economic Geography, 2003, 3 (2): 117-144.

[9] Bathelt H. Geographies of Production: Growth Regimes in Spatial Perspective 3-toward a Relational View of Economic Action and Policy [J]. Progress in Human Geography, 2006, 30 (2): 223-236.

[10] Bathelt H. Geographies of Production: Growth Regimes in Spatial Perspective-Knowledge Creation and Growth in Clusters [J]. Progress in Human Geography, 2005, 29 (2): 204-216.

[11] Becker G S. Investment in Human Capital: A Theoretical Analysis

[J]. Journal of Political Economy, 1962, 70 (5): 9-49.

[12] Behrens K, Thisse J F. Regional Economics: A New Economic Geography Perspective [J]. Regional Science & Urban Economics, 2007, 37 (4): 457-465.

[13] Bengoa M, Román V M, Pérez P. Do R&D Activities Matter for Productivity? A Regional Spatial Approach Assessing the Role of Human and Social Capital [J]. Economic Modelling, 2017 (60): 448-461.

[14] Beugelsdijk S, Schaik A B T M. Social Capital and Regional Economic Growth [R]. Discussion Paper, Tilburg University, Center for Economic Research.

[15] Beugelsdijk S. Trust and Economic Growth: A Robustness Analysis [J]. Oxford Economic Papers, 2004, 56 (1): 118-134.

[16] Bizzi L. Social Capital in Organizations [J]. International Encyclopedia of the Social & Behavioral Sciences, 2015: 181-185.

[17] BjØrnskov C, SØnderskov K M. Is Social Capital a Good Concept? [J]. Social Indicators Research, 2013, 114 (3): 1225-1242.

[18] BjØrnskov C. The Multiple Facets of Social Capital [J]. European Journal of Political Economy, 2006, 22: 22-40.

[19] Boggs J S, Rantisi N M. The "Relational Turn" in Economic Geography [J]. Journal of Economic Geography, 2003 (3): 109-116.

[20] Bourdieu P. The Forms of Capital [M] //Handbook of Theory and Research for the Sociology of Education. New York: Greenwood, 1986.

[21] Bronisz U, Heijman W. The Relationship between Social Capital and Regional Competitiveness in Poland [J]. Apstract Applied Studies in Agribusiness & Commerce, 2010 (4): 43-48.

[22] Burt R. Structural Holes: The Social Structure of Competition [M]. Harvard University Press, Cambridge, Massachusetts, 1992.

[23] Camps S, Marques P. Exploring How Social Capital Facilitates Innovation: The Role of Innovation Enablers [J]. Technological Forecasting and Social Change, 2013 (88): 325-348.

[24] Cho S Y. Social Capital and Innovation—Can Social Trust Explain the Technological Innovation of the High-performing East Asian Economies? [J]. MAGKS Papers on Economics, 2018.

[25] Chou Y K. Three Simple Models of Social Capital and Economic Growth [J]. Journal of Socio-Economics, 2006, 35 (5): 889-912.

[26] Coleman J S. Social Capital in the Creation of Human Capital [J]. American

Journal of Sociology, 1988 (94): 95-120.

[27] Crandall M S, Weber B A. Local Social and Economic Conditions, Spatial Concentrations of Poverty, and Poverty Dynamics [J]. American Journal of Agricultural Economics, 2004, 86 (5): 1276-1281.

[28] Dakhli M, Clercq D D. Human Capital, Social Capital, and Innovation: A Multi-country Study [J]. Entrepreneurship & Regional Development, 2004, 16 (2): 107-128.

[29] Deng W S, Lin Y C, Gong J. A Smooth Coefficient Quantile Regression Approach to the Social Capital-Economic Growth Nexus [J]. Economic Modelling, 2012, 29 (2): 185-197.

[30] Denny K. The Effects of Human Capital on Social Capital: A Cross-country Analysis [EB/OL]. https://www. researchgate. net/publication/ 24140427, 2003.

[31] Dicken P, Malmberg A. Firms in Territories: A Relational Perspective Economic Geography [J]. Economic Geography, 2001, 77 (4): 345-363.

[32] Dinda S. Social Capital Formation Enhance Inclusive Growth: A Development Mechanics for Backward Region [EB/OL]. https://mpra. ub. uni-muenchen. de/66261/1/MPRA_ paper_ 66261. pdf, 2012.

[33] Dinda S. Social Capital in the Creation of Human Capital and Economic Growth: A Productive Consumption Approach [J]. Journal of Socio-Economics, 2008 (37): 2020-2033.

[34] Dzialek J. Social Capital and Economic Growth in Polish Regions [J]. MPRA Paper, 2009, 22 (3): 399-417.

[35] Ettlinger Nancy. A Relational Perspective in Economic Geography: Connecting Competitiveness with Diversity and Difference [J]. Antipode, 2001, 33 (2): 216-227.

[36] Evans N. Cultural Economic Geography and a Relational and Microspace Approach to Trusts, Rationalities, Networks, and Change in Collaborative Workplaces [J]. Journal of Economic Geography, 2003, 3 (2): 145-171.

[37] Evans P. Government Action, Social Capital and Development: Reviewing the Evidence on Synergy [J]. World Development, 1996, 24 (6): 1119-1132.

[38] Falk I, Kilpatrick S. What is Social Capital? A Study of Interaciton in a Rural Community [J]. Sociologia Ruralis, 2010, 40 (1): 87-110.

[39] Felice E. Regional Convergence in Italy, 1891-2001: Testing Human and Social Capital [J]. Cliometrica, 2012 (6): 267-306.

［40］ Forte A, Peiró-Palomino J, Tortosa-Ausina E. Does Social Capital Matter for European Regional Growth? ［J］. European Economic Review, 2015 (77): 47-64.

［41］ Glaeser E L, Redlick C. Social Capital and Urban Growth ［EB/OL］. http: //www. nber. org/papers/w14374. Nebr Working Paper, 2008.

［42］ Granovetter M S. The Strength of Weak Ties ［J］. American Journal of Sociology, 1973, 78 (6): 1360-1380.

［43］ Granovetter M. Economic Action and Social Structure: The Problem of Embeddedness ［J］. American Journal of Sociology, 1985, 91 (3): 481-510.

［44］ Granovetter M. The Impact of Social Structure on Economic Outcomes ［J］. The Journal of Economic Perspectives, 2005, 19 (1): 33-50.

［45］ Hanifan L J. The Community Center ［M］. Boston: Silver Buidette, 1920.

［46］ Hanifan L J. The Rural School Community Center ［J］. The Annals of American Academ of Political and Social Science, 1916 (67): 130-138.

［47］ Hansen B E. Threshold Effects in Non-dynamic Panels: Estimation, Testing, and Inference ［J］. Journal of Econometrics, 1999 (93): 345-368.

［48］ Harrison J L, Montgomery C A, Jeanty P W. A Spatial, Simultaneous Model of Social Capital and Poverty ［J/OL］. Journal of Behavioral & Experimental Economics, 2018, http: //doi. org/10. 1016/j. socec. 2018. 09. 001.

［49］ Helliwell J F, Putnam R D. Education and Social Capital ［J］. Eastern Economic Journal, 2007, 33 (1): 1-19.

［50］ Holtkamp C R, Weaver R C. Quantifying the Relationship between Social Capital and Economic Conditions in Appalachia ［J］. Applied Geography, 2018 (90): 175-186.

［51］ Inkeles A. Measuring Social Capital and Its Consequences ［J］. Policy Sciences, 2000, 33 (3/4): 245-268.

［52］ Ishise H, Sawada Y. Aggregate Returns to Social Capital: Estimates Based on the Augmented Augmented-Solow Model ［J］. Journal of Macroeconomics, 2009, 31 (3): 376-393.

［53］ Iturrioz C, Aragón C, Narvaiza L. How to Foster Shared Innovation within SMEs' Networks: Social Capital and the Role of Intermediaries ［J］. European Management Journal, 2015, 33 (2): 104-115.

［54］ Jaffe A B. Real Effects of Academic Research ［J］. American Economic Review, 1989, 79 (5): 957-970.

［55］Knack S, Keefer P. Does Social Capital Have an Economic Pay off? A Cross-Country Investigation ［J］. Quarterly Journal of Economics, 1997, 112 (4): 1251-1288.

［56］Krishna A, Uphoff N. Mapping and Measuring Social Capital: A Conceptual and Empirical Study of Collective Action for Conservingand Development Watersheds in Rajasthan ［EB/OL］. http: //siteresources. worldbank. org/INTSOCIALCAPITAL/ Resources/Social - Capital - Initiative - Working - Paper - Series/SCI - WPS - 13. pdf, 1999.

［57］Lang R, Fink M. Rural Social Entrepreneurship: The Role of Social Capital within and across Institutional Levels ［EB/OL］. Journal of Rural Studies, https: // doi. org/10. 1016/j. jrurstud. 2018. 03. 012.

［58］Laursen K F, Masciarelli F, Prencipe A. Regions Matter: How Localized Social Capital Affects Innovation and External Knowledge Acquisition ［J］. Organization Science, 2012, 23 (1): 177-193.

［59］Lee W C, Law S H. Roles of Formal Institutions and Social Capital in Innovation Activities: A Cross-Country Analysis ［J］. Global Economic Review, 2017, 46 (3): 203-231.

［60］Li Y, Wang X, Westlund H, Liu Y. Physical Capital, Human Capital, and Social Capital: The Changing Roles in China's Economic Growth ［J］. Growth & Change, 2015, 46 (1): 133-149.

［61］Liao J, Welsch H. Roles of Social Capital in Venture Creation: Key Dimensions and Research Implications ［J］. Journal of Small Business Management, 2005, 43 (4): 345-362.

［62］Lin N. Building a Network Theory of Social Capital ［J］. Connections, 1999, 22 (1): 28-51.

［63］Lucas R E. On the Mechanics of Economic ［J］. Journal of Monetary Economics, 1988, 22 (1): 3-42.

［64］Malecki E J. Regional Social Capital: Why It Matters ［J］. Regional Studies, 2012, 46 (8): 1023-1039.

［65］Mankiw N G, Romer D, Weil D N. A Contribution to the Empirics of Economic Growth ［J］. The Quarterly Journal of Economics, 1992, 107 (2): 407-437.

［66］Markusen A. Sticky Places in Slippery Space: A Typology of Industrial Districts ［J］. Economic Geography, 1996, 72 (3): 293-313.

［67］Motkuri V. Some Notes on the Concept of Social Capital: A Review of Per-

spectives, Definitions and Measurement [EB/OL]. https: //mpra. ub. uni –
muenchen. de/86362/, Munich Personal RePEc Archive, 2018.

[68] Nahapiet J, Ghoshal S. Social Capital, Intellectual Capital, and the Organ-
izational Advantage [J]. Academy of Management Review, 1998, 23 (2):
242-266.

[69] Nanetti R Y, Holguin C. Social Capital in Development Planning: Linking
the Actors [M]. New York: Palgrave Macmillan, 2016.

[70] Narayan D. Bonds and Bridges: Social and Poverty [EB/OL]. http: //
www. worldbank. org/poverty/scapital/index. html. Policy Research Working Paper,
The World Bank, 1999.

[71] Nonneman W, Vanhoudt P. A Further Augmentation of the Solow Model and
the Empirics of Economic Growth for OECD Countries [J]. The Quarterly Journal of E-
conomics, 1996, 111 (3): 943-953.

[72] Norgaard R B. Coevolutionary Agricultural Development [J]. Economic De-
velopment and Cultural Change, 1984, 32 (3): 525-546.

[73] Ostrom E. Collective Action and the Evolution of Social Norms [J]. The
Journal of Economic Perspectives, 2000, 14 (3): 137-158.

[74] Paldam M, Svendsen G T. An Essay on Social Capital: Looking for the Fire
behind the Smoke [J]. European Journal of Political Economy, 2000, 16 (2): 339-366.

[75] Papadaskalopoulos A, Nikolopoulos P. The Role of Social Capitalin Region-
al Development [J]. Regional Science Inquiry, 2018 (1): 125-140.

[76] Peiró-Palomino J. The Geography of Social Capital and Innovation in the
European Union [J]. Papers in Regional Science, 2019 (98): 53-73.

[77] Piazza-Georgi B. The Role of Human and Social Capital in Growth: Exten-
ding Our Understanding [J]. Cambridge Journal of Economics, 2002 (26):
461-479.

[78] Pisani E, Franceschetti G, Secco I, et al. Theory and Empirics. Social
Capital and Local Development [M]. New York, Palgrave Macmillan, 2017.

[79] Portes A. Social Capital: Its Origins and Applications in Modern Sociology
[J]. Annual Review of Sociology, 1998 (24): 1-24.

[80] Putnam R. Making Democracy Work: Civic Traditions in Modern Italy
[M]. New Jersey: Princeton University Press, 1993.

[81] Pérez-Luño A, et al. How Social Capital and Knowledge Affect Innovation
[J]. Journal of Business Research, 2011, 64 (12): 1369-1376.

［82］ Rupasingha A, Goetz S J, Freshwater D. The Production of Social Capital in US Counties ［J］. Journal of Socio-Economics, 2006, 35 (1): 83-101.

［83］ Rutten R, Boekema F. Regional Social Capital: Embeddedness, Innovation Networks and Regional Economic Development ［J］. Technological Forecasting & Social Change, 2007 (74): 1834-1846.

［84］ Sabatini F. Social Capital and the Quality of Economic Development ［J］. Kyklos, 2008, 61 (3): 466-499.

［85］ Sanchez P S, Barbera M P, et al. Relational Dimensions of Regional Growth: Introduction to the Special Issue ［J］. Urbani Izziv, 2012, 23 (supplement 1): S2-S5.

［86］ Schneider G, Plümper T, Baumann S. Bringing Putnam to the European Regions: The Relevance of Social Capital for Economic Growth ［J］. European Urban & Regional Studies, 2000, 7 (4): 307-317.

［87］ Schuller T. The Complementary Roles of Human and Social Capital ［J］. Canadian Journal of Policy Research, 2001.

［88］ Schultz T W. Investment in Human Capital ［J］. American Economic Association, 1961, 51 (1): 1-17.

［89］ Scrivens K, Smith C. Four Interpretations of Social Capital: An Agenda for Measurement ［EB/OL］. http://dx.doi.org/10.1787/5jzbce010wmt - en, OECD Statistics Working Papers, 2013.

［90］ Siegler V. Measuring Social Capital ［J］. Office for National Statistics, 2014, 18 (6): 1-23.

［91］ Solow R M. A Contribution to the Theory of Economic Growth ［J］. The Quarterly Journal of Economics, 1956, 70 (1): 65-94.

［92］ Temple J. Growth Effects of Education and Social Capital in the OECD Countries ［J］. Historical Social Research, 2002, 27 (4): 5-46.

［93］ Thompson M. Social Capital, Innovation and Economic Growth ［J］. Journal of Behavioual and Experimental Economic, 2018 (73): 46-52.

［94］ Thöni C, Tyran J R, Wengström E. Microfoundations of Social Capital ［J］. Journal of Public Economics, 2012 (96): 635-643.

［95］ Tobler W R. A Computer Model Simulation of Urban Growth in the Detroit Region ［J］. Economic Geography, 1970, 46 (1): 234-240.

［96］ Torsvik G. Social Capital and Economic Development: A Plea for the Mechanisms ［J］. Rationality and Society, 2000, 12 (4): 451-476.

［97］Tovar J T, Tavares J. Trade, Scale or Social Capital? Technological Progress in Poor and Rich Countries ［J］. Journal of International Trade & Economic Development, 2015, 24 (6): 767-808.

［98］Tura Tomi, Harmaakorpi V. Social Capital in Building Regional Innovative Capability ［J］. Regional Studies, 2005, 39 (8): 1111-1125.

［99］Urzelai B, Puig F. Developing International Social Capital: The Role of Communities of Practice ［EB/OL］. International Business Review, http://doi.org/10.1016/j.ibusrev.2018.08.008.

［100］Wang Y, Yao Y. Sources of China's Economic Growth 1952-1999: Incorporating Human Capital Accumulation ［J］. China Economic Review, 2003, 14 (1): 32-52.

［101］Westlund H, Calidoni F. The Creative Class, Social Capital and Regional Development in Japan ［J］. Review of Urban & Regional Development Studies, 2010, 22 (2/3): 89-108.

［102］Winterton R, et al. Considering the Implications of Place-based Approaches for Improving Rural Community Wellbeing: The Value of a Relational Lens ［J］. Rural Society, 2014, 23 (3): 283-295.

［103］Woodhouse A. Social Capital and Economic Development in Regional Australia: A Case Study ［J］. Journal of Rural Studies, 2006, 22 (1): 83-94.

［104］Woolcock M, Narayan D. Social Capital: Implications for Development Theory, Research, and Policy ［J］. The World Bank Research Observer, 2000, 15 (2): 225-249.

［105］Woolcock M. Why and How Planners Should Take Social Capital Seriously ［J］. Journal of the American Planning Association, 2004, 70 (2): 183-189.

［106］Yeung H W. Rethinking Relational Economic Geography ［J］. Transactions of the Institute of British Geographers, 2005, 30 (1): 37-51.

［107］Yoon H, Yun S, Lee J, Phillips F. Entrepreneurship in East Asian Regional Innovation Systems: Role of Social Capital ［J］. Technological Forecasting and Social Change, 2015 (100): 83-95.

［108］Zak P J, Kanack S. Trust and Growth ［J］. The Economic Journal, 2001, 111 (470): 295-321.

［109］Zhang Y L, Zhou X, Wei L. Social Capital and Its Contingent Value in Poverty Reduction: Evidence from Western China ［J］. World Development, 2017 (93): 350-361.

［110］Álvarez E C，Romaní J R. Measuring Social Capital：Further Insights ［J］. Gaceta Sanitaria，2017，31（1）：57-61.

［111］安虎森，季赛卫. 演化经济地理学理论研究进展［J］. 学习与实践，2014（7）：5-18.

［112］白梅花. 马克思的社会资本理论研究［J］. 长春理工大学学报（社会科学版），2017，30（1）：53-57.

［113］包美霞. 提升司法公信力的对策分析［J］. 学习与探索，2015（3）：81-85.

［114］卞元超，白俊红. 政府支持、产学研协同与技术创新绩效［J］. 南大商学评论，2017（3）：46-74.

［115］曹吉云. 中国总量生产函数与技术进步贡献率［J］. 数量经济技术经济研究，2007（11）：37-46.

［116］陈蓓蕾，朱亚丽，孙元. 社会资本与集群企业竞争优势：基于学习视角的理论与案例［J］. 重庆大学学报（社会科学版），2008，14（1）：46-50.

［117］陈成文，谭日辉. 社会资本与大学生就业关系研究［J］. 高等教育研究，2004（4）：29-32.

［118］陈乘风，许培源. 社会资本对技术创新与经济增长的影响——基于中国的经验证据［J］. 山西财经大学学报，2015，37（10）：23-32.

［119］程梅青，杨冬梅，李春成. 天津市科技服务业的现状及发展对策［J］. 中国科技论坛，2003（3）：70-75.

［120］崔万田，周晔馨. 正式制度与非正式制度的关系探析［J］. 教学与研究，2006（8）：42-48.

［121］崔友平. 中国经济体制改革：历程、特点及全面深化——纪念改革开放40周年［J］. 经济与管理评论，2018，34（6）：7-16.

［122］达斯古普特，等. 社会资本——一个多角度的观点［M］. 张慧东，等译. 北京：中国人民大学出版社，2005.

［123］大卫·奥布莱恩，郭烁. 如何利用正式制度发展社会资本［J］. 国际社会科学杂志，2012（4）：122-134.

［124］戴亦一，刘赟. 社会资本存量估算中永续盘存法的应用研究——基于社会资本估算的国民核算视角［J］. 厦门大学学报（哲学社会科学版），2009（6）：41-47.

［125］戴亦一，张俊生，曾亚敏，等. 社会资本与企业债务融资［J］. 中国工业经济，2009（8）：99-108.

［126］单豪杰. 中国资本存量K的再估算：1952~2006年［J］. 数量经济技

术经济研究，2008（10）：17-31.

[127] 丁焕峰，陈庆秋．区域社会资本：一种重要的区域创新动力［J］．经济问题探索，2006（9）：24-29.

[128] 董晓松，刘霞，姜旭平．空间溢出与文化距离——基于数字内容产品扩散的实证研究［J］．南开管理评论，2013，16（5）：100-109.

[129] 杜传忠，王飞．产业革命与产业组织变革——兼论新产业革命条件下的产业组织创新［J］．天津社会科学，2015（2）：90-95.

[130] 樊元，刘云啟，李瑞杰．空间计量模型的演化研究综述［J］．统计与决策，2016（20）：35-39.

[131] 樊元，杨立勋．关于经济增长质量统计的若干理论问题［J］．西北师大学报（社会科学版），2002，39（2）：111-114.

[132] 高崇．经济社会学的演变及其与中国研究的关联［J］．广西民族大学学报（哲学社会科学版），2016（1）：2-11.

[133] 高山行，蔡新蕾，江旭．正式与非正式制度支持对原始性创新的影响——不同所有制类型企业比较研究［J］．科学学与科学技术管理，2013，34（2）：42-52.

[134] 高素英，赵曙明，王雅洁．人力资本与区域经济增长动态相关性研究［J］．经济与管理研究，2010（1）：84-90.

[135] 高文杰．中国专利结构与经济增长关系的实证研究：1989—2007［J］．天府新论，2014（1）：66-71.

[136] 顾朝林，王恩儒，石爱华．"新经济地理学"与经济地理学的分异与对立［J］．地理学报，2002，57（4）：497-504.

[137] 郭清香，林杨．社会信用评价指标体系基本问题研究［J］．中国特色社会主义研究，2007（4）：89-92.

[138] 郭熙保．社会资本理论的兴起：发展经济学研究的一个新思路［J］．江西社会科学，2006（12）：7-13.

[139] 郭显光．改进的熵值法及其在经济效益评价中的应用［J］．系统工程理论与实践，1998，18（12）：98-102.

[140] 郭亚军．综合评价理论、方法及应用［M］．北京：科学出版社，2007.

[141] 郝金磊，李方圆．联盟关系强度对企业创新绩效的影响研究［J］．哈尔滨商业大学学报（社会科学版），2018（4）：71-79.

[142] 胡雪萍，李丹青．中部区域经济增长因素的实证分析——基于1978~2009年的时间序列数据［J］．山西财经大学学报，2011，33（2）：17-22.

［143］胡永远．人力资本与经济增长：一个实证分析［J］．经济科学，2015，25（1）：54-60.

［144］黄精，张辉国，胡锡健．一种新的空间权重矩阵构造及其应用［J］．统计与决策，2017（21）：79-82.

［145］黄凯南．共同演化理论研究评述［J］．中国地质大学学报（社会科学版），2008，8（4）：97-101.

［146］黄少安．制度经济学由来与现状解构［J］．改革，2017（1）：134-146.

［147］黄少安．制度经济学中六个基本理论问题新解［J］．学术月刊，2007（1）：79-83.

［148］黄旭，程林林．西方资源基础理论评析［J］．财经科学，2005（3）：94-99.

［149］黄中伟，王宇露．位置嵌入、社会资本与海外子公司的东道国网络学习——基于123家跨国公司在华子公司的实证［J］．中国工业经济，2008（12）：144-154.

［150］贾根良．演化经济学：第三种经济学体系的综合与创新［J］．学术月刊，2011（6）：63-70.

［151］江永真，侯卫国．我国区域科技服务业发展水平评价研究［J］．福建行政学院学报，2012（5）：89-96.

［152］蒋德鹏，盛昭瀚．演化经济学动态与综述［J］．经济学动态，2000（7）：61-65.

［153］蒋海曦，蒋瑛．新经济社会学的社会关系网络理论述评［J］．河北经贸大学学报，2014（6）：150-158.

［154］金丹．社会资本与区域经济增长：基于中国区域视角的实证分析［J］．软科学，2012a，26（9）：89-94.

［155］金丹．社会资本与区域经济增长：一个理论分析框架［J］．河北经贸大学学报，2012b，33（6）：21-25.

［156］靳涛．关于演化经济学思想的比较：凡勃伦、熊彼特、哈耶克［J］．经济科学，2002（4）：122-128.

［157］瞿铁鹏．马克思主义社会理论［M］．上海：上海人民出版社，2014：17-22.

［158］柯江林，石金涛，孙健敏，等．团队社会资本的维度开发及结构检验研究［J］．科学学研究，2007，25（5）：935-940.

［159］雷钦礼．制度环境与经济增长：理论模型与中国实证［J］．经济与管理研究，2017（38）：3-16.

［160］李博阳，张嘉望，李廷瑞．社会资本与地区技术创新——基于中介效应和替代效应视角的研究［J］．云南财经大学学报，2017（6）：44-56．

［161］李东旭．"社会资本"概念的缘起与界定［J］．学术交流，2012（8）：124-126．

［162］李国平，王春杨．我国省域创新产出的空间特征和时空演化——基于探索性空间数据分析的实证［J］．地理研究，2012，31（1）：95-106．

［163］李婧，谭清美，白俊红．中国区域创新生产的空间计量分析——基于静态与动态空间面板模型的实证研究［J］．管理世界，2010（7）：43-55．

［164］李静，楠玉．为何中国"人力资本红利"释放受阻？——人力资本错配的视角［J］．经济体制改革，2017（2）：33-37．

［165］李梅，袁小艺，张易．制度环境与对外直接投资逆向技术溢出［J］．世界经济研究，2014（2）：61-66．

［166］李小建，罗庆．经济地理学的关系转向评述［J］．世界地理研究，2007，16（4）：19-27．

［167］李小丽，余翔．区域三螺旋强度及 TTO 特征对 TTO 效率的影响研究［J］．科研管理，2014，35（9）：115-122．

［168］李晓梅．基于社会资本与人力资本视角的创业活动与国家宏观经济关系研究——来自 41 个国家的实证数据分析［J］．科技进步与对策，2014，31（12）：86-91．

［169］厉以宁．三种资本的差别造成收入的差别［J］．人民论坛，2011（22）：43．

［170］梁双陆，刘燕，张利军．社会资本积累、创新与地区经济增长［J］．经济与管理，2018（2）：32-39．

［171］林光平，龙志和，吴梅．中国地区经济收敛的空间计量实证分析：1978—2002 年［J］．经济学（季刊），2005，4（s1）：71-86．

［172］林竞君．嵌入性、社会网络与产业集群——一个新经济社会学的视角［J］．经济经纬，2004（5）：45-48．

［173］刘长生，简玉峰．社会资本、人力资本与内生经济增长［J］．财贸研究，2009，20（2）：1-9．

［174］刘国恩，William H D，傅正泓，John A．中国的健康人力资本与收入增长［J］．经济学（季刊），2004，4（4）：101-118．

［175］刘国巍．社会资本对产学研合作创新绩效的影响机理——基于指定搜索方法和结构方程的实证［J］．技术经济与管理研究，2015（7）：28-33．

［176］刘璐琳．社会资本对经济增长的影响机理分析［J］．兰州学刊，2008

（1）：49-52.

［177］刘思明，赵彦云，侯鹏．区域创新体系与创新效率——中国省级层面的经验分析［J］．山西财经大学学报，2011（12）：9-17.

［178］刘婷，李瑶．社会资本对渠道关系绩效影响的实证研究［J］．科学学与科学技术管理，2013，34（2）：95-102.

［179］刘伟．社会资本与区域创新：理论发展、因果机制与政策意蕴［J］．中国行政管理，2018（2）：65-70.

［180］刘炜，李郇．区域技术创新的非正式制度和联系：经济地理学的视角［J］．人文地理，2012（2）：107-112.

［181］柳卸林，高太山，周江华．中国区域创新能力报告［M］．北京：科学出版社，2014.

［182］陆铭，李爽．社会资本、非正式制度与经济发展［J］．管理世界，2008（9）：161-165.

［183］陆迁，王昕．社会资本综述及分析框架［J］．商业研究，2012（2）：141-145.

［184］吕拉昌，魏也华．新经济地理学中的制度转向与区域发展［J］．经济地理，2005，25（4）：437-441.

［185］罗能生，吴枭宇．社会信用的区域差异及影响因素的空间计量分析［J］．财经科学，2016（4）：101-112.

［186］罗能生，曾克强．社会资本、区域差异与全要素生产率——基于DEA方法的实证研究［J］．河南师范大学学报（哲学社会科学版），2018（1）：29-37.

［187］马建新，申世军．中国经济增长质量问题的初步研究［J］．财经问题研究，2007（3）：18-23.

［188］马俊杰，和军．中国工业企业技术创新效率评价［J］．开发研究，2018（1）：117-123.

［189］马茹．社会资本对中国区域创新的影响分析——基于空间知识溢出视角［J］．软科学，2017（2）：29-32.

［190］马涛．演化经济学对主流经济学的挑战及影响［J］．学术月刊，2009（11）：67-74.

［191］马颖．发展经济学60年的演进［J］．国外社会科学，2001（4）：21-28.

［192］毛新雅，彭希哲．城市化、对外开放与人口红利——中国1979—2010年经济增长的实证［J］．南京社会科学，2012（4）：31-38.

［193］孟涛，郭栋，龚璞．正式制度与非正式制度对科技创新的影响研

究——基于全球 112 个国家和地区的面板数据分析 [J]. 北京师范大学学报（社会科学版），2017（5）：150-160.

[194] 苗长虹. 变革中的西方经济地理学：制度、文化、关系与尺度转向 [J]. 人文地理，2004，19（4）：68-76.

[195] 欧阳日辉，徐光东. 新制度经济学：发展历程、方法论和研究纲领 [J]. 南开经济研究，2004（6）：3-9.

[196] 潘峰华，贺灿飞. 社会资本和区域发展差异——对中国各省区的实证研究 [J]. 学习与探索，2010（4）：143-147.

[197] 潘峰华，王同辉. 政府信用与国家（地区）发展水平的相关性分析 [J]. 统计与决策，2011（11）：97-99.

[198] 潘士远，史晋川. 内生经济增长理论：一个文献综述 [J]. 经济学（季刊），2002，1（3）：753-786.

[199] 彭晖，张嘉望，李博阳. 社会资本、正式制度与地区技术创新——基于 2000-2009 年省级面板数据的分析 [J]. 商业研究，2017，59（7）：67-73.

[200] 钱芳，陈东有. 强关系型和弱关系型社会资本对农民工就业质量的影响 [J]. 甘肃社会科学，2014（1）：56-59.

[201] 任保平. 经济增长质量：经济增长理论框架的扩展 [J]. 经济学动态，2013（11）：45-51.

[202] 申森. 西方社会资本理论与马克思的社会关系理论——一种比较研究的视角 [J]. 沈阳大学学报（自然科学版），2011，23（3）：8-11.

[203] 沈坤荣，孙文杰. 经济增长的因素分析——基于中国的经验研究 [J]. 江苏行政学院学报，2009（2）：52-56.

[204] 盛新娣. 马克思"现实的个人"的思想及其当代价值 [J]. 探索，2003（3）：54-57.

[205] 宋德勇，钱盛民. 制度环境作用下社会资本对经济增长的门槛效应研究 [J]. 武汉理工大学学报（社会科学版），2017（4）：60-67.

[206] 苏勇，马文杰，韩自然，等. 制度对区域技术创新的影响 [J]. 技术经济，2013，32（12）：40-45.

[207] 孙力. 社会资本对经济增长的影响作用 [J]. 经济问题，2007（3）：71-73.

[208] 谈儒勇，吴兴奎. 中国各地金融发展差异的司法解释 [J]. 财贸经济，2005（12）：14-17，92.

[209] 唐丽艳，周建林，王国红. 社会资本、在孵企业吸收能力和创新孵化绩效的关系研究 [J]. 科研管理，2014，35（7）：51-59.

[210] 陶金. 论社会资本的定义及其属性 [J]. 江汉论坛，2008（1）：27-29.

[211] 万建香，廖云福. 社会资本对中国绿色发展的影响研究——基于省际面板数据的实证分析 [J]. 调研世界，2018，298（7）：37-42.

[212] 王传志. 中国特色社会主义民主与西方民主的界限 [J]. 学术界，2010（4）：43-49.

[213] 王德劲. 经济增长影响因素实证研究 [J]. 数理统计与管理，2007，26（1）：68-73.

[214] 王弟海. 健康人力资本、经济增长和贫困陷阱 [J]. 经济研究，2012（6）：143-155.

[215] 王富喜，毛爱华，李赫龙，等. 基于熵值法的山东省城镇化质量测度及空间差异分析 [J]. 地理科学，2013，33（11）：1323-1329.

[216] 王建国. 司法公信力的生成机制初探 [J]. 江苏社会科学，2009（3）：132-137.

[217] 王连伟. 21世纪地方议程：一种地方可持续治理的工具 [J]. 福建行政学院学报，2014（1）：32-37.

[218] 王三义，刘新梅，万威武. 社会资本结构维度对企业间知识转移影响的实证研究 [J]. 科技进步与对策，2007（4）：105-107.

[219] 王廷惠. 非正式制度、社会资本与经济发展 [J]. 开放时代，2002（3）：83-95.

[220] 王文博，陈昌兵，徐海燕. 包含制度因素的中国经济增长模型及实证分析 [J]. 当代经济科学，2002，24（2）：3-6.

[221] 王小鲁，樊纲. 中国地区差距的变动趋势和影响因素 [J]. 经济研究，2004（1）：33-44.

[222] 王燕燕. 理念的转变与多维的视角——二十世纪九十年代以来发展经济学的新进展 [J]. 财经理论与实践，2005，26（6）：8-11.

[223] 王玉帅，万懿，刘子君. 三维社会资本与创业机会识别特质关系研究——基于"中三角"336份调查问卷的实证分析 [J]. 工业技术经济，2017，36（1）：41-50.

[224] 吴必虎. 中国文化区的形成与划分 [J]. 学术月刊，1996（3）：10-15.

[225] 吴光芸，李建华. 区域合作的社会资本因素分析 [J]. 贵州社会科学，2009（3）：52-57.

[226] 吴加伟，陈雯，袁丰. 新时期产业区理论视角重构及相关实证研究进展 [J]. 地理研究，2015（3）：487-503.

[227] 吴立军，李佛关. 泛珠三角经济圈区域内经济增长差异及收敛性探究

［J］. 广东财经大学学报，2015，30（4）：35-43.

［228］武学超，徐雅婷. 我国政府推动产学研协同创新政策文本分析（2006—2016）——政策工具视角［J］. 高教探索，2018（4）：11-18+44.

［229］向书坚. 国内生产总值刍议［J］. 统计研究，1999（S1）：88-90.

［230］项保华，刘丽珍. 社会资本与人力资本的互动机制研究［J］. 科学管理研究，2007，25（3）：77-80.

［231］肖文，林高榜. 政府支持、研发管理与技术创新效率——基于中国工业行业的实证分析［J］. 管理世界，2014，247（4）：71-80.

［232］谢治菊，谭洪波. 农村社会资本存量：概念、测量与计算［J］. 贵州财经大学学报，2011，29（5）：87-93.

［233］徐定德，曹莎，税玥，等. 社会资本对农民工就业区位选择的影响——来自四川省的实证［J］. 中国农业资源与区划，2019（7）：66-73.

［234］薛冰，杨宇立. 中国省级地方政府行政管理支出实证研究［J］. 上海经济研究，2012（12）：126-133.

［235］严成樑. 社会资本、创新与长期经济增长［J］. 经济研究，2012（11）：48-60.

［236］颜银根，安虎森. 演化经济地理：经济学与地理学之间的第二座桥梁［J］. 地理科学进展，2013，32（5）：788-796.

［237］杨德才. 新制度经济学［M］. 南京：南京大学出版社，2016.

［238］杨开忠，董亚宁，薛领，等. "新"新经济地理学的回顾与展望［J］. 广西社会科学，2016（5）：63-74.

［239］杨瑞龙. 关于诚信的制度经济学思考［J］. 中国人民大学学报，2002，16（5）：5-14.

［240］杨宇，沈坤荣. 社会资本、制度与经济增长——基于中国省级面板数据的实证研究［J］. 制度经济学研究，2010（2）：34-51.

［241］杨宇，郑垂勇. 企业家精神对经济增长作用的实证研究［J］. 生产力研究，2008（18）：11-13.

［242］姚利民，饶艳. 中国知识产权保护的水平测量和地区差异［J］. 国际贸易问题，2009（1）：114-120.

［243］游文明，丛曙，张煜. 产学研合作中政府职能的研究［J］. 科技与管理，2004，6（3）：121-123.

［244］余泳泽. 创新要素集聚、政府支持与科技创新效率——基于省域数据的空间面板计量分析［J］. 经济评论，2011（2）：93-101.

［245］余泳泽. 改革开放以来中国经济增长动力转换的时空特征［J］. 数量

经济技术经济研究，2015（2）：19-34.

　　[246] 曾克强，罗能生 . 社会资本与产业结构调整：基于区域和结构效应的分析 [J]. 中国软科学，2017（4）：66-79.

　　[247] 张薄洋，牛凯龙 . 金融发展指标的演进逻辑及对中国的启示 [J]. 南开经济研究，2005（1）：79-85.

　　[248] 张翠菊，张宗益 . 中国省域碳排放强度的集聚效应和辐射效应研究 [J]. 环境科学学报，2017，37（3）：1178-1184.

　　[249] 张帆 . 中国的物质资本和人力资本估算 [J]. 经济研究，2000（8）：65-71.

　　[250] 张佳 . 论大卫·哈维的资本积累危机理论及其当代价值 [J]. 北京大学学报（哲学社会科学版），2017，54（4）：24-31.

　　[251] 张军，章元 . 对中国资本存量 K 的再估计 [J]. 经济研究，2003（7）：35-43，90.

　　[252] 张军 . 论大卫·哈维的社会变迁共同演化理论 [J]. 哲学动态，2017（6）：39-45.

　　[253] 张军扩 . "七五" 期间经济效益的综合分析——各要素对经济增长贡献率测算 [J]. 经济研究，1991（4）：8-17.

　　[254] 张可云，王裕瑾，王婧 . 空间权重矩阵的设定方法研究 [J]. 区域经济评论，2017（1）：19-25.

　　[255] 张可云，杨孟禹 . 国外空间计量经济学研究回顾、进展与述评 [J]. 产经评论，2016（1）：5-21.

　　[256] 张可云，赵文景 . 区域经济增长、3T 假说与创意阶层分布——基于省际动态面板数据的系统 GMM 估计 [J]. 中国地质大学学报（社会科学版），2017（4）：117-127.

　　[257] 张可云，赵文景 . 社会资本与雄安新区创新发展——作用机理与政策方向 [J]. 河北学刊，2019（3）：143-149.

　　[258] 张可云，赵文景 . 雄安新区高技术产业发展研究 [J]. 河北学刊，2017（5）：152-160.

　　[259] 张可云 . 区域科学的兴衰、新经济地理学争论与区域经济学的未来方向 [J]. 经济学动态，2013（3）：9-22.

　　[260] 张可云 . 失败论站不住脚　新一轮东北振兴如何精准定位 [J]. 人民论坛，2015（31）：36-38.

　　[261] 张克云，等 . 农村社会调查研究方法 [M]. 北京：中国农业大学出版社，2011：126-136.

[262] 张立达. 论经济学与社会学的范式比较及整合 [J]. 浙江学刊, 2008 (1): 158-165.

[263] 张清正, 魏文栋, 孙瑜康. 中国科技服务业区域非均衡发展及影响因素研究 [J]. 科技管理研究, 2016 (1): 89-94.

[264] 张维迎, 柯荣住. 信任及其解释: 来自中国的跨省调查分析 [J]. 经济研究, 2002 (10): 59-70, 96.

[265] 张宗和, 彭昌奇. 区域技术创新能力影响因素的实证分析——基于全国 30 个省市区的面板数据 [J]. 中国工业经济, 2009 (11): 35-44.

[266] 赵家章. 社会资本是否影响经济增长——基于中国区域视角的经验分析 [J]. 经济与管理研究, 2010 (12): 49-56.

[267] 赵瑞, 陈金龙. 中国省际面板数据的社会资本与区域经济增长互动分析 [J]. 华侨大学学报 (哲学社会科学版), 2015 (2): 53-60.

[268] 周瑾, 景光正, 随洪光. 社会资本如何提升了中国经济增长的质量? [J]. 经济科学, 2018 (4): 33-46.

[269] 周立军. 区域创新网络的结构与创新能力研究——基于知识、学习和社会资本的视角 [D]. 南开大学博士学位论文, 2009.

[270] 周群, 王大勇. 人力资本的外溢性与经济增长——基于 1990~2004 年中国数据的实证检验 [J]. 北京邮电大学学报 (社会科学版), 2007, 9 (1): 30-33.

[271] 周蓉辉. 马克思恩格斯关于人与自然和人与人的社会关系理论 [J]. 学术论坛, 2011 (2): 5-10.

[272] 周松平, 罗爱华. 经济社会学研究的缘起、应用与前景 [J]. 理论月刊, 2014 (1): 128-132.

[273] 周志山. 马克思社会关系理论的多维解读 [J]. 学习与探索, 2007 (4): 7-11.

[274] 朱芳芳. 不同类型专利对经济增长影响的实证研究 [J]. 数理统计与管理, 2017 (5): 879-890.

[275] 朱勇, 张宗益. 技术创新对经济增长影响的地区差异研究 [J]. 中国软科学, 2005 (11): 92-98.